GENDER

젠더정치학

| 제2개정판 |

김민정 · 강경희 · 강윤희 · 김경미 · 김성진 · 박채복
엄태석 · 유진숙 · 전복희 · 조현옥 · 최정원 지음

POLITICS

한울
아카데미

이 도서의 국립중앙도서관 출판예정도서목록(CIP)은 서지정보유통지원시스템 홈페이지(http://seoji.nl.go.kr)와
국가자료공동목록시스템(http://www.nl.go.kr/kolisnet)에서 이용하실 수 있습니다.
CIP제어번호: CIP2018024306(양장), CIP2018024305(학생판)

제2개정판 서문

『젠더정치학』이 2011년 출판되었으니 어느덧 7년의 세월이 지났다. 그동안 한국 사회에는 많은 변화가 있었는데 여성정치에서 가장 주목할 만한 사건은 여성 대통령이 있었고 그 대통령이 탄핵된 일일 것이다. 여성 대통령의 당선으로 여성정치에 대해 큰 기대를 했지만 그 대통령이 탄핵됨으로써 여성 정치인에 대한 사회적인 실망도 컸다. 그러나 어쨌든 여성 대통령이 당선될 정도로 한국 사회 내에서 여성 정치인에 대한 거부감 혹은 주저는 많이 사라진 것으로 해석할 수 있다.

이러한 시대 변화에 맞추어 『젠더정치학』 제2개정판을 출판하게 되었다. 전체적으로 시간의 변화에 따라 자료를 보완했고, 여성 관련 정책과 여성운동을 다룬 장에서는 이러한 변화를 담아내도록 노력했다. 특히 최근에 큰 이슈가 되었던 미투운동이나 여성의 사회참여도 담아내고자 했다. 또한 국제정치와 여성에 관해서는 최근 주목을 받고 있는 국제이주와 여성을 다룬 장을 추가했다. 10장에 기존의 '신자유주의와 여성'을 빼고 대신에 '국제이주와 여성'을 새롭게 집어넣은 것이다. 이 장을 집필해준 덕성

여자대학교 정치외교학과의 김성진 교수에게 감사의 말을 전한다. 제2개정판 출간 일정이 촉박하여 집필에 필요한 시간을 충분히 드리지 못했음에도 충실한 원고를 보내주어서 우리들의 책이 더욱 알차게 되었다.

여성정치 연구의 불모지나 다름없는 곳에서 묵묵히 함께해준 동료 연구자들이 있었기에 우리들의 연구가 여기까지 올 수 있었으며 앞으로도 그들이 함께하기에 즐거운 마음으로 한국의 여성정치 발전과 여성정치 연구의 발전을 기대할 수 있을 것 같다.

제2개정판 출간에도 함께해준 한울엠플러스에 감사의 뜻을 전한다.

2018년 6월 6일
필진을 대표하여 김민정이 씀

개정판 서문

『여성정치학 입문』이 나온 지 어느덧 6년이 지났다. 그동안 여러 대학에서 이 책으로 강의를 해왔고, 여성정치학에 대한 입문서가 없는 상황에서 많은 학생과 연구자들에게 책이 정말 유용하다는 말을 들었다. 이제 초판이 절판되어 개정판을 내게 되니, 참 기쁘다.

여성이라는 렌즈를 통해서 정치 현상을 설명하고자 시도하는 여성정치학은 그동안 여러 대학에서 강의로 개설되어왔다. 그러나 한국에서는 아직 여성정치학의 내용과 접근법, 문제의식들이 조금 생소한 느낌이다. 연구자들이 더욱 분발하여 많은 연구 성과들이 나오고, 또한 연구의 분위기가 확산되기를 기대한다.

이번에 새롭게 꾸민 『젠더정치학』은 『여성정치학 입문』의 틀을 유지하면서 『여성정치학 입문』에서는 다루지 않았던 내용의 새로운 장을 추가했고, 『여성정치학 입문』에서 다루었던 장도 내용을 추가하거나 보완하여 2011년 현재에 맞도록 수정했다.

『여성정치학 입문』에 포함되지 않았지만 『젠더정치학』에 새롭게 추가된 장으로는 '제3세계 발전과 여성', '여성과 성정책', '여성 정치인의 리더십'이 있다. 이 중 '제3세계 발전과 여성'과 '여성과 성정책'은 한국에서 더욱 필요한 내용이다. 한국은 더 이상 제3세계는 아니지만 제3세계가 가졌던, 혹은 여전히 가지고 있는 문제가 사회의 저변에 놓여 있고, 이러한 제3세계적인 사회의 특성이 여성문제의 해결을 어렵게 하는 요인이 되기 때문이다. 또한 성정책은 최근 몇 년간 한국 사회를 뒤흔들었던 어린이 성폭행 문제, 외국인 신부에 대한 성적·육체적 학대, 성폭력방지 특별법 제정 등의 영향으로 한국 사회가 큰 관심을 가지고 있는 부분이다. '여성과 성정책' 장에서는 이러한 사회상을 반영하여 학생을 비롯한 독자들과 성정책에 대해서 생각해볼 수 있는 시간을 갖고 싶었다.

'여성 정치인의 리더십'은 21세기 들어 전 세계적으로 두드러지는 현상 중 하나인 여성 정치인들의 약진을 설명하고 이러한 변화는 어디에서 오는지 살펴보는 내용으로, 일반 유권자로서의 여성에서 정치 리더로서의 여성으로, 여성의 정치참여에 대한 시각의 변화를 촉구하도록 구성되었다.

개정판을 준비하면서 필진은 다시 한 번 한국 사회에서 여성은 어떠한 역할을 해야 하는지, 우리는 지금까지 어떠한 일을 해왔는지를 돌아보게 되었다. 사회는 많은 부분에서 변화를 경험하고 있지만 여성문제에 있어서는 아직도 가야 할 길이 멀다는 생각을 하면서, 필진은 앞으로 해야 할 일에 대해서 다시 생각하게 되었다.

책을 꼼꼼하게 교정해준 김나리 씨에게 감사하며, 또 책의 출판을 선뜻 허락해준 도서출판 한울에도 이 자리를 빌려 고맙다는 말을 전한다.

2011년 6월 30일
필진을 대표하여 김민정이 씀

초판 서문

한국 정치학에서 여성에 대해 관심을 가지기 시작한 것은 그리 오래된 일이 아니다. 1990년대에 들어오면서 몇몇 여성 정치학자들이 개별적으로 이 문제를 연구하기 시작했고, 한국여성개발원에서 현실적인 필요에 따라 여성의 정치세력화를 위해서 이 문제를 지속적으로 연구해왔다. 그러나 연구가 별로 진행되지 않았기 때문에 연구 성과물이나 출판물이 극히 제한적이었다. 몇몇 단행본이 출판되었지만 한 분야에만 지나치게 많은 관심을 두었고, 여성정치의 다양한 분야에 대해서 고루 다룬 개설서를 찾아보기가 어려운 실정이었다.

각 대학에서 이미 '성(性)과 정치' 혹은 '여성과 정치'라는 제목의 과목들이 개설되어 강의가 진행되고 있지만 강의를 아우를 수 있는 교재가 거의 전무한 실정이다. 2003년 현재 전국적으로 65개 대학에 정치학 유관 학과 중에서 24개의 학과에서 '여성과 정치' 과목이 교과목 중에 들어 있다. 물론 이 가운데 강의를 개설하지 않는 대학도 상당수 있다. 이들 학과에서 진행되는 강의에서 가장 큰 문제는 적절한 교재가 없다는 것이다. 적절한 교재가 없기 때문에 가르치는 내용에서 일관된 내용을 찾기가 어려워 '여성과 정치'라는 과목의 정체성을 정립하는 데 상당한 어려움이 있으며, 효과적이고 흥미 있게 강의 내용을 전달하기도 어려운 형편이다.

이런 문제의식 속에서 지난 2003년 한국정치학회 산하 여성정치연구위원회에서는 정치학 내에서 여성정치학의 위상에 대한 학술대회를 열었다. 이 회의에서 정치학 학문 영역에서 여성정치학은 얼마만큼 연구가 되고 있으며 정치학 교육에서는 어떠한지, 그리고 전 세계적으로 정치학이라는 학문 영역에서 여성정치학의 위상은 어떠한지 논의했다. 당시 여성정치연구위원회 위원들은 이러한 세미나를 통해서 여성정치학의 학문적 정체성을 확립하고 여성정치학 연구를 발전시키고 차세대 연구자를 육성하기 위해서 우선적으로 필요한 일이 교재개발이라는 데에 의견을 같이했다. 2004년에 들어오면서 공통 의견을 현실화하기 위해 교재개발에 착수했다.

다른 국가들의 '여성과 정치' 과목에서 가르치는 내용들을 분석했고, 여러 외국의 교재들과 한국에서 이미 출판되어 있는 관련 저서들을 섭렵하여 '여성과 정치' 과목에서 가르쳐야 할 내용들을 선별했다. 그렇게 선별된 내용을 13장으로 구성했고, 사실 더 많은 내용을 넣고 싶었지만 한 학기에 강의할 분량을 생각하여 꼭 필요한 내용만을 집어넣었다. 또한 이 책을 집필하기에 앞서 저자들은 정치학과 저학년 학생들이 무리 없이 읽으면서 흥미를 느낄 수 있도록 집필하자는 데에 의견을 모았다. 아무리 좋은 내용을 담고 있어도 지나치게 책이 어렵거나 두꺼우면 학생들에게 의미가 없기 때문에 학생들이 쉽게, 그리고 재미있게 읽을 수 있는 교재를 개발하자는 것이 저자들의 공통된 의견이었다. 그리고 여러 차례의 워크숍을 거치면서 각 장의 내용을 확정했고, 여러 사람이 집필할 경우에 나타나는 내용의 불일치를 최대한 줄이고 개념의 혼란을 막기 위해서 여러 차례 독회를 거치면서 내용을 가다듬었다.

이 책은 학부의 여성정치학 전공교재로 사용하는 것을 가장 우선순위에 두었다. 여성정치학에서 다루어야 할 분야를 고루 다루려고 했으며, 다양한 시각들을 소개하려고 했기 때문에 더없이 좋은 교재가 되리라고 생각한다. 또한 연구자들에게는 새로운 연구의 아이디어를 제공해줄 수 있는 참고서가 되기를 기대한다. 이 책을 통해서 연구자들은 여성정치학의 연구 주제들을 발견하고 그것이 여성정치학 발전에 기틀이 되었으면 하는 바람이다. 이 책은 원래 교재로 쓰였기 때문에 각주 처리를 하지 않았다. 다만 각 장의 말미에 참고문헌을 붙여서 내용을 더 공부하고 싶은 사람들에게 안내 역할을 하는 것으로 마무리했다.

1장 '여성과 정치'는 이 책의 서론으로서, 김민정 교수가 집필했으며, 여성과 정치의 관계에 대해서 설명했다. 이제까지 정치 현상에서 여성에 대해 관심이 없었던 이유를 살펴보면서 정치학이라는 학문이 얼마나 남성 중심적이었는지 설명했다. 따라서 이 책이 남성 중심적인 기존의 정치학에 대해서 보완적인 시각을 제공하고 있다는 것을 밝혔다. 또한 이 책의 논의를 전개하는 데 도움을 주기 위해 정치가 무엇인지, 페미니즘이 무엇인지에 대해서 밝혀두었다.

2장 '권력과 성'은 김경미 박사가 집필했으며, 정치를 추진시켜나가는 기본적인 힘으로서 정치학의 핵심 개념인 권력에 대한 개념 정의에서 출발하여 권력의 발생 근거와 유지, 그리고 정치권력에 대한 전통적 개념 규정을 페미니스트 학자들의 시각과 함께 살펴보고, 마지막으로 국가권력과 여성의 관계를 알아보았다.

3장 '서양정치사상과 여성' 역시 김경미 박사가 집필했고, 현대의 정치제도와 정치적 인식에 지대한 영향을 미친 서양 정치사상 속에서 여성이 어떻게 다루어지고 있는가를 살펴봄으로써 현대 정치에서 여성의 위치를 가늠해보았다. 이에 따라 서양 정치사상을 고대 정치사상, 중세 정치사상, 근대 정치사상, 현대 정치사상의 각 시기별로 나누어 주요 사상가들의 사상을 중심으로 여성에 관한 논의를 살펴본다. 본 장은 특히 페이트만(C. Pateman)과 쉐인리(M. Shanley)의 『페미니즘 정치사상사』의 도움을 많이 받았다.

4장 '동양정치사상과 여성: 유교적 시각'은 전복희 교수가 집필했는데, 동양 정치사상 중에서 유교적 시각을 중심으로 하여 설명했다. 유교사상의 전통적 가부장적 성격에 대한 대표적인 논쟁, 즉 유교는 원리상 남성중심적이라는 관점과 고대 유교에서는 가부장적인 성격이 없었으나 후에 가부장적 성격을 띠게 되었다는 두 입장을 유교의 기본 원리인 음양론과 삼강오륜의 여성관을 중심으로 검토했다.

5장 '정치문화와 여성'은 엄태석 교수가 집필했고, 정치문화가 가지고 있는 젠더적인 속성을 밝히는 데 초점을 두었다. 남성 중심의 정치문화는 남녀의 사회적 성역할 구분을 낳았고, 이러한 성역할 구분은 여성들에게 수동적이고 객체화된 정치적 역할을 강요하고 있다. 특히 엄 교수는 정치문화가 형성되는 과정에서 종교의 역할에 대해서 주목하면서, 종교가 남성 중심의 문화를 정당화하고 유지하는 데 상당히 중요한 역할을 하고 있음을 강조했다.

6장 '정치 과정에서 여성의 참여'는 조현옥 박사가 집필했으며, 여성의 정치참여는 유권자, 정책 결정자로서 각 정치 과정에 여성들의 참여가 저조하다는 문제의식으로 출발한다. 이렇게 부진한 이유는 공급의 영역인 여성들 자신과 수요 영역인 정치권의 문제로 구분하여 살펴볼 수 있으며, 이를 통해 여성의 참여를 확대시킬 수 있는 각종 방안들이 제시되고 있음을 보여준다. 한국은 서구에 비해 낮은 여성 정치참여율을 보이고 있으며 1990년대 이후 다양한 여성들의 활동으로 정치교육, 제도개선 등을 통해 점진적인 증가율을 보이고 있다.

7장 '공공정책과 여성 I'은 최정원 박사가 집필했다. 공공정책과 여성은 두 부분으로 나누어서 7장과 8장에서 다루었는데, 7장에서는 전반적인 공공정책에 대해서 설명하고, 특히 여성의 경제적 활동에 있어서 중요한 고용정책의 경우에는 8장에서 상세히 다루었다. 7장은 공공정책이 여성의 문제, 특히 남녀평등과 복지권에 어떤 영향을 미쳐왔는지를 성인지적 관점에서 살펴보았다. 성 중립적으로 보이는 많은 공공정책들이 실제로는 여성의 상대적 종속을 강화하면서 여성의 동등한 권리와 지위를 제한함으로써 사회적으로 불평등한 관계를 형성하고 이중 역할을 부담시키는 부정적인 영향을 미쳐왔음을 설명하고, 최근에 성 주류화 전략을 중심으로 새롭게 전개되는 국가의 여성정책에 대해 조망했다. 또한 궁극적으로 남녀평등을 지향하기 위해서는 포괄적이고 적극적인 여성정책의 추구가 필요함을 강조했다.

8장 '공공정책과 여성 II: 고용정책'은 강경희 교수가 집필했는데, 국가의 공공정책 가운데 고용정책을 성인지적 관점에서 재조명하기 위해 현대 고용시장에서 성차별의 상황과 그 원인을 규명해보았다. 그리고 여성노동의 문제를 여성 노동자의 일할 권리 충족이라는 일반적 차원을 넘어 여성의 삶의 특수한 측면을 고려하면서 여성 고용을 증진하기 위한 공공정책의 대안 및 개선 방안을 살펴보았다.

9장 '국제정치경제와 여성'은 김민정 교수가 집필했으며, 오늘날의 국제정치경제 질서가 여성의 삶에 얼마나 중요한 영향을 미치는지, 특히 최근의 세계화 및 신자유주의가 여성의 삶에 얼마나 중요한지를 논의했다. 이제는 국가만이 여성의 삶에 영향을 미치는 것이 아니라 국제질서가 여성의 삶에 중요하다는 것을 9장과 10장을 통해서 보게 될 것이다.

10장 '전쟁, 평화, 안보 그리고 여성'은 강윤희 교수가 집필했는데, 국제정치학의 주요 관심사라 할 수 있는 전쟁·평화·안보 문제를 여성적 시각에서 다루었다. 전쟁과 평화 연구에 여성의 경험을 첨가하고 안보 연구에 젠더 관점을 도입했을 때, 인습적 견해와는 달리 여성은 전쟁과 평화에 대해 복잡한 방식으로 관련을 맺는다는 것이 드러난다. 여성주의적 안보 개념은 기존의 국가 안보 중심적 접근에서 벗어나 개인 안보, 국제 안보를 포함하는 중층적 안보 개념이며 동시에 다양한 이슈를 포함한 포괄적 안보 개념이라는 것을 이 장을 통해서 알게 될 것이다.

11장 '세계의 여성운동'은 전복희 교수가 집필했으며, 여성운동의 개념 정의, 제1기 여성운동과 제2기 여성운동의 전개와 특징, 여성운동의 딜레마와 포스트모더니즘적 여성운동에 관하여 설명했다.

12장 '한국의 여성운동'은 박채복 교수가 집필했는데, 한국 정치 과정을 올바르게 이해하기 위해 기존의 정치학 영역에 대한 연구뿐 아니라 여성이 주체가 되어 여성의 문제를 다룬 여성운동을 조망하는 것이 필수적이라는 문제의식에서 출발하고 있다. 또한 한국의 여성운동은 역사적 사회 변화 속에서 발전해왔으며 각 시기별로 다양한 이슈를 제기하며 발전해왔다는 점을 강조했다.

13장 '한국 정치사 속에서의 여성'은 강윤희 교수가 집필했고, 지난 1세기 동안의 한국 정치사 속에서 여성들을 부각시키고자 노력했다. 일본 식민주의, 항일민족운동, 근대국가 건설, 군사권위주의 국가, 산업화, 민주화가 여성의 삶에 미친 영향을 살펴보고 동시에 주체적 행위자로서의 여성의 활동을 조명해보았다. 한국 정치사의 변동 과정 속에서 여성들은 국가권력에 의해 동원되어 국가를 위한 다양한 봉사와 희생을 감수했음에도 불구하고 정치적 영역에서 효과적으로 배제되어왔다. 그러나 민주화 과정에의 기여와 여성운동의 성장으로 여성들은 정치세력화되고 이제 의미 있는 정치적 주체로 등장했다.

끝으로, 이 책이 나오기까지 도움을 주신 아시아재단에 감사드리고 싶다. 아시아재단은 몇몇 연구자들의 희망이 현실화할 수 있도록 출판비를 지원해주었다.

2005년 2월
필진을 대표하여 김민정이 씀

차례

01

여성과 정치

김민정·김경미

정치학과 페미니즘은 얼핏 보기에 서로 아무런 연관이 없는 것 같지만 실제로 이 둘 사이에는 긴밀한 보완관계가 있다. 정치학은 페미니즘을 통해서 세계 인구의 절반인 여성들이 정치에 어떻게 반응하고 있는지를 알게 된다. 나아가 중요한 정치학의 주제인 정치제도나 여러 가지 국가정책을 이해하고 정치의 본질 자체를 명확히 규명하고자 할 때에도 페미니즘은 많은 도움이 된다. 페미니즘의 입장에서는 정치학을 통해 여성의 삶에서 국가의 정책 결정 과정이 매우 중요하다는 사실을 깨닫게 된다. 즉, 여성들의 삶을 보다 나은 방향으로 변화시키기 위해서는 선거 참여와 정치세력화 등의 방법을 통해 정책 결정이 이루어지는 정치 과정에 효과적으로 영향을 미쳐야 할 필요가 있음을 알게 된다.

그러나 1960년대 이전까지 정치학은 여성과 페미니즘에 대해 아무런 관심이 없었고, 정치학의 연구 영역으로서 성(性)은 별다른 중요성이나 의미가 없었다. 당시 정치학은 여성이 남성에게 포함된다고 간주했다. 유권자를 이야기할 때 유권자의 절반이 여성임에도 정치학은 남성 유권자에 대해서만 언급하면서 전체 유권자를 다룬다고 생각했다. 심지어 정치학은 극히 남녀차별적인 시각을 갖고 있었는데, 남성을 바람직하거나 최소한 정상이라고 생각하고 남성을 모든 판단의 기준으로 삼았다. 그래서 여성이 남성과 다른 행동양식을 보일 때에는 여성을 비정상적인 존재로 취급했다. 또 여성을 독립적이지 못한 종속적 존재로 취급했다. 예를 들면 남성 유권자는 자신의 선호와 판단에 따라 투표하는 반면에 여성은 남성(아버지나 남편)의 의견에 따라 투표하는 준봉(遵奉) 투표 성향을 띤다고 보았다.

이처럼 정치학이 여성에 대해 무관심하고 무지했던 이유는 무엇보다도 정치학이 지극히 남성적인 학문이었기 때문이다. 정치학자 가운데 여성은 거의 없었으며 혹여 여성 정치학자가 있다고 하더라도 아주 특수하고 예외적인 경우로 취급되었다. 정치, 법, 경제 등의 사회과학 분야는 남성의 영역으로, 문학이나 예술 분야는 여성의 영역으로 인식되는 등 사회적 성역할 분리가 학문의 세계에도 그대로 적용되었다. 과거에는 여성이 대학교육을 받기도 어려웠지만 그나마 대학에 진학하더라도 문학이나 예술 분야를 전공했고 정치학을 비롯한 사회과학은 남성이 하는 학문으로 여겨져 기피되었다. 이는 한국뿐 아니라 전 세계적으로 공통된 현상이었다. 미국에서조차 20세기에 들어와서야 여성의 대학 진학이 가능해졌고, 사회과학을 전공하는 여성이 늘어나기 시작한 것은 1960년대부터였다.

정치학이 여성에 대해 관심이 없었던 또 다른 이유는 정치학에서 다루는 내용 자체가 남성의 영역으로 간주되던 것만을 대상으로 삼았다는 데 있다. 정치를 투입(의회나 정부구조, 정당, 선거 등을 포괄하는 정치제도와 활동)과 산출(국가정책) 영역으로 나눌 때 주로 정책으로 가시화되는 산출 부분은 그 영향을 평가하기가 어려워 정치학 연구에서 기피되었다. 특히 1950년대 미국을 풍미했던 경험주의 정치학은 관찰할 수 있는 것, 검증 가능한 것만을 연구 대상으로 삼다 보니 검증이 힘든 영역을 배제하는 경향이 있었다. 그 결과 정치학의 연구 대상은 우리가 흔히 협의의 정치 영역이라고 생각하는 전통적인 제도적 정치에 한정되었고 그 영역은 남성이 활동하던 무대였다. 1960년대 이전에도 여성은 공적 영역뿐 아니라 사적 영역도 포괄하는 넓은 의미에서의 정치에 지속적으로 참여해왔다. 그러나 정치학은 이를 연구 대상으로 삼지 않았고, 따라서 정치는 남성이 지배하는 영역으로 인식되었다.

페미니스트들은 정치학의 이러한 남성 중심적이고 성차별적인 접근 방식을 비판한다. 여성 역시 남성과 동등한 정치적 주체이며 여성의 정치적 태도는 결코 비정상적인 것이 아니라 단지 남성과 다를 뿐이라고 주장한다. 또한 지금까지 우리가 정치라고 생각했던 것만이 정치가 아니라 정치에 대해 보다 폭넓은 정의를 내려야 한다고 주장한다.

1장에서는 우선 페미니즘이 무엇인지에 대해 간단히 살펴본 뒤, 정치와 권력 그리고 국가에 대한 정치학적 개념을 중심으로 페미니즘이 제시하는 새로운 재해석을 고찰할 것이다.

페미니즘이란 무엇인가

페미니즘은 정치, 경제, 사회, 문화 등 모든 영역에서 여성에 대한 차별을 철폐하고 여성의 지위와 권익을 높이면서 남녀평등을 이루려는 광범위하고 다양한 운동을 총칭한다. 페미니즘을 주장하는 페미니스트들은 개별적으로 어느 시대에나 존재했지만 체계적이고 집단적으로 여성 억압의 원인과 역사, 해소 방법 등에 관한 논의를 전개하기 시작한 것은 1840년대부터이며, 특히 1848년의 세니커폴스 회의(Seneca Falls Convention)에서부터 논의가 본격화되었다. 이 책의 13장 '세계의 여성운동'에서 상세히 다루겠지만 19세기에 전개된 페미니즘은 여성의 참정권과 교육의 기회를 비롯한 여러 가지 여성문제를 제기하면서 여성의 사회적 억압을 밝히고 이에 대한 개선을 요구했다.

제1차 세계대전 이후 서구의

세니커폴스 회의와 센티먼츠 선언

1848년 7월에 미국의 뉴욕 주 세니커폴스에서 루크레티아 모트(Lucretia Mott)와 엘리자베스 스탠턴(Elizabeth Cady Stanton)의 주도하에 열린 세계 최초의 여성권리대회이다. 여기에서는 법에 대한 강연이나 익살스러운 퍼포먼스 및 여성의 권리에 관한 많은 토론이 이루어졌을 뿐 아니라, 여성의 독립선언이라고도 불리는 '센티먼츠 선언(감정 선언, Declaration of Sentiments)'을 선포했다. 이 선언은 남성과 여성이 창조주로부터 동등한 천부인권을 부여받고 자유롭고 평등하게 창조되었지만 인류의 역사는 여성에 대한 남성의 억압과 지배가 반복된 역사라고 주장했다. 선언에는 12개 항의 결의안이 들어 있는데, 특히 여성에게 참정권과 재산권, 이혼권을 부여하고 교육을 받을 수 있는 권리를 보장하라고 요구하고 있다.

여러 나라에서 여성에게 참정권을 부여하고 고등교육을 받을 수 있는 기회를 제공함에 따라 일정 정도 소기의 목적을 달성한 페미니즘운동은 한동안 상당히 약화되었다. 그러나 완전히 사라지지는 않고 있다가 1960년대에 들어서면서 부활해 제2기 여성운동으로 전개되었다. 이 시기가 되어 비로소 '여성해방'이라는 구호가 급진주의 페미니스트들에 의해 사용되기 시작했다. 그렇다고 해서 모든 페미니스트들이 급진주의 페미니스트였던 것은 아니다. 다양한 분파의 페미니스트들이 급진주의 페미니스트들이 제기한 문제와 그들이 정립한 새로운 관행에서 자신들의 입장을 모색하고 확립했다. 특히 왜 여성이 사회적 억압을 받는지, 그리고 어떻게 하면 이를 극복할 수 있을지의 두 가지 문제를 놓고 서로 의견을 달리했다. 이들은 크게 세 분파로 나뉘었다.

첫째 분파는 자유주의 페미니즘으로 19세기에 여성운동이 조직화되면서 등장할 때 나타났다. 자유주의 페미니스트들은 여성이 사회적으로 억압받는 원인을 무엇보다도 '법적인 제한'에서 찾았다. 헌법이나 민법 등 법전에 여성을 억압하는 내용이 규정되어 있고 이러한 조항이 여성의 정치참여를 제한하기 때문에 여성이 억압당하고 있다고 생각했다. 따라서 이러한 법질서의 부당성을 알리고 개선을 요구함으로써 여성에 대한 사회적 억압과 차별을 해결할 수 있다고 생각했다.

자유주의 페미니즘은 개인의 자유와 사적 영역에 대한 최소한의 국가개입을 주장하는 자유주의 사상에 뿌리를 두기 때문에 기본적으로 공적 영역과 사적 영역의 분리, 기회균등과 같은 형식적 평등을 수용한다. 또한 사회구조 자체를 변혁하기보다는 기존 사회의 틀 속에서 관습과 제도의 개선에 초점을 맞추기 때문에 기존의 남성적인 가치들을 받아들이는 경향이 있다. 그러나 근래에 와서는, 여성이 부딪히는 많은 문제가 사적 영역에서 발생하고 형식적 평등에 대한 보장만으로는 진정한 남녀평등이 이루어질 수 없다는 인식에서 국가의 적극적 개입이 필요하다는 의견도 자유주의 페미니스트들 사이에서 제시되고 있다.

둘째 분파는 마르크스주의 또는 사회주의 페미니즘이다. 이 흐름은 영국 여성해방운동 초기부터 강하게 나타났는데, 당시 영국의 사회주의 정당과 사회주의 단체에 속해 있던 여성들이 페미니즘에 관심을 보였다. 또한 제2기 여성운동을 주도하던 여성 중에서 사회주의 정당이나 단체에서 활동하다가 남성 중심적인 구조에 환멸을 느끼고 여성운동에 합류한 이들을 중심으로 이 분파가 발전하게 되었다.

사회주의 페미니스트들은 이데올로기의 역할과 자율성을 둘러싼 문제에 깊은 관심을 보였다. 이들은 마르크스주의의 기본 가정에서 출발해 다른 모든 사회적 억압과 마찬가지로 여성에 대한 억압도 자본주의에서 비롯된다고 보고 마르크스주의의 토대 위에서 페미니즘을 재조명했다. 이들은 계급투쟁의 중요성을 강조하지만 남녀 간의 갈등은 자체의 역사를 가지고 전개되었기 때문에 계급투쟁이라는 변수로 치환될 수 없다고 주장한다. 또한 그 갈등이 자본주의의 붕괴와 더불어 자동적으로 소멸될 것이라고도 생각하지 않는다. 사회주의 페미니스트들은 여성의 억압을 설명하기 위해 재생산이라는 개념을 사용한다. 남성이 자신의 소유를 유지하기 위해서는 재생산을 통제해야만 했고 이 과정에서 재생산의 주체인 여성을 억압하게 되었다는 것이다.

셋째 분파는 급진주의 페미니즘이다. 급진주의 페미니스트들은 근본적으로 사회를 분리시키는 것은 성(性)이며 사회계급이나 인종 등 다른 모든 구별은 부차적인 것이라고 정의한다. 이들에 따르면 모계사회였던 고대 시대를 제외하고는 언제나 제도적인 남성 지배 혹은 가부장제에 의해 지지되고 강화되는 성별 노동분업이 있었다. 급진주의 페미니즘은 여러 종류의 남성 지배를 설명하지만 그중에서도 특히 육체적인 차원에서 이루어지는 남성의 통제를 강조한다. 따라서 낙태나 강간과 같이 남성 지배의 육체적 혹은 성적인 측면에서 야기되는 문제를 주로 다루는 경향이 있다.

또한 남성들이 여성에 대한 권력을 결코 포기하지 않을 적(敵)이기 때문에 남성과의 타협은 있을 수 없다고 주장하면서, 남성 지배는 혁명에 의해서만 끝날 수 있다는 혁명주의 노선을 취한다. 같은 맥락에서 급진주의 페미니즘은 남성과 어떠한 연대나 동맹도 불가능하다고 생각하는 분리주의적 성향을 보인다. 반면에 모든 여성은 기본적으로 억압을 공유하기 때문에 잠재적으로 자매(姉妹)라고 생각한다.

위에서 언급했듯이 페미니즘은 다양하고 광범위한 운동이기 때문에 지금까지 이야기한 자유주의 페미니즘, 사회주의 페미니즘, 급진주의 페미니즘 이외에도, 페미니즘적 주제와 생태학적 주제를 연결시키는 에코페미니즘이나 여성 주체라는 고정된 개념을 버리고 여성과 남성의 차이 및 여성들 사이의 차이를 넘어서 여성 내부의 차이를 고려하는 포스트모던 페미니즘, 백인 여성과는 다른 억압과 차별을 경험하는 흑인 여성의 문제를 다루는 흑인 페미니즘 등 다양한 흐름이 있다.

다른 한편으로 페미니스트 운동의 진전과 함께 인류학, 철학, 사회학, 심리학, 문학 등 여러 학문 영역에서 기존의 학문 이론과 사상을 페미니즘의 시각에서 비판적으로 살펴보는 작업이 이루어졌다. 정치학에서도 기존의 정치학이 제시하고 있는 개념과 이론에 페미니스트 학자들이 관심을 갖기 시작하면서 정치에 대한 새로운 시각이 등장했고 정치학의 연구 영역이 확대되었다. 다음에서는 정치학의 핵심 개념인 정치, 권력, 국가를 중심으로 기존의 정치학적 시각과 페미니즘의 시각을 살펴볼 것이다.

정치란 무엇인가

정치가 무엇이며 어디까지가 정치에 속하는지에 관해서는 시대나 사회, 학자에 따라 다른 정의를 내리고 있다. 이를 가리켜 한 정치학자는 정치는 창조되는 것이지 주어지는 것이 아니라고 했다. 정치의 개념은 곧 정치가 무엇이라고 정의하는 사람의 가치관을 반영한다고도 볼 수 있다.

이처럼 정치에 대한 정의는 다양할 수 있지만 그중에서 몇 가지 공통점을 추려낼 수 있다. 우선 정치는 사회적인 것이다. 로빈슨 크루소처럼 무인도에 혼자 살고 있는 사람에게 정치는 아무런 의미가 없다. 정치는 사람들이 모여 사는 곳에서, 사용할 수 있는 자원이 한정된 상황에서, 그리고 적어도 이 한정된 자원을 어떻게 배분할 것인가에 대해 서로 의견이 엇갈리는 곳에서 일어난다. 그러므로 최소한 정치는 사람들이 한정된 자원의 배분에 어떻게 영향을 미치는가에 관한 것이라고 할 수 있다.

정치의 본질과 관련해서는 크게 두 가지 시각이 있다. 하나는 기본적으로 정치를 특별한 활동으로 보는 견해이다. 정치란 자원의 권위적 배분이기 때문에 배분 자체뿐 아니라 배분에 영향을 미치려는 의식적이고 의도적인 활동까지 정치에 포함된다고 본다. 다른 하나는 이미 주어진 권력구조 내에서 자신의 의견을 표출하고 행동하는 모든 활동을 정치라고 보는 시각이다. 의식적인 행동이 아닐지라도 주어진 구조 속에서 다른 행위자들과 관계를 맺는 권력관계의 역학, 또는 모든 인간 집단에 존재하는 일종의 권력 현상이 정치이다. 이 견해에 따르면 공식적인 정치 영역에 참여해본 적이 없는 노예의 경우에도 주인과 정치적 관계를 이룬다. 학교생활에서는 학생과 교사 사이에, 가족생활에서는 남편과 아내, 부모와 자식 간에 정치적 관계가 존재한다. 정치가 공적 영역과 사적 영역의 구분 없이 도처에 존재한다고 보는 것이다. 요컨대, 정치를 특정한 영역 내에서 발생하는 의식적인 행동으로 볼 것인가 아니면 사회에서 이루어지는 다양한 권력관계로 볼 것인가에 따라 정치의 본질이 다르게 정의된다.

정치가 일어나는 장(場), 즉 정치가 어디에서 발생하는가와 관련해서도 서로 다른 의견이 존재한다. 정치를 수많은 권력관계 속에서 나타나는 의견 표출로 보는 사람들은 정치가 사회생활 자체와 별반 다르지 않다고 생각한다. 사회생활 전체가 정치의 장이기 때문이다. 반면에 정치를 특정한 활동으로 보는 사람들은 공적인 정치 영역이 따로 있고 이 안에서의 활동만이 정치라고 생각하는 경향이 있다. 즉, 정치는 공동체 구성원들이 공동의 문제, 또는 공적(公的)이라고 판단한 문제를 결정하는 과정이다. 이 견해에 따르면 공적인 정치의 영역은 항상 사적인 영역과 대비되고 사적 영역에는 정치가 없다.

그렇다면 어디까지를 사적 영역이라고 할 수 있고 어디까지가 공적 영역인가? 사실상 공적 영역의 범위는 매우 다양할 뿐 아니라 시대에 따라 변해왔다. 특히 제2차 세계대전 이후 복지국가의 등장과 함께 정부의 개입과 책임이 확대되면서 공적 영역이 상당히 확대되었다. 육아처럼 과거에는 사적 영역에 속한다고 보았던 영역이 공적 영역으로 취급되기 시작했다. 그렇다고 하더라도 비정치적인 사적 영역은 항상 존재해왔는데, 그 중심에는 가족생활이 있다. 가족생활은 특히 여성의 주된 활동 공간이자 사회적 공간으로 여겨져 왔다. 결국 정치를 공적 영역 안에서의 활동으로만 본다면 여성은 주로 사적 영역에 머무르기 때문에 정치가 필요 없을 뿐 아니라 정치와 관련이 없게 된다.

최근에는 페미니스트가 아닌 정치학자 중에서도 정치를 공적 영역 안에서만 일어나는 의식적인 활동으로 정의하는 것을 비판하면서 기업이나 학교, 심지어 가족과 같이 표면적으로 사적인 제도 안에서도 정치가 발생한다고 주장하는 사람들이 늘고 있다. 페미니스트 정치학자들, 특히 급진주의 페미니스트들은 정치를 의식적인 활동으로 정의하는 것을 비판한다. 케이트 밀레트(Kate Millett)는 정치를 "한 집단이 다른 집단을 통제하는 권력구조화된 관계 혹은 그 배치"라고 정의하면서 정치를 의식적인 활동이 아닌 모든 권력관계로 본다. 밀레트의 정의는 여성에 대한 남성 지배의 제도적인 성격을 설명하는 것이다. 남성 지배가 제도적이라는 것은 남성의 지배를 보장하는 토대(폭력에 대한 광범위한 위협과 의식적인 행동에 기반을 둔다)가 이미 구축되어 있음을 의미한다.

급진주의 페미니스트들이 생각하는 정치에 대한 또 다른 견해는 공적 영역과 사적 영역을 분리하는 것 자체에 반대하는 것이다. 여성이 정치와 무관한 존재라는 생각의 밑바닥에는 공적 영역과 사적 영역의 분리가 자리하고 있다. 성에 따라 사회적 역할이 분리되어 주어지고 여성은 사적 영역에서, 남성은 공적 영역에서 활동하는 존재로 인식되고 있다. 이때 공적 영역에 속하는 정치에는 여성이 끼어들 틈이 없다. 따라서 여성의 정치참여를 방해하는 문화적 맥락은 공적 영역과 사적 영역의 분리에서 출발한다.

그런데 사적 영역은 결코 정치와 무관한 영역이 아니다. 공적 영역과 사적 영역의 분리를 알게 되고 이를 몸에 익혀 그대로 따르도록 강요하는 것은 사적 영역에서 일어난다. 즉, 가정에서 아이들은 여성이 할 일에 대해 배우고 부모의 관계를 보면서 이를 체득하게 된다. 이런 점에서 사적인 것은 정치와 무관한 개인의 영역이 아니라, 사실은 고도로 정치적인 영역이며 공적 영역을 보이지 않게 조종하는 근본적인 동인(動因)이다. 그래서 급진주의 페미니스트들은 가정에서의 남녀불평등, 성적인 권력관계가 실제로는 더욱 근본적인 억압의 영역이며 이것은 절대로 정치와 무관한 영역이 아니라고 주장했다.

많은 여성 정치학자가 이런 주장을 발전시켜 공적 영역과 사적 영역의 분리를 비판했다. 진 엘시테인(Jean Bethke Elshtain)은 공적 정치에서 여성을 배제하는 일이 정치사상사에서 어떻게 정당화되어왔는지를 연구했다. 아리스토텔레스(Aristoteles)는 공적인 정치 영역을 최고의 선(善)이 있는 곳으로 떠받들었다. 여성은 노예나 어린이와 마찬가지로 선과 이성(理性)을 이해하는 데 제한된 능력밖에 소유하지 못했다고 믿었던 그는 선과 이성이 필요한 공적 영역에 여성은 부적합하다고 주장했다. 또 다른 정치사상가 장 자크 루소(Jean-Jacques Rousseau)는 사적 영역은 순수하고 공적 영역은 부도덕하기 때문에 여성이 공적 영역의 부패에서 보호되어 가정이라는 도덕적인 천국을 보존해야 한다고 주장하기도 했다. 정치를 도덕적으로 보든 비도덕적으로 보든 간에 정치사상가들은 여성을 정치 영역에서 분리시켜야 한다는 데에 의견이 일치했다. 반면에 가정은 사적 영역이기 때문에 공적인 정치가 개입할 수 없는 영역이었다. 그렇기 때문에 가정 내에서 남편이 아내를 어떻게 취급하든 국가는 간섭하지 말아야 한다는 근거로서 가족의 프라이버시가 이야기되었다. 남편이 아내를 때리거나 강간할 때라도 국가가 간섭하지 말아야 한다는 '프라이버시라는 이름의 억압(coercion of privacy)'이 여성에게 강요되었다.

권력과 성

흔히 정치를 움직여나가는 근본 동력은 권력이라고 말한다. 모든 정치 현상은 직접 또는 간접적으로 권력과 관련되기 때문에 권력의 개념을 이해하지 않고서는 정치 현상을 제대로 파악할 수 없다. 또한 권력을 어떻게 정의하는가에 따라서 정치 현상은 매우 다르게 해석된다. 일반적으로 정치학에서 권력은 상대방의 의사나 의지를 무시하고 자신의 뜻대로 상대를 강제할 수 있는 직접적인 힘이나 능력을 뜻한다. 을순이가 저항하는데도 갑순이가 자신의 뜻에 따르도록 을순이를 강제할 수 있는 경우, 갑순이는 을순이에 대해 권력을 가졌다고 본다. 이것은 가장 좁은 의미에서의 권력 개념이다. 만약에 갑순이가 상대적으로 자신에게 유리한 사회적·정치적 가치와 제도, 관행을 새로 만들거나 강화하는 경우에도 갑순이는 권력을 행사하는 것이다. 권력에 대한 이러한 정의는 권력을 (개인이나 집단이) 소유할 수 있는 것, 그리고 (서로 다른 이해관계에서 나오는) 갈등적인 것으로 본다.

더욱 넓은 의미에서의 권력은 강제력뿐 아니라 상대방의 생각과 가치관을 형성하는 문화와 이념적인 요소에 영향을 미쳐서 상대방의 '동의에 의한 지배', 즉 헤게모니(hegemony)를 이끌어내는 능력도 포함한다. 동의에 의한 지배는 여성이 스스로를 육체적으로나 정신적으로 남성보다 열등하다고 생각해 자신이 억압받고 있다는 사실을 느끼지 못하거나 혹은 당연하다고 여기면서 자발적으로 남성에게 복종할 때 발생한다.

권력과 비슷한 개념으로 권위가 있다. 권위는 여러 가지 의미로 사용되지만 정치학에서는 정당한 권력을 가진 사람이 지니게 되는 위세와 영향력으로 정의한다. 막스 베버(Max Weber)는 권위를 전통적 권위, 합법적 권위, 카리스마적 권위의 세 가지 유형으로 구분했다. 전통적 권위는 오랜 시일에 걸쳐 대대로 전해 내려온 전통이나 관습에 의해 부여된 권위이다. 오늘날 남성에게 부여된 대부분의 특권은 수천 년간 지속되어온 가부장적 사회에서 유래한 전통적 권위에 해

> **동의에 의한 지배로서의 헤게모니**
>
> 헤게모니는 지배 집단이 다른 집단에 행사하는 정치적, 경제적, 이데올로기적, 군사적 또는 문화적 힘(power)을 의미한다. 강제적인 힘(force)보다는 지배받는 집단의 자발적인 동의에 의한 지배로서 헤게모니 개념은 1920년대에 이탈리아의 마르크스주의자인 안토니오 그람시(Antonio Gramsci)가 처음으로 사용했다. 그람시는 집단의 이익을 사회 전체의 공동 이익으로 규정하고 이를 관철시킬 수 있는 능력에 기반을 둔 지배를 헤게모니라고 불렀다.

당한다. 합법적 권위는 국민의 대표기관인 의회에서 만든 법과 절차에 의해 부여된 권위이다. 그러나 합법성이 곧 정당성을 의미하는 것은 아니다. 독재자가 국민 다수의 의사를 무시하고 자신에게 유리한 법을 제정해 법에 의한 지배를 할 때, 이것은 합법적이기는 하지만 정당성을 갖지 않는다. 이와 마찬가지로 여러 가지 성차별적인 법들은 비록 합법적 권위를 갖고 있을지라도 정당한 것은 아니라고 할 수 있다. 카리스마적 권위는 종교 지도자나 위대한 영웅에게서 볼 수 있는 초인적인 비범한 능력이나 사람들을 강하게 끌어당기는 힘에서 나오는 권위이다.

권력에는 제로섬(zero-sum) 권력과 비(非)제로섬(non-zero-sum) 권력이 있다. 제로섬 권력은 한쪽이 얻는 이득이 상대가 잃는 손실과 같은 경우를 말한다. 한쪽의 이익과 다른 쪽의 손실이 같으므로 둘을 합치면 항상 '0'이 된다. 바둑은 전형적인 제로섬 게임인데, 한쪽이 5집을 이기면 다른 쪽은 5집을 진다. 권력을 가진 사람이 빼앗는 이익과 복종당하는 사람이 빼앗기는 이익을 더하고 빼서 '0'이 될 때, 제로섬 권력이라고 부른다. 제로섬 권력은 가장 냉혹하고 무자비하다. 반면에 비제로섬 권력은 한쪽의 이익과 다른 쪽의 손실을 합했을 때 '0'이 아닌 경우를 말한다. 한쪽의 이득이 그대로 다른 쪽의 손실로 연결되지 않는다. 모두가 손해를 볼 수 있고, 모두가 이득을 볼 수도 있다.

페미니스트들은 유사 이래 여성과 남성의 관계에서 권력이 사용되지 않은 적이 없으며, 권력은 언제나 일방적으로 여성에게 억압적으로 행사되었다고 보기 때문에 제로섬 권력이 남녀 관계의 지배적인 권력 형태였다고 주장한다. 남녀 관계에서 가장 바람직한 권력 사용은 당연히 남성과 여성 모두에게 이익을 가져오는 긍정적인 비제로섬이라는 점에는 의문의 여지가 없다. 많은 남성들이 여성의 경제활동 참여를 마치 여성이 남성의 일자리를 빼앗는 것으로, 다시 말하면 정해진 수의 일자리를 놓고 남성과 여성 간에 제로섬 게임을 하는 것으로 보는 경향이 강하다. 그러나 여성의 경제활동 참여로, 가족 차원에서는 남성 가장의 부담이 줄어들고 가계소득이 늘어나며, 국가 차원에서는 풍족한 노동력의 적절한 활용으로 더욱 높은 경제성장과 그에 따라 새로운 일자리가 창출되는 선순환이 나타난다. 이렇게 볼 때, 국가가 여성의 경제활동을 장려하는 여러 가지 정책을 시행하기 위해 사용하는 권력은 남성과 여성 모두에게 이익을 가져오는 긍정적인 비제로섬 권력이다.

권력의 근원과 유지

어떤 사람이나 집단이 다른 사람이나 집단을 지배하는 권력은 어디에서 오는가? 어떻게 해서 그 권력은 계속 유지될 수 있는가? 권력이 발생하는 근원으로 가장 흔히 이야기되는 것은 사람 사이의 신체 또는 소질상 차이이다. 선천적으로 우수한 두뇌를 타고난 사람이 있는가 하면 그렇지 못한 사람이 있듯 체력이나 노동 능력에서도 사람들 사이에 차이가 있다. 이러한 선천적인 생물학적 차이에 의해 인간 사이에는 강자와 약자가 나타났고 강자는 약자에게 권력을 행사하게 되었다. 두뇌와 체력의 선천적인 차이는 문명과 기술이 발전함에 따라 노동 능력과 숙련도 및 그에 따른 재산 축적, 명예 등의 차이로 발전했으며 결국 이러한 것들을 많이 소유한 사람이 권력을 차지하게 되었다.

이러한 견해는 이른바 '권력실체설'로 불리는데, 권력자가 가치 있는 어떤 것을 실제로 가지고 있기 때문에, 또는 어떠한 가치를 박탈하거나 부여할 수 있는 힘을 실제로 가지고 있기 때문에 권력이 발생한다고 보는 입장이다. 다시 말하면 권력자가 현실적으로 어떠한 실제적인 힘을 가지고 의식적으로 행사한다는, 권력을 하나의 실체로 보는 견해이다. 이러한 주장은 특히 남녀 간의 불평등한 권력관계를 설명하는 데 많이 사용되었다. 남성은 여성에 비해 육체적으로 강할 뿐 아니라 선천적으로 공격적이고 활동적이다. 반면에 여성은 생물학적으로 약하고 수동적이며 임신과 출산, 보육 등으로 인해 남성의 노동과 보호에 의지할 수밖에 없으므로 남성의 지배를 받게 되었다는 것이다.

그러나 페미니스트 학자들은 생물학에 근거해서 여성에 대한 남성의 권력을 정당화하는 것을 거부한다. 생물학적으로 남녀 간에 차이가 있는 것을 부인할 수는 없지만, 그렇다고 생물학적 차이가 반드시 남성이 여성에 대해 권력을 가지게 만드는 것은 아니라고 주장한다. 그들의 견해에 따르면 생물학적 선천성으로 정당화되는 남녀 간의 많은 불평등한 권력관계는 오히려 사회경제적으로 형성되었다.

정치학에서는 권력이란 사회적 현상이기 때문에 권력이 발생하게 된 사회적 근거가 있다고 본다. 사회를 형성하고 유지·발전시키기 위해서 사회는 내부적으로 분열과 반란을 억제하고 질서를 세워야 하며 대외적으로 외적의 침입에 맞서 스스로를 지켜야 한다. 이러한 사회적 필요를 충족시키기 위해 사람들은 누군가에게 복종하고 이와 함께 권력이 발생한다는 것이다. 이 견해는 '권력관계설'로 불리는데, 왜냐하면 권력자와 이에 복종하는 사람이 서로 맺는 상호 관계의 결과로 권력이 발생하기 때문이다.

사실상 한 사회를 형성·유지·발전시키기 위해 가장 중요한 일은 그 사회 구성원의 재생산, 즉 아이를 낳아서 보살피고 이들이 성장할 때까지 음식과 보호를 제공하는 일이다. 이것은 전자의 일을 담당하는 여성과 후자의 일을 담당하는 남성 사이에, 성에 기초한 노동분업과 상호 의존을 가져왔다. 사회가 발전함에 따라 생산기술이 발달하고 그로 인해 경제적 잉여물이 축적되면서 사회적으로 재산이 중요한 가치와 권력을 갖게 되었다. 그 결과 종족 번식과 사회 유지라는 필요에 의해 만들어진 남녀 간의 상호 의존 관계는 재산을 소유한 남성이 그렇지 못한 여성에게 행사하는 일방적이고 강제적인 권력관계로 변질되었다.

국가권력과 여성

정치적 기능을 수행하기 위해 권력이 조직화될 때 이를 정치권력이라고 부른다. 앞에서 살펴보았듯이, 정치를 권력의 획득·유지·확대·변화와 관련된 모든 인간 활동으로 보고 '권력 과정을 매개로 한 사회통합'의 기능으로 보는 경우에 정치권력은 국가만이 아니라 일반 사회집단에도 존재한다(집단현상설). 그러나 정치를 오로지 국가에서만 발생하는 특수한 현상(국가현상설)으로 본다면 정치권력은 국가라는 기구에 의해 제도화된 공권력으로서 국가권력으로 정의된다. 이 경우 국가권력 이외의 다른 정치권력은 존재하지 않는다.

그렇다면 국가란 무엇인가? 국가권력은 여성에게 어떻게 행사되어왔는가? 정치를 사회 구성원들이 풍요 속에서 평화롭고 행복하게 살 수 있도록 해주는 행위라고 한다면 이러한 정치의 임무를 수행하기 위해 만들어진 조직이 바로 국가이다. 그리고 임무 수행에 필요한 권력이 부여되는데 그것이 국가권력이다. 따라서 국가는 국가를 구성하는 국민의 풍요와 평화와 행복을 위해서 대내적으로는 사회의 질서를 유지하고 경제를 발전시키며 대외적으로는 국가의 안전을 확보하기 위해 국가권력을 사용한다.

페미니스트 학자들의 관심은 이처럼 성 중립적으로 이야기되는 국가와 국가권력이 어떻게 성차별적인 관계를 형성하고 유지하는 데 기여했는지를 밝히는 것에 있다. 스파이크 피터슨(Spike V. Peterson)에 따르면 국가는 ① 성차별성을 지닌 중앙집권적 권력 조직으로 ② 성차별성을 지닌 합법화된 폭력을 행사하면서 합법과 불법을 결정하고 ③ 성차별적 사회질서를 문화·교육·규범·법 등을 통해 정당한 것으로 제도화하거나 재창조했다. 또한 래윈 코넬(Raewyn W. Connell)은 국가가 ① 젠더관계로 구성된 ② 성 정치체제로 정의될 수 있으며 ③ 젠더관계를 조종하는 특별한 능력을 가지고 있고 ④ 기본적인 성적 질서를 형성하는 요소들을 만들어내거나 바꾸며 ⑤ 성 정치에서 이익단체를 형성하고 동원하는 접점이 되고 ⑥ 위기 시에는 새로운 성별 질서를 만든다고 주장했다.

이론적으로 근대국가를 밑받침하는 기본 원리를 살펴보면 국가가 젠더관계로 구성된 정치체라는 페미니스트들의 주장은 상당히 설득력이 있다. 근대국가의 가장 중요한 두 가지 기본 원리는 사회계약과 법치주의이다. 국가는 자유롭고 평등한 여러 개인들 간의 동의, 즉 계약에 의해 형성되었으며 국가에서 지배와 피지배라는 정치적 관계는 '법의 지배'에 의거한다. 서구 민주주의 사상의 기틀을 이루는 사회계약론에 따르면 정치권력 또는 국가권력의 정당성은 신적 권위나 신분적 특권에 있는 것이 아니라 사회를 구성하는 개인들 내지 시민들의 동의에 기반을 둔다. 그러나 문제는 그와 같이 국가를 형성하는 자유롭고 평등한 개인들의 동의와 계약에서 여성이 배제되었다는 데 있다. 이것은 국가를 기본적으로 남성 중심의 정치체제로 만들었다.

또 다른 원리인 '법에 의한 지배'는 개인들의 동의에 따라 법을 제정하는 주권자를 선출하고, 주권자가 제정하는 법에 주권자를 포함한 모두가 따르는 합법적인 지배를 의미한다. 그럼으로써 국가권력은 무력이나 자의(恣意)가 아니라 법에 의해 제한을 받는 합법적 권력과 정통성을 가진 권위로 격상된다.

그런데 누가 법을 제정하는 주체인 주권자인가? 사회계약의 원리에 따르면 주권자는 사회계약에 참여한 시민으로, 시민들이 선출한 입법부가 법을 만든다. 그러나 여성에게 선거권과 피선거권이 허용되지 않는다면, 또 여성을 진정으로 대표하는 입법권자가 없다면 사실상 여성은 국가의 주권자로 인정된 것이 아니며 법은 남성들의 법이다. 그렇기 때문에 여러 국가에서 성차별적인 법들이 제정되고 적용되었으며, 국가는 젠더관계를 규율하는 권력을 갖게 되었다. 그 결과 국가의 역할과 기능이 성 중립적으로 표현됨에도 실제로 국가는 남성 지배적인 사회질서와 권력을 구현하고 있다.

역사적으로 살펴보면 17세기 서구에서 시작된 근대국가는 전쟁을 통해 탄생했다고 해도 과언이 아니다. 중앙집권적 근대국가를 형성하고 발전시킨 군주들은 정복 전쟁을 통해 권력을 확보했고 전쟁은 근대국가 건설에 필수불가결한 것이었다. 따라서 역사적 문맥에서 근대국가는 무장한 전투가로서 전쟁에 직접 참여한 남성의 전리품이었으며 전쟁에 참여하지 못한 여성은 수동적인 존재로서 근대국가의 형성과 발전에서 온전히 배제되었다. 이러한 상황은 오늘날까지도 이어지고 있다. 국가 안보와 관련되는 사항과 정책 결정은 여성에게도 지대한 영향을 미치지만 여전히 남성들만의 업무로 인식되고 있다.

국가가 법, 제도, 정책에서 묵시적으로든 명시적으로든 불평등한 젠더관계를 형성하고 합법화해왔음을 부인하기 어렵다. 국가는 가족을 사회 안정을 위한 보루로 여기면서 혼인제도나 가족법, 고용정책 등을 통해 여성을 가사와 보살핌 노동의 종사자로 묶어두었다. 또한 낙태법, 산아제한 정책, 출산촉진정책 등의 인구정책을 통해 개인의 성생활이라는 지극히 사적인 영역에 간섭하면서도 가정 내에서 일어나는 아내에 대한 남편의 학대와 폭력에 대해서는 사적 영역이라는 이유로 오랫동안 외면해왔다. 군대 주둔지를 중심으로 형성된 성매매 집결 지역은 군인들의 휴식과 사기 재충전이라는 명목으로 국가권력에 의해 암묵적으로 허용되거나 심지어 조장되기까지 했다.

위기 시에 국가가 새로운 성별 질서를 만든다는 페미니스트들의 주장은 특히 전시(戰時)에 잘 입증된다. 국가는 전투력으로 차출된 남성 노동자의 자리를 메우기 위해 여성을 대대적으로 산업노동자로 동원함으로써 기존의 성별 질서를 무너뜨린다. 그러나 전쟁이 끝나고 남성들이 전선에서 돌아오면 '여성이 있을 곳은 부엌'이라는 구호하에 여성들을 다시 가정으로 돌려보내는 경우가 다반사였다. 요컨대 페미니스트 학자들은, 국가의 성격에 따라 방법은 다를지라도, 성차별성을 지닌 중앙집권화된 권력으로서 국가권력의 발전은 여성을 억압하는 데 확실히 일조했다고 주장한다.

지금까지 여성과 정치를 다루기 위해서 정치, 권력, 국가, 페미니즘에 대해 살펴보았다. 이 책의 목적은 정치학에서 거론되는 여러 중요한 개념들을 페미니즘의 입장에서 살펴보고, 성(性)이라는 변수를 중심으로 정치학에서 다루는 다양한 현상을 새롭게 해석해보는 데 있다. 따라서 각 장별로 기존의 정치학에서 다루는 중요한 개념들을 설명하면서 여기에 성이라는 변수가 들어가면 정치학적 현상들이 어떻게 다르게 설명될 수 있는지를 보여줄 것이다. 기존의 정치학이 설명하지 못한, 혹은 그동안 설명을 시도하지 않았던 현상들을 조명해본다는 점에서 기존의 정치학적 해석을 보완하는 작업이라고 할 수 있다. 또한 기존 정치학의 설명 방식과는 다른 방식을 시도한다는 점에서 대안적이다. 그리고 성의 문제가 주로 발생하는 장이 사적 영역 혹은 일상생활의 영역이라는 점에서 거대담론으로서의 정치학보다는 일상의 정치학을 보여줄 것이다.

1 정치학은 여전히 남성 편향적이고 남성 중심적인 학문으로, 남성이 모든 정치학적 분석과 판
   단의 기준이 되고 있다. 이러한 현상을 어떻게 극복할 수 있을지 생각해보자.

2 1960~1970년대에 페미니스트들은 "사적인 것이 정치적인 것이고, 정치적인 것이 사적인
   것"이라는 슬로건을 내걸었다. 이 말이 의미하는 바를 페미니즘 사상과 연결해보고 현실에서
   구체적인 사례를 찾아보자.

3 성차별적인 법은 비록 합법적인 권위를 가질지라도 정당성을 가질 수 없다. 이러한 법에는
   어떠한 것이 있는지 알아보자.

4 페미니스트들은 여성과 남성의 관계에서 권력은 언제나 여성에게 억압적이었으며 제로섬이
   남녀 관계의 지배적인 권력 형태였다고 주장한다. 이러한 주장과 반대되는 사례 및 비제로섬
   의 결과를 가져오는 권력에는 어떠한 것이 있는지 생각해보자.

5 국가와 국가권력이 어떻게 성차별적인 관계를 형성하고 유지하는 데에 기여했는지 살펴보고
   개선 방안에 대해 논의해보자.

더 읽을거리

1 **로즈마리 퍼트남 통(Rosemarie Putnam Tong). 2004. 『페미니즘 사상』. 이소영 옮김. 서
   울: 한신문화사.**
   이 책은 자유주의 페미니즘, 급진적 페미니즘, 마르크스주의 페미니즘과 사회주의 페미니즘
   을 비롯해 정신분석 페미니즘, 실존주의 페미니즘, 포스트모던 페미니즘, 복합문화 페미니즘,
   에코 페미니즘 등 여러 다양한 페미니즘 사상을 자세히 소개하고 각 이론의 장점과 단점을
   논의한다. 페미니즘 사상을 더욱 깊이 알고자 할 때 좋은 참고서가 된다.

2 **베티 프리단(Betty Friedan). 1996. 『여성의 신비』. 김행자 옮김. 서울: 평민사.**
   1963년에 출간된 책으로 미국에서 제2기 여성운동을 촉발시켰으며, 20세기 자유주의 페미
   니즘의 대표적인 저작으로 평가받고 있다.

참고문헌

강윤희. 2004. 「페미니즘 국제관계론」. 우성구·박건영 엮음. 『현대국제정치이론과 한국』. 서울: 사회평론.

랜달, 비키(Vicky Randall). 2000. 『여성과 정치』. 김민정 외 옮김. 서울: 풀빛.

밀레트, 케이트(Kate Millett). 2009. 『성 정치학』. 김전유경 옮김. 서울: 이후.

이극찬. 2000. 「제3장」·「제10장」. 『정치학』. 서울: 법문사.

프리드먼, 제인(Jane Freedman). 2002. 『페미니즘』. 이박혜경 옮김. 서울: 이후.

Connell, R. W. 1990. "The State, Gender and Sexual Politics: Theory and Appraisal." *Theory and Society*, Vol. 19.

Peterson, Spike V. 1992. "Transgressing Boundaries: Theories of Knowledge, Gender and International Relations." *Millennium*, Vol. 21, No. 2.

Squires, Judith. 1999. *Gender in Political Theory*. Cambridge: Polity Press.

Yeatman, Anna. 1997. "Feminism and Power," in Mary L. Shanley and Uma Narayan(eds.). *Reconstructing Political Theory: Feminist Perspectives*. Cambridge: Polity Press.

02

서양 정치사상과 여성

김경미

서양 정치사상은 현대의 정치제도와 정치적 인식에 지대한 영향을 미쳤다. 따라서 서양 정치사상에서 여성이 어떻게 인식되고 있는가를 살펴봄으로써 오늘날 정치에서 여성이 차지하는 위치를 가늠해볼 수 있다. 서양 정치사상에서 여성 또는 여성문제는 매우 드물게 취급되었다. 그것은 무엇보다도 정치사상 역시 정치학의 다른 분야들처럼 남성에 의해 발전되어왔고 여성문제를 진지하게 다룬 정치사상가가 거의 없었다는 데에 원인이 있다. 혹여 여성문제에 관심을 가졌던 정치사상가가 있었다고 하더라도 후대의 사상가들이 그런 논의를 계승·발전시키지 않고 무시했다.

　　다른 한편으로 여성 사상가들이 제시했던 여성에 대한 이론적이고 사상적인 논의는 정치사상에서 주변적인 것으로 취급되어왔다. 그 결과 정치사상사를 관통하는 핵심 개념인 시민권, 평등, 자유, 민주주의 등은 겉으로 성 중립적인 것처럼 보이지만 그 중심에 서 있는 주체로서의 시민이나 개인은 사실상 남성을 의미하며, 여성은 거기에서 온전히 배제되어 있다. 이와 같은 성차별적인 정치사상을 비판적으로 연구하고 재조명하는 작업은 20세기 후반에 와서야 페미니스트 학자들에 의해 시작되었다.

　　이 글에서는 서양 정치사상을 고대, 중세, 근대, 현대의 시기별로 구분해 주요 사상가들의 사상 속에서 여성이 어떻게 다루어지는지를 고찰하려고 한다. 고대 정치사상에서는 플라톤과 아리스토텔레스, 중세 정치사상에서는 기독교의 여성관, 근대 정치사상에서는 홉스, 로크, 루소와 울스턴크래프트, 밀, 마르크스와 엥겔스, 그리고 현대 정치사상에서는 아렌트, 보부아르, 롤스 등을 중심으로 여성과 관련된 사상적 논의들을 살펴보고자 한다.

고대 정치사상: 도시국가와 여성

고대 그리스의 도시국가(polis) 중에서 오늘날 민주주의의 원형으로 이야기되는 아테네의 경우에 정치는 시민권을 가진 사람들에게 일상생활이었다. 그러나 시민계급 가운데에서도 남자만이 정치에 참여할 수 있었고 여성에게는 외국인이나 노예와 마찬가지로 참정권이 주어지지 않았다. 아테네인은 도시국가를 하나의 공동체로 생각했으며, 정치란 구성원들의 조화로운 공동생활을 가능하게 하고 각 개인의 능력을 골고루 발휘하도록 하는 것이라고 보았다. 이러한 정치의 개념은 플라톤과 아리스토텔레스의 정치사상에서도 중요한 주제로 자리 잡고 있다.

플라톤(Platon, 기원전 428/7~348/7년)은 통치의 진정한 목적이 공동체 전체가 통합 속에서 가능한 한 최고의 행복을 누리는 것이라고 보았다. 그는 『국가론(Politeia)』에서 가장 훌륭하게 통치되는 국가, 즉 이상국가(理想國家)는 마치 한 사람처럼 움직이는 국가로서, 국가의 구성원 개개인이 자신의 능력에 따라 맡은 임무를 수행해 서로를 보완하고 상호 욕구를 충족시켜주는 국가라고 했다. 따라서 이상국가를 지향하기 위해서 정치는 '객관적으로 참된 선(善)', 즉 국가의 최고선(最高善)이 무엇이고, 이를 위해 무엇이 필요한지를 아는 사람에 의해 수행되어야 한다. 플라톤은 이러한 능력을 가진 집단을 수호자계급이라 불렀다. 수호자계급은 전사(戰士)와 통치자로 구성되는데, 통치자가 한 사람인 경우 이 사람을 '철인왕(哲人王)'이라고 불렀다.

플라톤은 국가를 불안정하게 만드는 주요 요인이 지배계급의 경제적인 사리사욕 추구와 사유재산제도에 바탕을 둔 경제적 불평등이라고 생각했다. 사람들은 가족의 행복과 이익을 위해서 경제적 사익을 추구하고 사유재산을 축적하기 때문에 플라톤은 수호자계급이라도 국가의 공익만을 추구하도록 이들에 대해서 사유재산제도과 가족제도를 폐지할 것을 주장했다. 그는 가족제도를 폐지해 국가가 양육의 책임을 떠맡으면 여성은 가사와 육아에서 해방된다고 보았다. 그와 동시에 수호자계급이 되는 여성은 군사 훈련과 전쟁을 포함해 남성이 하는 모든 일을 분담해야 하고 이를 위해서 남성과 똑같은 교육을 받아야 한다.

플라톤은 남성과 여성이 생식 역할을 빼고는 선천적 능력에서 아무런 차이도 없다고 주장했다. 차이는 성이 아니라 인간 종으로서 각 개인의 성향과 자질에서 나온다. 플라톤에 따르면 "나라를 경영하는 사람들의 일에는 여자가 여자이기 때문에 여자의 것인 것은 없고, 남자가 남자이기 때문에 남자의 것인 것도 없다. 오히려 여러 가지 성향이 양쪽 성의 생물들에게 비슷하게 흩어져 있어서 모든 일에 여자나 남자나 '성향에 따라' 관여하게 된다. 이를테면, 남자 의사나 여자 의사나 정신적으로는 같은 성향을 지니고"(『국가·政體』) 있다. 여성은 남성과 똑같이 정치적 의무나 군사적 임무까지도 맡을 수 있는 자질이 있으며 여성 개인의 능력과 성향에 따라 수호자계급 그리고 철인왕이 될 수 있다.

여성을 가족에서 해방시켜 공적 영역에 투입하려는 플라톤의 의도는 여성의 권익을 보장하기 위해서가 아니라 국가의 인적 자원을 총체적으로 유용하게 활용하려는 목적에서 나온 것이다. 그럼에도 생물학적 의미의 여성을 관습적·제도적으로 만들어진 여성성과 혼동하지 않고 완전히 분리해 생각하고 있다는 점에서 플라톤은 서양 정치사상사에서 매우 보기 드문 주장을 하고 있다.

아리스토텔레스(Aristoteles, 기원전 384~322년)는 좋은 정치체제란 본성이 유능한 사람이 열등한 사람을 통치하는 체제이며, 정치는 완전한 인간으로서 논리적인 담화 능력과 이성(로고스)을 가진 사람만이 참여할 수 있는 공적 영역이라고 했다. 또한 그는 플라톤처럼, 각 개인의 성향에 따라 공동체에서의 역할이 부여되어야 한다고 생각했다. 그래서 아리스토텔레스는 남성과 여성, 노예, 어린이에게 자신이 발견한 구별되는 본성적 특질에 따라 사회적 역할을 부여하고자 했다. 그는 남성, 노예, 어린이에 대해서는 플라톤과 비슷한 생각이었지만 여성에 대해서는 플라톤과 완전히 반대되는 견해를 제시했다.

아리스토텔레스가 보기에 인간이든 동물이든 암컷은 불완전한 수컷이다. 여성은 생식력이 없는 남성으로, 남성이 되는 데 실패했기 때문에 선천적으로 열등하다. 생물학적으로 여성은 남성보다 뇌가 작고 이성보다 감성에 의해 지배되어 자기를 제어할 수 없는 천성을 가진 존재이다. 따라서 아리스토텔레스는, 본성상 열등하고 복종을 잘하며 로고스가 뛰어나지 않을 뿐 아니라 남성과 똑같은 여가를 누리지 못하고 가사와 육아의 사적 영역에 매몰되어 있는 여성은 결코 공적 영역인 정치에 참여할 수 없다고 주장했다.

아리스토텔레스는 플라톤의 이상국가가 가족과 소유를 향한 인간의 자연스러운 본성을 무시한다는 점에서 문제가 많다고 생각했으며, 특히 가정과 사적 영역의 상징인 여성을 공유하는 것은 도시국가의 도덕적·정신적 토대를 무너뜨리는 것이라고 보았다. 이렇게 볼 때 아리스토텔레스는 결코 여성을 공적 영역의 일부로 보지 않았으며, 국가에서 여성의 역할은 그저 재생산과 육아를 담당하는 것이고 가족 내에서 부인에 대한 남편의 권위는 절대적이라고 생각했음을 알 수 있다.

중세 정치사상: 기독교 여성관

서구의 중세는 기독교 사상이 종교생활뿐 아니라 정치와 사회 전반에 걸처 막대한 영향력을 행사하던 시기였다. 그 어떠한 사회나 국가도 기독교적이 아니면 올바른 것이 될 수 없었으며 교회와 국가를 분리시켜서 생각하는 정부는 정의롭지 못하다고 여겼다. 사회 조직의 궁극적인 형태는 기독교적이었기 때문에 국가도 어떤 형태로든 일종의 교회 조직과 비슷했다. 이러한 상황에서 여성에 대한 중세 정치사상의 관념은 당연히 기독교의 여성관과 일치했다.

구약성서의 『창세기』 2장에 따르면 남성이 먼저 창조되었고 여성은 그 뒤에 남성의 갈비뼈로 만들어졌으며 남성에 의해 이름이 지어졌다. 따라서 여성은 남성에 비해 이차적인 존재이며 남성에게 종속되어 있다. 또한 이브가 뱀의 유혹에 넘어가 원죄를 짓고 에덴동산에서 쫓겨났다는 원죄설(原罪說)은 여성이 모든 악의 근원이라는 부정적인 이미지를 심어주었다. 『창세기』 2장과 원죄설은 여성이 남성에게 종속되어 있고 남성이 여성을 지배하는 것이 창조의 질서라는 주장에 중요한 근거가 된다.

그러나 신약성서에 나타나는 예수의 여성관은 구약성서에서와는 사뭇 다르다. 예를 들어 『마태복음』 5장에서 예수는 "여자를 보고 음욕을 품는 자마다 마음에 이미 간음했다"고 선언해 음욕을 품는 것은 음욕을 품게 한 여자의 잘못이 아니라 음욕을 품은 남자의 죄악이라고 봄으로써 여성을 부정(不淨)한 악의 근원으로 보지 않는다. 다시 말하면 예수는 여자를 남자들의 음욕의 대상으로서가 아니라 당연히 주체적인 존재로, 그리고 동료 인간이면서 동료 제자로 인정해야 한다고 주장했다.

중세를 대표하는 신학자이면서 철학가인 토마스 아퀴나스(Thomas Aquinas, 1225~1274년)는 아리스토텔레스의 영향을 받아 여성을 자연의 실수이며 남성이 되는 데 실패한 불완전한 존재로 보았다. 그 이유는 활동력이 왕성한 완벽한 정자는 남자아이를 만들고 활동력에 문제가 있거나 결함이 있는 정자는 여자아이를 만들며, 이미 어머니 배 속에 있는 태아 때부터 남성은 여성보다 이성적이기 때문이다. 아퀴나스에 따르면 하나님은 시초에 여성을 창조하지 않았다. 세상을 처음 만드는 마당에 여성처럼 불완전한 것을 창조하셨을 리가 없기 때문이다. 따라서 불완전한 존재인 여성이 신을 모시는 업무에 참여한다는 것은 신성모독이며 여성의 본질적 가치는 출산과 가사에 있다고 주장했다.

반면에 아퀴나스가 여성을 항상 열등하거나 불완전한 존재로 여긴 것은 아니었다고 주장하는 학자들도 있다. 아퀴나스가 『신학대전(Summa Theologica)』에서 하나님이 아담은 흙으로, 이브는 아담의 갈비뼈로 창조해 비록 두 사람을 만드는 데 사용한 재료는 달랐지만 똑같이 하나님의 손으로 직접 만든 작품으로 이브는 아담의 자식(즉, 아담에게 종속된 존재)이 아니라고 이야기한 것이 그 증거이다.

기독교의 성서가 어느 정도까지 엄격하게 가부장적 질서를 주장하고 있는가에 대해서는 다양한 해석과 논쟁이 있을 수 있다. 그러나 중세 기독교가 여성과 관련된 성경 구절을 철저히 남성 중심적으로 해석해 신의 이름으로 남녀차별주의를 절대화하고 정당화했음은 분명하다.

근대 정치사상: 남성만의 시민사회

근대 정치사상은 중세 봉건제도가 몰락하고 절대군주제가 형성되는 시기에 살았던 마키아벨리(Niccolo Machiavelli, 1456~1527년)에서 시작된다. 르네상스로 대변되는 이 시기에는 중세의 신(神) 중심 사상에서 벗어나 인간을 재발견하게 되었으며, 이후 근대사회의 진전과 더불어 정치사상을 지배하는 주제는 정치와 사회의 주체로서의 '개인'이었다. 현대 정치제도와 구조에 지대한 영향을 미친 평등, 자유, 사회계약, 시민의 권리, 민주주의 등의 개념과 담론이 바로 근대 정치사상가들을 통해 형성되었다.

근대 정치사상의 시조로 여겨지는 마키아벨리는 『군주론(Il Principe)』에서 운명(fortuna)의 여신은 변덕스럽기 때문에 제멋대로 행동하지 못하도록 규제하지 않는 한 국가는 운명의 장난에 휘둘리게 된다고 주장했다. 운명을 여신에 비유하면서 정복되고 지배되어야 하는 존재로 보는 시각에서 여성에 대한 마키아벨리의 생각을 엿볼 수 있다. 그러나 그는 여성이나 여성성에 관한 직접적인 언급은 하지 않았다. 따라서 다음에서는 근대의 주요 정치사상인 사회계약론과 자유주의, 마르크스주의를 중심으로 근대의 여성관을 살펴볼 것이다.

사회계약론에서의 여성

근대사회가 발전해 과학기술이 발달하고 생산력이 엄청나게 커지면서 과거와는 완전히 다른 새로운 형태의 사회경제적 관계, 즉 자본주의적 질서가 형성되었다. 무엇보다도 개인의 자유로운 이익 추구를 기본 원칙으로 삼는 자본주의의 발전과 더불어 정치사상에서도 개인이 모든 행위의 주체로 등장하기 시작했다. 이에 따라 정치공동체나 국가는 자연발생적인 것이 아니라 개인들이 특수한 목적을 위해 계약을 맺어서 만들어낸 인위체(人爲體)라는 주장, 즉 사회계약론이 등장했다. 대표적인 사회계약론자로는 토머스 홉스(Thomas Hobbes, 1588~1678년), 존 로크(John Locke, 1632~1704년), 장 자크 루소(Jean-Jacques Rousseau, 1712~1778년)가 있다.

홉스에 따르면 사람들은 각자의 생명과 안전을 확실히 보호하기 위해 자연 상태에서 가지고 있던 모든 권리를 주권자에게 양도하는 사회계약을 맺음으로써 자연 상태를 벗어나 국가를 형성했다. 자연 상태는 '만인의 만인에 대한 투쟁 상태'이면서 동시에 모든 인간이 평등한 상태로서, 여기에서는 여성 개인이 남성 개인만큼 자유로우며 완전한 남녀평등이 존재한다.

홉스는 여성에 대한 남성의 자연적 지배가 전혀 없다는 전제에서 출발한 유일한 사회계약론자였다. 일반적으로 여성이 남성에게 종속되는 이유는 자연으로부터 부여받은 신체적인 힘의 차이 때문이라고 이야기되지만 홉스는 "자연은 인간을 신체와 정신의 능력에 있어서 평등하게 창조했다"〔『리바이어던(Leviathan)』〕고 주장하며 신체적인 힘에 의한 종속 관계를 부정했다. 가장 약한 여성일지라도 불시에 공격을 가함으로써 가장 강한 남성을 죽일 수도 있기 때문에, 다시 말하면 각 개인에게 최고로 중요한 생명을 빼앗을 수 있는 신체적인 능력에서 모든 인간은 평등하다.

그렇다면 어떻게 사회 상태에서 여성은 남성에게 종속되고 가부장적 권리가 형성되었는가? 이에 대해 홉스는 최초의 계약이 맺어질 때 자연 상태의 모든 여성이 남성에게 정복되어 하인이 되었다고 주장한다. 여성은 처음에 남성과 똑같이 강하고 능력이 있었으며, 성관계도 서로의 동의하에 이루어졌다. 그러나 여성이 어머니가 되고 아이를 키우기로 결정하면서 여성은 아이까지 지켜야 하기 때문에 남성에 비해 불리한 위치에 처하게 되었다.

여성은 아이 때문에 일종의 전쟁 상태인 자연 상태에서 남성에게 자신을 능가하고 정복할 수 있는 기회를 제공한 것이다. 여성이 어머니로서 아이에 대한 절대적인 지배자가 된 것이 오히려 여성을 파멸시키는 원인이 되었다. 그 결과 남성만이 자유롭고 평등한 인간으로서 시민사회를 구성하는 최초의 사회계약을 맺었으며 이제 여성은 자유롭지도 평등하지도 않게 되었다. 결국 여성은 국가를 건설하는 최초의 정치적 행위인 사회계약에서 배제되었을 뿐 아니라 그로 인해 시민사회에서의 모든 정치활동에 참여할 수 없게 되었다.

로크는 사람들이 평화로운 자연 상태를 떠나 사회계약을 맺고 국가를 형성하는 이유가 자연 상태에서 가지고 있던 생명과 자유, 재산을 더욱 확실히 지키기 위해서라고 보았다. 로크는 이 세 가지 자연권 중에서도 특히 재산권의 보호에 가장 커다란 관심을 보였는데, 실제로 그는 국가권력의 목표가 바로 개인의 재산권 보호라고 주장했다. 로크는 시민사회의 건설 과정에 여성의 참여를 배제하기보다 여성을 포용하려는 입장을 보이기도 했지만 사실상 이 문제에 대해 그다지 특별한 관심을 보이지 않았다. 반면에 재산권과 관련된 여성의 권리에 대해서는 상당히 진보적인 생각을 갖고 있었다.

로크의 시대에는 여성이 재산을 관리할 능력이 없다고 생각했기 때문에 여성에게는 재산에 대한 법적 권리가 없었다. 이에 반대해 로크는 『통치론(Two Treatise of Government)』에서 여성에게 재산권을 부여해야 한다고 주장하면서 남편과 아내의 재산권을 구분하고, 부부관계라고 모든 재산이 자동적으로 남편의 소유가 되어서는 안 된다고 강조했다. 그러나 "남편과 아내는 상이한 이해력을 가지고 있기 때문에 때로는 불가피하게 상이한 의지를 갖게" 된다. 따라서 남편과 아내가 공동재산과 이해관계에서 의견이 일치하지 않을 때 "최종결정권, 곧 지배권이 누군가에게 주어져야 하는데, 그것은 당연히 좀 더 유능하고 힘이 센 남자의 몫"으로 남편에게 있다.

로크는 천부인권(天賦人權)을 주장하는 자유주의 사상이 여성에게는 천부인권을 허용하고 있지 않다는 모순을 인식한 사상가 가운데 한 명이었다. 그리고 그는 남편의 권력이 절대군주의 권력과는 전적으로 거리가 멀다고 주장하면서 재산과 자식, 이혼에 대한 아내의 권리와 자유를 인정했다. 그럼에도 로크는 자유로운 인간으로서의 평등을 여성에게 부여할 의사가 없었으며 여전히 여성이 열등하다는 전통적인 사고를 받아들이고 있었다.

루소의 『사회계약론(Du contrat social)』은 "인간은 본래 자유인으로 태어났으나 도처에서 쇠사슬에 묶여 있다"는 유명한 말로 시작한다. 루소에 따르면 모든 인간은 자연 상태에서 고독하지만 자유로운 존재였던 반면에 사회 상태에서는 인간 사이에 불평등과 특권과 억압이 지배한다. 마찬가지로 여성은 자연 상태에서 남성과 같이 독립적이고 사나우며 강건한 자유인이었으나 가족사회(가장 오래된 사회 형태)의 등장과 함께 출산과 육아의 기능을 담당하게 되었고, 이 과정에서 사나움과 강건함을 잃어버리고 남성에게 의존하게 되었다.

　루소의 정치철학에서 여성이 차지하는 역할은 크게 두 가지이다. 첫째, 애국심의 자연스러운 토대이면서 훌륭한 시민을 양성하는 가족을 돌보는 역할이다. 여성이 "미풍양속의 순결한 수호자"로 가정에서 자리를 잡을 때 가족과 국가가 모두 번영할 수 있다. 둘째, 재산상속을 위해서 부권을 확실하게 유지해주는 역할이다. 루소는 경제적 불평등을 비판하기는 했지만 사적 소유가 완전히 폐지되어야 한다고 주장하지는 않았다. 따라서 사유재산을 계속 유지시켜줄 수 있는 메커니즘으로서 남성 중심적인 가족의 존속이 필요했다. 루소는 남성 부양자와 그에 의존하는 부인과 자녀로 구성된 가족을 가장 이상적인 가족 형태로 보았다.

　다른 한편으로 루소는 근대 시민사회의 악과 불평등의 근원이 개인의 이기심과 특수이익에 있다고 생각했다. 만약에 여성이 남성과의 평등을 주장하고 경쟁적인 사회에 가담해 이기심의 규범에 따라 행동한다면 사회를 더욱 타락시킬 것이다. 무엇보다도 "여성과 남성은 신에 의해 각각의 특별한 사명에 따라 본성이 다르게 창조되었다. 남성은 능동적이고 강해야 하며, 여성은 수동적이고 약해야 한다. 이러한 확고부동한 원칙에 의해 여자는 특히 남자의 마음에 들기 위해서 만들어졌다"[『에밀(Emile)』]. 따라서 여성이 남성과 동등한 힘을 보이거나 자기주장을 하는 것은 여성과 남성의 생물학적 특성에 위배된다.

루소는 여성이 정치와 같은 공적 영역이 아니라 여성의 타고난 능력을 펼칠 수 있는 사적 영역에서 양육과 가사를 담당하고 남성을 위한 쉼터와 휴양의 공간을 제공하는 역할만 해야 한다고 주장했다. 이처럼 여성을 가족생활에만 가두려는 루소의 사상은 그동안 많은 페미니스트 학자의 비판을 받았다.

지금까지 살펴본 바와 같이 사회계약론자들은 국가가 자유롭고 평등한 여러 개인 간의 상호 동의, 즉 사회계약에 의해 형성되었다고 주장했다. 그러나 이러한 사회계약에서 여성은 명시적으로든 묵시적으로든 배제되었으며, 결국 정치사회를 건설하고 정치사회에 참여할 수 있는 '개인'이라는 성 중립적인 단어는 사실상 남성만을 의미했다.

자유주의적 여성관

18세기 말부터 근대 정치사상의 주요 원칙과 내용들이 서유럽의 모든 국가에서 점진적으로 현실화되면서 자유주의적 민주주의가 발전했다. 그러나 이 시기의 가장 커다란 모순은 가족제도에서 나타났다. 사회의 기본 단위로서 핵가족은 가부장적 독재이자 근대 자유주의 사상가들이 그렇게도 반대했던 예속적인 위계질서에 기반을 두고 있었다. 이러한 불평등과 예속을 격렬하게 비판했던 사상가로서 메리 울스턴크래프트(Mary Wollstonecraft, 1759~1797년)와 존 스튜어트 밀(John Stuart Mill, 1806~1873년)이 있다.

울스턴크래프트는『여권의 옹호(Vindication of the Rights of Woman)』에서 루소를 비롯해 많은 남성 사상가들이 가지고 있는 여성에 대한 여러 가지 편협한 견해를 비판하면서 여성의 자각과 올바른 여성교육을 주장한 대표적인 자유주의 사상가이다. 그녀는 여성 역시 남성과 마찬가지로 이성적 사고 능력을 갖고 있으며 이러한 천부적 재능을 계발하기 위해 이 세상에 태어났다고 선언했다. "여성이 존경받으려면 이성을 발휘해야 하고, 이성만이 독립적인 인격 형성의 토대"이다. 여성은 "사회적 편견에 얌전히 고개 숙이는 대신 이성의 권위에만 따라야" 한다.

그녀는 현재 여성이 남성보다 덜 이성적이게 된 이유가 사회환경, 특히 교육 때문이라고 생각했다. 만약에 남성도 이성적 능력을 계발할 기회와 공적 영역에서 대의명분과 책무를 수행할 기회를 박탈당하고 여성처럼 가정이라는 새장에 갇혀 진실 대신 가식을 배우게 된다면, 남성 역시 하찮은 즐거움이나 말초적 감각을 추구하는 감성적 인간이 될 것이다. 울스턴크래프트는 여성뿐 아니라 남성과 사회를 위해서도 여성의 이성이 계발되어야 한다고 주장했다. "남녀가 똑같이 발전해야지 그렇지 않으면 인류의 절반이 다른 절반에 가하는 부당함과 그에 대한 여성의 반발로 남성의 도덕도 좀이 슬고 말 것"이기 때문이다.

울스턴크래프트는 자유주의가 주장하는 개인의 자유와 평등이 여성에게도 마땅히 적용되어야 한다고 생각했다. 올바른 교육으로 이성적 존재가 된 여성은 남성과 다름없이 정치적 평등을 누리고 정치적 대표자가 될 권리를 가지는 것이다. 동시에 그녀는 여성해방이 단순히 정치적 참정권만의 문제가 아니라 사적 영역에서 여성의 종속을 없애는 것과도 밀접한 관련이 있다고 인식했다. 그러나 그녀는 공적 영역과 사적 영역에서의 성별 분업을 사회적으로 구조화된 것이 아니라 본성에 의해 결정된 것으로 생각했다는 점에서 페미니스트들의 비판을 받고 있다.

남녀평등이 부부간의 우정과 인간 사회의 진보에 필수적이라고 주장하면서 가정에서 남성의 지배를 통렬하게 비판했던 밀은 1896년에 『여성의 예속(The Subjection of Women)』을 발표했다. 이 책이 여성운동에 끼친 영향은 마르크스의 『자본(Das Kapital)』이 사회주의 운동에 미친 영향력과 견줄 만하다. 밀은 현존하는 남녀 간의 사회적 관계를 규제하는 원칙, 즉

한 성을 다른 성에 법적으로 예속시키는 것은 본질적으로 잘못되었으며 인류 발전을 방해하는 중요한 장애의 하나라고 생각했다. 이 원칙은 완전 평등의 원칙으로 대치되어야만 한다. 여성을 남성에게 전적으로 종속시킨 현재의 체제는 원시 시대에나 의미가 있었던 남녀 간의 단순한 신체적 차이를 법적 권리로 확장시키고 공적인 수단으로 이 법적 권리를 옹호하고 보호함으로써 형성된 것일 뿐이다.

동시에 남성은 여성의 본질이 자기의지나 자율, 이성적 능력이 아니라 감성적 존재로서 사랑을 위해 자기 자신의 삶을 철저히 포기하는 데 있다고 교육시켜왔다. 그러나 그 누구도 '모든' 남성이 '모든' 여성보다 더 이성적이고 똑똑하다고 말할 수 없다. 혹여 어떤 일에서 여성이 남성보다 전반적으로 능력이 떨어진다고 해도 여성이 그 일을 시도하는 것 자체를 금지시킬 수는 없다. 어떤 사람은 어떤 일을 하기에 적합하지 않다는 일반적인 가정을 미리 만들어놓는 것은 그 개인에게 부당하며 사회적으로도 손실이다. 만약 그 일에서 여성이 남성보다 능력이 없으면 경쟁을 통해서 여성은 자연히 배제될 것이다. 반면에 남성보다 더 뛰어난 능력을 발휘하는 여성이 나타나면 이는 사회 전체의 효용을 높일 것이다. 따라서 밀은 여성에게도 남성과 동등한 기회가 주어져야 한다고 주장했다.

밀은 경제적·사회적 구조가 여성의 결혼, 직업, 시민권의 선택을 제한하고 강요한다고 설명한다. 또 자유주의자들이 자유로운 선택, 자율성, 자기결정권 같은 자유주의의 핵심 개념들을 여성에 대해서는 얼마나 모순적으로 사용하고 있는가를 역설한다. 밀은 참정권이 여성을 시민사회의 결정에 참여해서 자신의 능력을 계발하도록 하고, '여성은 자녀를 보호하고 재산을 관리할 능력이 없다'는 남성들의 부당한 주장에서 여성을 지켜줄 수 있을 것으로 보았다. 이런 점에서 그는 여성의 참정권을 적극 옹호했으며 나아가 법률, 교육, 여론, 사회적 관행, 습관, 특히 가족생활 자체의 개혁을 요구했다.

그러나 밀은 일단 결혼을 하면 여성은 가정과 아이를 보살피고 남성은 생계를 책임져야 한다는 관념을 대체적으로 받아들이고 있다. 밀은 울스턴크래프트처럼 가정 내에서 이루어지는 성별 분업은 건드리지 않은 채 교육과 법적 기회의 평등이 여성 종속이라는 문제를 해결해주리라고 생각했다. 이것이 자유주의 사상이 가지는 한계이다. 법률 개혁과 기회균등의 원칙에 따라 여성이 공적 영역에 참여할 것을 주장하면서도 남성을 가사와 육아라는 사적 영역으로 유입시키는 것에 대해서는 침묵했다.

마르크스주의에서의 여성

19세기에 일어난 가장 중요한 사회 변화의 하나는 산업노동자계급이 정치의식을 발전시키면서 중요한 정치권력으로 부상하게 된 것이다. 이 시기의 사회 변동과 구조에 관해 포괄적인 이론을 전개한 사상가로는 카를 마르크스(Karl Marx, 1818~1883년)가 있다. 마르크스는 여성해방이 이루어진 정도가 인간해방 자체를 측정하는 척도이며 여성을 노예 상태에 둠으로써 가장 커다란 응징을 받는 사람은 다름 아닌 남성이라고 보았다. 그러나 그는 여성과 직접 관련된 논의를 상세히 전개하지는 않았다. 여성 노동력에 대한 착취를 언급하기는 했지만 이는 자본주의 사회에서 노동자계급에 대한 착취라는 커다란 틀에서 부차적으로 다루는 예시에 불과하다.

마르크스는 노동분업의 역사를 설명하면서 가족 내의 성별 노동분업이 최초의 노동분업이라고 주장했다. 그러나 진정한 노동분업은 육체노동과 정신노동의 분리와 함께 나타난다고 주장하면서 가족 내에서 이루어지는 성별 노동분업은 사회적 의미가 없는 것으로 이야기한다. 사실상 인간이 존재할 수 있는 가장 기본적인 유물론적 전제는 아이를 낳는 출산 노동이며 아이가 홀로 설 수 있을 때까지 돌보는 육아 노동이다. 그러나 인간 노동의 계획적이며 목적의식적인 측면을 강조하는 마르크스는 여성의 이러한 재생산노동을 인정하지 않는다. 그럼에도 마르크스의 소외 개념이나 인간 착취 구조의 철폐 등에 대한 논의는 페미니즘 이론에 커다란 영향을 미쳤다.

마르크스주의에서 여성 종속의 원인과 여성해방을 위한 실천 방안을 유물론적 역사관에 입각해 진지하게 논의한 사람으로 프리드리히 엥겔스(Friedrich Engels, 1820~1895년)가 있다. 그는 『가족, 사적 소유, 국가의 기원(Der Ursprung der Familie, des Privateigentums und des Staats)』에서 가족 형태가, 역사적으로 부모 세대와 자식 세대 간의 성교를 금지하는 혈연 가족에서 남매간의 성교가 금지되는 푸날루아 가족으로 발전해, 대우형 가족, 그리고 일부일처제 가족으로 발전해왔다고 주장한다. 대우형 가족은 남성과 여성이 각각 다수의 아내와 남편을 가지지만 그중에서 본처나 본남편이 있는 형태이다. 대우형 가족까지는 여전히 공동체적 가족 형태이며 모계사회이다.

대우형 가족이 지배적인 가족 형태였던 시기에 인류는 농경과 가축 사육을 시작했고 이와 함께 가축과 잉여생산물에 대한 사적 소유라는 새로운 사회제도가 형성되었다. 남성이 생계수단을 소유하던 당시의 관습에 따라 남성은 생계의 새로운 원천인 가축

푸날루아(Punalua) 가족

루이스 헨리 모건(Lewis Henry Morgan, 1818~1881년)이 조사한 하와이의 관습에 의하면, 하와이의 자매들은(친자매든 촌수가 멀든 간에) 공동의 남편과 혼인했다. 그녀들은 공동 남편의 공동 아내였다. 그러나 자신의 남자 형제와는 혼인하지 않았다. 공동 남편들은 서로를 '푸날루아(친근한 동료, 동반자)'라고 불렀다. 이와 마찬가지로 한 계열의 형제들도 자신의 자매를 제외한 일정한 수의 아내들과 공동으로 혼인생활을 했다. 이 아내들 역시 서로를 '푸날루아'라고 불렀다. 푸날루아 가족의 주된 특징은 일정한 가족권 내에서 남편과 아내를 서로 공유한다는 점이다.

과 노예를 소유하게 되었고 그로 인해 가족 내에서 남성의 지위가 여성보다 높아졌다. 남성은 자신의 부를 자신의 자녀에게 상속하고 싶어 했고 그와 함께 지금까지의 모계사회가 부계사회로 전복되면서 일부일처제 가족이 확립되었다. 엥겔스는 이 사건을 인류 역사상 최초의 혁명이며 '여성의 세계사적 패배'라 불렀다.

일부일처제는 원시적인 자연적 공유재산제도에 대한 사유재산제도의 승리에 기반을 둔 가족 형태이다. 그리고 남성의 지배권을 토대로 미래에 그의 재산을 상속할 부계(父系)가 확실한 자녀를 출산하는 데에 일부일처제의 목적이 있다. 엥겔스에 따르면 역사상 최초의 계급 억압은 남성에 의한 여성의 억압이다. 엥겔스는 여성에 대한 남성의 경제적 억압이 부부간의 법적 불평등으로 인해 나타난 것이 아니라 여성이 경제적으로 남성에게 종속되어 있기 때문에 부부간의 법적 불평등이 나타난다고 생각했다. 즉, 가족 내에서 남편은 부르주아이고 부인은 프롤레타리아이다.

엥겔스는 모든 여성을 공적 산업에 투입하는 것이 여성해방의 조건이라고 주장했다. 이와 함께 사회의 기초 경제 단위인 일부일처제 가족이 분쇄될 것이기 때문이다. 또한 그는 남성에 대한 여성의 종속을 가져온 사적 소유제도가 폐지되고 이에 기반을 둔 자본주의 사회가 붕괴될 때 여성이 종국적으로 해방될 수 있다고 주장했다. 한편 페미니스트 학자들은 엥겔스가 마르크스처럼 가족 내의 성별 분업을 매우 자연스럽고 문제가 없는 것으로 보았다는 점, 이성애를 당연시한다는 점, 자본주의 몰락과 함께 가부장제도 사라지리라고 본 점 등을 비판한다.

현대 정치사상: 여성의 발견

20세기 들어 인류가 두 번의 세계대전, 경제대공황과 러시아의 볼셰비키 공산혁명, 그리고 파시즘을 겪으면서 지금까지의 자유주의적 자본주의체제는 위기를 맞게 되었다. 사회는 더욱 다양하게 분화되었고 정치적으로는 대중민주주의가 지배적인 형태로 자리 잡았다. 학문도 영역별로 세분화되어서 지금까지 주로 정치사상에서 논의되던 여성에 관한 많은 주제가 페미니즘 사상으로 특화되었다. 다음에서는 페미니즘 사상가를 다루기보다는 여성에 대한 정치사상가 내지는 철학자의 논의를 살펴보고자 한다.

한나 아렌트(Hannah Arendt, 1906~1975년)는 20세기에 가장 영향력 있는 여성 정치철학자의 한 사람으로 인정받고 있다. 그녀의 사상에서 여성문제는 그다지 큰 비중을 차지하지 않는다. 이 때문에 일부 페미니스트들은 아렌트를 냉소적으로 '남성 우월주의를 신봉하는 여성', '남성처럼 생각하는 여성'이라 부르기도 한다. 그러나 일군의 페미니스트 학자들은 아렌트의 사상에서 페미니스트 이론을 풍부하게 할 수 있는 개념들을 발견해 발전시키고 있다. 대표적인 것이 '권력'에 대한 아렌트의 개념이다.

아렌트는 권력을 "조화롭게 행동하는 인간의 능력"〔『인간의 조건(La Condition Humaine)』〕, 곧 공동의 목표를 달성하기 위한 집단적·협업적 능력으로 개념화한다. 페미니스트 학자들은 아렌트가 권력을 다른 사람을 강제할 수 있는 개인의 물질적·육체적 능력으로 정의한 것이 아니라 다른 사람들과 조화롭게 행동하는 인간의 능력, 또는 비슷한 관심을 갖고 있는 다른 사람들과의 연대적 행동으로 정의한 것이 그녀의 여성으로서의 경험을 반영한 것이며 친여성적이라고 생각한다. 페미니스트들은 그러한 권력 개념을 토대로 남성과는 달리 주로 비공식적이고 공동체적인 영역에서 행사되는 여성의 권력을 분석하고자 시도했다.

그러나 아렌트 스스로는 전통적인 정치사상의 맥락 속에서 남성 사상가들처럼 겉으로는 성 중립적으로 보이지만 내용적으로는 남성의 용어를 사용하고 여성에 대해 침묵했다. 일례로 그녀는 가정·가족과 같은 사적 영역에서 생활 유지를 위해 일어나는 노동과, 세상을 만들며 자유롭게 생산하고 파괴하는 행위로서의 작업을 개념적으로 구분했지만, 성에 따른 가족 내의 분업에 대해서는 별로 다루지 않았다. 단지 여성의 삶이 노동에만 바쳐졌기에 '고역스러운 삶'이라고 표현했을 뿐이다. 요컨대 아렌트는 그녀의 정치 이론에서 젠더적인 통찰력의 가능성을 많이 보여주기는 했지만 이것을 발전시키지는 못했다는 평가를 받는다.

"여성은 여성으로 태어나는 것이 아니라 키워지는 것"이라는 유명한 명언을 남긴 프랑스 실존주의 철학자 시몬 드 보부아르(Simone de Beauvoir, 1908~1986년)가 1949년에 발표한 『제2의 성(Le Deuxième Sexe)』은 현대 페미니즘의 이정표가 되는 저작으로 평가받는다. 동시에 그녀는 우리 시대의 가장 위대한 페미니스트 이론가로, 그리고 여성운동의 정신적인 대모로 추앙받고 있다. 『제2의 성』은 특히 여성이 스스로를 발견하고 여성으로 하여금 여성이 되도록 세뇌하는 지배적인 사회적 관습에 저항하려는 여성 의식화 운동에 많은 영향을 미쳤다.

보부아르는 "남자는 자신의 위치를 정하는 데에 있어 결코 어떤 성에 속하는 개인으로 시작하지 않으나 여자는 자신이 여자라는 사실에서부터 시작"한다고 주장한다. 즉, "여자는 남자와의 관계에서 한정되고 달라지지만 남자는 여자에 대해 그렇지 않다. 여자는 본질적인 것에 대하여 비본질적인 것이다. 남자는 주체이며 절대이다. 그러나 여자는 타자(他者)"이다(『제2의 성』). 보부아르에 따르면 '존재하는 것'에 대립해 '실존한다는 것'은 자연의 수동적인 객체가 아니라 창조적 주체가 되는 것을 의미한다. 여성은 남성과 똑같이 실존할 능력이 있으나 남성은 여성을 신비롭고 말이 없는 자연의 힘을 구현한 존재로 정의하려는 경향이 있다. 그러나 대부분의 여성은 이러한 남성의 태도가 체현된 경제적·사회적·정치적 제도를 파괴할 시도조차 하지 않았다.

여성이 남성의 절대력에 저항하지 않는 이유는 무엇인가? 식민지 주민이나 프롤레타리아는 독립운동이나 혁명을 일으키고 투쟁함으로써 스스로를 주체로 확립시키고 백인이나 부르주아를 타자로 바꾸어놓는다. 그런데 왜 여성은 남성에 대항해서 자신을 진정한 본질적 주체로 내세우려고 하지 않는가? 보부아르는 "비본질로서의 여자가 본질로 결코 복귀할 수 없는 이유는 자기 힘으로 그 반전(反轉)을 이루지 못하기 때문"이라고 보았다(『제2의 성』). 여성은 대결해서 싸울 수 있도록 자신들을 하나로 뭉치게 할 현실적인 수단이 없다. 여성만의 고유한 과거도, 역사도, 종교도, 이해관계의 연대성도 없다. 역설적으로 현실에서 '진정한' 여성이 되려면 여성은 스스로를 남성이라는 자아와 대립되는 타자로, 본질적인 것에 대립되는 비본질적인 것으로 봐야 하며 또 남들에게 그렇게 보여야만 한다. 종(種)으로서의 여성은 그렇게 창조된 것이 아니지만 다양한 문화 속에서 또 여러 세대에 걸쳐 여자는 그렇게 만들어진 것이다.

보부아르는 '여성의 현실'과 '여성에 대한 고정관념'은 일치하는 것이 아니며 후자는 남성에 의해 만들어진 신화일 뿐이라고 주장했다. 따라서 여성해방은 남성이 여성에 대한 고정관념을 여성에게 투사하는 것이 아니라 '피와 살을 지닌 여성의 행동'을 관찰해 실제의 여성을 볼 수 있는 경제적·사회적 조건을 확립하는 데에 달려 있다. 실존한다는 것은 행동하는 것이고 인간은 자신의 행동에 의해 평가받아야 하며, 또한 성공적인 사회변혁이란 지배자들에 의해 타자로 여겨졌던 사람들이 더 이상 타자로 간주되지 않는 경제적·사회적 전환을 의미하기 때문이다.

보부아르는 여성이 자신이 속한 계층과 문화 등에 따라 다양한 행동을 할 수 있다는 점을 인식하고 여성의 본질을 찾으려는 것 자체가 잘못된 것임을 지적했다. 그럼에도 그녀는 『제2의 성』에서 각 여성이 속한 계급이나 인종 등 여성들 사이의 차이를 관찰하지 않은 채 여성에 대한 보편적 진실을 주장했다. 이런 점에서 보부아르가 『제2의 성』에서 다루는 성차별주의는 서구의 백인 중산계층 여성의 경험에 한정된다는 비판을 받는다.

존 롤스(John Rawls, 1921~2002년)는 정의론에 입각해서 사회복지를 정당화한 대표적인 사상가이다. 롤스의 정의론은 정치조직과 사회·경제 질서 등 주요 사회제도가 사람들에게 기본적인 권리와 의무를 배분하고 사회 협력에서 생겨난 이득을 분배하는 방식을 결정하는 사회의 기본 구조에 관해 다루었다. 쉽게 말해서 정의론은 사람들을 서로 다르게 대해야 하는가, 다르게 대한다면 왜, 어떻게, 그리고 어떤 기준에서 그래야 하는가를 다루기 때문에 역사상 여성이 항상 정의에 어긋나는 부당한 대접을 받아왔다고 보는 페미니스트들에게 많은 관심을 불러일으켰다.

롤스는 가족을 그 구성원들에게 기본적인 권리와 의무 및 이득을 분배하는, 즉 정의와 공정성의 문제가 발생하는 주요 사회제도의 하나로 보았음에도 그의 저서 『정의론(A Theory of Justice)』에서 가족에 대해 별로 논의하지 않았다. 그는 가족을 하나의 단일체로 생각하면서 애초에 정의의 원리를 형성하는 자유롭고 평등한 도덕적 인간을 독립적인 한 개인이 아니라 가장이나 가족의 대표자로 본다. 물론 가장이 반드시 남성인 것은 아니며 여성이 가장인 가족도 있다. 그러나 일반적으로 가장은 남성을 지칭한다. 특히 가족 내부의 정의를 다루기 위해서는 남성에 대한 여성의 경제적 의존, 성별 분업 등에 대한 고찰이 필요한데도 이러한 고찰은 이루어지지 않았다.

한편 롤스는 가족이 도덕을 발달시키는 최초의 학교라고 보고 이런 점에서 가족을 정의로운 제도라고 생각했다. 그러나 가정이 지금처럼 젠더화된 구조로 평등과 상호성보다 성에 따른 의존과 종속으로 가득 차 있는 경우, 과연 어린 자녀들이 가정에서 정의감을 배울 수 있을지, 또 가정을 정의로운 제도라고 생각할 수 있는지에 대한 의문이 제기되어왔다. 페미니스트 학자들은 롤스가 기존의 자유주의적 정의론과 마찬가지로 성에 따른 법적 차별을 인정하지는 않지만, 가족 안에서의 고정된 성역할과 불평등한 젠더체계 그리고 사회적으로 깊이 뿌리박혀 제도화된 성차별을 정의의 관점에서 다루는 데에는 실패했다고 평가한다.

서양 정치사상에서 특히 울스턴크래프트와 밀의 자유주의적 여성관은 자유주의 여성해방론에, 마르크스와 엥겔스의 마르크스주의적 사상은 사회주의 페미니즘의 발전에 지대한 영향을 미쳤다. 자유주의 여성해방론은 자유, 평등, 공정성이라는 자유주의 원칙을 남성과 여성에게 똑같이 적용하는 것을 목표로 한다. 즉, 모든 영역에서 성차별이 제거되고 여성도 자신의 이익을 추구할 수 있는 평등한 기회가 보장되기를 원한다. 이것은 남성과 여성의 동등한 법적 권리를 핵심으로 삼는데, 19세기에는 여성의 재산권과 참정권을 위한 투쟁으로 나타났으며 20세기에는 평등한 고용 기회와 전문적인 교육을 받을 기회를 요구하는 것으로 나타났다.

사회주의 페미니즘은 마르크스주의의 유물론적 역사관, 노동과 소외 개념, 사회적 지배 관계에 대한 분석, 자본주의에 대한 비판에 기초해서 여성해방론을 전개한다. 그러나 이들은 마르크스주의에서 여성 억압이 부차적인 것으로 다루어진 것에 반대해 현재의 젠더문제는 자본주의와 가부장제의 결합을 통해서 나타났다고 보았다. 따라서 사회주의의 도래와 함께 여성해방도 자연적으로 성취된다고 주장하는 전통적 마르크스주의와 달리, 사회주의로의 전환이 여성해방에 도움은 주겠지만 여성해방 자체는 아니라고 본다. 여성해방은 자본주의뿐 아니라 가부장제와 성별 노동분업의 철폐, 나아가 성별 자체의 철폐를 지향하는 각각의 혁명을 통해서 수행되어야 한다고 주장한다.

생각해볼 문제

1 한나 아렌트의 사상에서는 여성문제가 그다지 비중을 차지하지 않기 때문에 일부 페미니스트들은 아렌트를 '남성처럼 생각하는 여성'이라고 비판한다. 여성 철학자나 여성 정치사상가에게 여성문제를 다루어야 할 의무가 있는지 생각해보자.
2 아리스토텔레스는 플라톤의 이상국가가 가족을 향한 인간의 본성을 무시하기 때문에 문제가 많다고 보았다. 가족제도가 인간의 본성에서 유래한 것인지 아니면 인간 본성과는 무관하게 사회적 필요에 의해서 만들어진 제도인지 생각해보자.
3 기독교 사상에서 신약성서와 구약성서의 여성관이 다른 이유에 대해 생각해보자.
4 마르크스 – 엥겔스의 여성해방론을 받아들였던 구소련을 비롯해 과거 공산주의 국가들의 여성정책을 살펴보고 사회주의가 여성해방에 어느 정도 기여했는지 평가해보자.

더 읽을거리

1 **마리트 룰만(Marit Rullmann) 외. 2005.『여성 철학자』. 이한우 옮김. 서울: 푸른숲.**
   이 책은 고대 그리스에서 현대까지 서양철학사에서 거의 등장하지 않는 여성 철학자들을 골라 페미니즘적인 시각에서 소개한다. 각 장을 소개하는 글에서는 여성이 처해 있던 특수한 상황도 간략히 서술하고 있다. 이 책을 통해 흔히 생각하는 것과는 달리 여성철학이 오랜 역사를 갖고 있음을 알 수 있다.
2 **아우구스트 베벨(August Bebel). 1995.『여성론』. 이순예 옮김. 서울: 까치.**
   독일 사민당의 창당 주역이며 독일 사회주의 운동에 지대한 영향을 미친 아우구스트 베벨의 책으로 프리드리히 엥겔스의『가족, 사적 소유, 국가의 기원』보다 앞서 마르크스주의의 시각에서 여성문제와 여성해방을 다루었다. 이 책은 독일 사민당의 여성운동에 큰 영향을 끼쳤다.

참고문헌

로크, 존(John Locke). 1996.『통치론』. 강정인·문지영 옮김. 서울: 까치.

루소, 장 자크(Jean-Jaques Rousseau). 2003.『에밀』. 김중현 옮김. 서울: 한길사.

밀, 존 스튜어트(John Stuart Mill). 2006.『여성의 종속』. 서병훈 옮김. 서울: 책세상.

보부아르, 시몬 드(Simone de Beauvoir). 2002.『제2의 성』. 조흥식 옮김. 서울: 을유문화사.

세이빈(George H. Sabine)·솔슨(Thomas Landon Thorson). 2003. 『정치사상사』. 성유보·차남
　　희 옮김. 서울: 한길사.

아렌트, 한나(Hannah Arendt). 2010. 『인간의 조건』. 이진우·태정호 옮김. 서울: 한길사.

엥겔스, 프리드리히(Friedrich Engels). 2007. 『가족, 사적 소유, 국가의 기원』. 김경미 옮김. 서울:
　　책세상.

울스턴크래프트, 메리(Marry Wollstonecraft). 2008. 『여권의 옹호』. 손영미 옮김. 서울: 한길사.

진미경. 1998. 「여성해방에 대한 정치사상적 고찰」. 장공자 외 지음. 『새로운 정치학』. 서울: 인간
　　사랑.

페이트만(Carole Pateman)·쉐인리(Mary Lyndon Shanley). 2004. 『페미니즘 정치사상사』. 서울:
　　이후.

플라톤(Platon). 2004. 『국가·政體』. 박종현 옮김. 서울: 서광사.

홉스, 토머스(Thomas Hobbes). 2008. 『리바이어던』. 진석용 옮김. 서울: 나남.

Allen, Amy. 1999. "Solidarity after identity politics: Hannah Arendt and the power of feminist
　　theory." *Philosophy & Social Criticism*, Vol. 25, No. 1, pp. 97~118.

Baehr, Amy R. 1996. "Toward a New Feminist Liberalism: Okin, Rawls, and Habermas."
　　Hypatia, Vol. 11, No. 1, pp. 49~66.

Marshall, Judi. 2000. "Re-visiting Simone de Beauvoir: Recognizing feminist contributions to
　　pluralism in organizational studies." *Journal of Management Inquiry*, Vol. 9, No. 2, pp.
　　166~172.

Okin, Susan Moller. 2005. "Forty acres and a mule' for women: Rawls and feminism."
　　Politics, Philosophy & Economics, Vol. 4, No. 2, pp. 233~248.

03

동양 정치사상과 여성

전복희

유교사상과 도교사상은 동양사상사에 커다란 영향을 주었다. 그러나 두 사상의 여성관은 매우 대조적이다. 유교사상이 가부장적 특성을 강하게 포함하는 반면 도교사상은 모계사회를 이상적 사회로 지향하면서 전통적으로 여성을 숭배하는 특성을 보인다. 근래에 들어 유교사상과 도교사상에서 페미니즘적 관점을 발견하려는 시도들이 있었다. 이러한 시도는 간혹 사상적 왜곡과 의역을 초래한다고 비판을 받기도 한다. 이 글에서는 두 사상에서 페미니즘적 관점의 대상이 되는 것은 무엇이고 어떻게 해석되고 있는가를 살펴보고자 한다.

유교사상

유교사상은 중국 고대의 춘추전국 시대에 공자와 맹자를 중심으로 발전된 사상이다. 유교사상은 전국 시대 말에 쇠퇴하고 진시황의 분서갱유로 인해 한때 소멸하는 듯했으나 한나라 무제에 이르러 동중서(董仲舒, 기원전 176?~104년)의 건의로 국가의 교학이 되어 국가체제를 유지하는 이데올로기가 되었다. 이후 유교사상은 송나라에 들어가 주자에 의해서 신유교라고도 불리는 주자학으로 발전했다. 주자학은 '이(理)'의 철학을 기초로 하여 고대 유교의 여러 관념을 체계화한 사상이다.

한국, 중국, 일본 등의 동양세계를 오랫동안 지배해온 유교사상은 이들 국가의 정치·사회·경제 분야뿐 아니라 문화에도 커다란 영향을 미쳐왔다. 한편 전통적 가부장적 성격을 지닌 유교사상은 그동안 남성의 절대적 권위와 여성의 복종을 당연시하는 성차별적 문화와 제도를 조성해왔기 때문에 여성의 사회적 발전을 저해하는 사상이라는 비판을 지속적으로 받아왔다.

유교의 여성관을 이야기할 때 가장 많이 거론되는 것은 음양론(陰陽論)과 삼강오륜(三綱五倫)의 원칙이다. 이 원칙들에 나타난 여성관에 대해서는 일반적으로 두 가지의 상반된 입장이 존재한다. 하나는 유교의 원칙들이 본질적으로 남성 중심적이고, 여성 차별적이라는 입장이다. 다른 하나는 유교사상이 가부장적인 성격을 띠기는 하지만 본래 고대 유교사상에는 여성 차별적인 요소가 없었다는 것이다. 이 해석에 따르면 고대 유교사상은 여성과 남성을 구별하고 있을 뿐 여성을 차별하지 않았으며, 여성과 남성을 상대적인 관계로 보고 남녀의 상호조화를 중시했다. 그러던 것이 중국 한나라 시대부터 여성 차별적인 성격으로 변화해 현재까지 전래되었다고 한다.

음양론에 나타난 여성관

그러면 이렇게 상반된 두 가지 입장이 어떤 근거에 입각해서 주장되는지를 유교 경전에 나타난 음양론을 중심으로 살펴보도록 하자. 유교 경전에서 음양론은 우주의 자연현상을 설명하는 법칙이며 인간 사회에도 그대로 적용되는 자연법칙이다. 『주역(周易)』에는 음양론이 다음과 같이 제시되어 있다.

옛날 성인이 「역경(易經)」을 지을 때 성명(性命)의 이치를 따랐기 때문에 하늘의 도를 세워서 음(陰)과 양(揚)이라 하고, 땅의 도를 세워서 유(柔)와 강(剛)이라 하고, 사람의 도(道)를 세워서 인(仁)과 의(義)라고 한다(『주역』, 「설괘전」).

양과 음은 건(乾)과 곤(坤)으로 대비되는데 건과 곤은 다음과 같은 특성을 가진다.

위대하도다 건원이여, 만물이 이에서 시작하여 하늘을 거느리고 있다…….
지극하도다 곤원이여, 만물이 모두 이곳에서 생긴다. 이에 하늘의 뜻을 순종
하여 받든다. 곤은 두터워서 만물을 싣고……(『주역』, 「단사」).

즉, 건은 만물을 조형하는 시작이요, 곤은 이 시작을 계승해 조형의
완성을 이룬다는 것이다. 따라서 곤의 조형이 있어야 만물은 형태를 드러
내면서 생한다.

음양론은 일반적으로 양은 건·하늘·남성으로, 음은 곤·땅·여성으로
대비해 설명하는데 음과 양은 서로 다른 기능적 역할을 담당한다. 이 음양
의 기능적 다름이 무엇을 의미하는가에 대해서는 두 가지 해석이 가능하
다. 즉, 남녀의 기능적 역할의 다름이 남녀의 '차이'를 의미하는 것인가 아
니면 '차별'을 의미하는 것인가에 대해서는 해석에 따라 논란의 여지가 있
는 것이다.

음양론이 남녀의 '차이'만을 의미한다는 입장에서는 주역의 음양론이
문맥상 음양의 기능은 구별하고 있으나 음양은 서로 상대의 존재를 필요
로 하는 상호적 관계이며 남녀의 가치는 만물의 생성을 가능하게 하는 대
등한 가치라고 설명한다. 그 예로 유교 경전에 나와 있는 "홀로 된 양은 살
수 없고 홀로 된 음은 자랄 수 없다"라든지, "하늘과 땅은 비록 위치는 달
라도 힘쓰는 일은 같고, 남자와 여자는 비록 구별은 있어도 그 뜻은 서로
통한다. 만물은 각각 달라도 각각 사용되는 이치는 비슷한 것이다" 등을
인용해 음양론에서 남녀동등의 논리를 강조한다.

이러한 입장의 학자들은 유교에서 남녀동등의 원리가 양존(陽尊)·음
비(陰卑)의 남녀차별적 성격으로 고착하게 된 것이 전한 시기의 동중서 이

후라고 주장한다. 동중서가 유학을 이론화하면서 모든 만물의 근원을 하늘로 귀착시켜 땅에 대한 하늘의 우위를 주장했고, 주자 또한 건과 곤을 차별적으로 설명했기 때문이라는 것이다.

그러나 이러한 해석에 반대하는 입장은 음양론이 근본적으로 건곤·음양의 가치를 우열로 나누며, 『주역』은 출발부터 양(陽) 중심주의여서 차별의 씨앗을 내포하고 있다고 반박한다. 대표적으로 김종미는 『주역』의 최초 형태인 '괘사'를 분석해 건괘에서 양(陽)을 만물의 시작으로 명명함으로써 생물학적 경험에 정면으로 위배되는 부생모육(父生母育), 즉 아버지가 날 낳으시고, 어머니가 날 키우신다는 신화와 양존음비(陽尊陰卑)의 질서를 만들었다고 주장한다. 그리고 건괘와 곤괘가 지닌 원(元), 형(亨), 이(利), 정(貞)의 네 가지 덕을 설명하면서 양인 건괘의 정(貞)을 '바르고 굳음'으로 표현한 데 반해 음인 곤괘의 정(貞)은 '유순함'을 그 내용으로 규정해버림으로써, 음인 여성을 유순하고 순종해야만 이로우며 양인 남성의 주도적인 선창에 화답해야 하는 존재로 고정시켜 버렸다고 비판한다. 또한 중국 주나라의 가부장적 종법제도를 이론적 배경으로 하는 유교사상의 특성상 유교와 페미니즘의 만남은 회의적이라고 본다.

삼강오륜에 나타난 여성관

이번에는 유교사상에서 여성을 어떻게 인식하는지 삼강오륜(三綱五倫)을 중심으로 살펴보도록 하자.

우선 오륜이란 유교사회에서 실현되어야만 하는 정치적·사회적 규범을 의미한다. 오륜은 부자유친(父子有親), 군신유의(君臣有義), 부부유별(夫婦有別), 장유유서(長幼有序), 붕우유신(朋友有信)을 말한다. 이는 아버지와 아들 사이에는 친함이 있고, 임금과 신하 사이에는 정의[義]가 있고,

남편과 아내 사이에는 분별이 있고, 어른과 아이 사이에는 차례가 있고, 벗 사이에는 믿음이 있다는 것을 의미한다. 오륜의 내용은 맹자에 의해서 체계화된 것으로 공자는 임금과 신하, 아버지와 아들, 형과 아우, 친구 사이에 대해서는 거론했지만 부부관계에 대해서는 언급하지 않았다.

'부부유별'은 여성과 연관되어 많이 논의되는 부분이다. 오륜을 평등의 윤리라고 보는 유학자들은 '부부유별'이 차별이 아니라 구별이라고 주장하지만, 유교를 비판하는 페미니스트들은 부부유별을 차별로 본다.

'부부유별'은 남편과 아내의 거처와 직분을 각각 구분 짓는다. 아내는 안채에서 남편은 사랑채에서 기거하며, 아내는 내사(內事)를, 남편은 외사(外事)를 분담해 각자가 상대방의 일에 간섭해서는 안 된다. 아내의 내사란 방적과 길쌈 및 봉제사, 손님을 대접하는 일 등이며, 남편의 외사란 학문과 정치참여 등을 말한다.

오륜을 원래 수평적이고 상호적인 규범체계로 보는 관점에서는 이러한 유교의 내외법이 원래 부부간의 거처와 직분의 차이를 말할 뿐이고 남녀의 일은 동등한 가치를 가진 것이며 상하존비의 차별을 의미하는 것은 아니라고 주장한다. 이 입장에서는 한대의 유학자 반고(班固, 32~92년)의 언급을 많이 인용한다. "아내는 남편과 몸을 가지런히 하는 동등한 자이다. 황제로부터 서인에 이르기까지 그 뜻은 동일하다. 아내의 말도 동등하다"라는 이 문장이 유교가 남편과 아내를 동등한 존재로 보았음을 말해준다는 것이다. 또한 부부의 직분은 한 가족의 생계를 위해 어느 것도 소홀히 할 수 없는 상호보완적인 관계였다고 주장한다. 그러나 한대에 와서 여성은 지위가 낮아지고 남성에게 의존적인 존재로 하락하게 되었다. 이는 진시황의 분서갱유로 선진(先秦) 시대 유가의 책들이 거의 소멸된 상태에서 한대에 들어와 새로이 유교가 이론화되면서 한대 유가들의 편협한 여성관이 반영되었기 때문이라고 추론된다.

그런데 유교의 내외법에서 정치가 남성의 일이라고 주장한 부분을 주목할 경우, 과연 유교가 여성의 일과 남성의 일을 동등한 가치로 보았는가 하는 의문이 남는다. 엄밀하게 볼 때 유교의 내외법은 공적인 것은 정치적인 것이고 남성의 일이며, 사적인 것은 비정치적인 것이고 여성의 일이라는, 소위 공사 이분법의 특성이 있음을 발견할 수 있다. 젠더정치학에서 공사 이분법적 사고는 안티페미니즘적인 특성의 하나로 비판을 받는다. 공적 영역을 남성의 일로 구분하는 것은 국가권력을 남성이 독점한다는 것을 의미하기 때문이다. 다시 말해서 남성의 국가적·사회적 지배를 정당화하고, 여성을 사적 영역에 은폐해버리는 가부장적이며 성차별적인 관점을 대변하는 것이다.

유교의 내외법이 차별적인지 아닌지를 알기 위해서는 유교의 정치사회론을 살펴볼 필요가 있다. 맹자에 따르면 성인(聖人)이 나타나기 이전의 태고 시대에 원래 인간은 "(배고프면) 배불리 먹고 (추우면) 따뜻하게 입고 안일하게 거주하여 가르침이 없으면 금수와 비슷"해지는, 예(禮)도 없고 정치적·사회적 규범도 결여된 무질서한 금수와 같은 욕망에 사로잡힌 불완전한 자연 상태(state of nature)에 놓여 있었다. 그러나 성인이 인륜을 가르침으로써 비로소 오륜을 준수하는 도덕적 가치의 세계로 이행하게 되었다고 한다. 즉, 금수와 다를 바 없던 인간은 성인의 가르침에 의해 자연 상태로부터 도덕적 가치의 세계로 이행했고 비로소 인간다운 인간이 되었다는 것이다. 그래서 도덕적 가치의 세계로 인도하는 성인(통치자)의 지배와 오륜을 준수함으로써 도덕적 가치의 세계로 인도되는 인간(피지배자)의 복종이라는 지배와 복종의 정치적 기능이 성립하게 되었다.

그러면 성인을 비롯한 통치자는 어떤 사람인가? 유교의 통치론은 덕있는 자가 통치자가 되어야 한다는 덕치주의를 기반으로 한다. 통치자는 지적인 수양, 즉 수신을 통해 덕을 수양하고 우주의 절대적 질서를 체득해

이 덕을 정치사회에 구체화시켜 정치사회의 예적 질서를 확립하는 자이다. 이와 같이 유교에서 정치란 덕을 학문으로 수양한 자들이 하는 것이며 이러한 자격을 가질 수 있는 자는 남성들이고 이들의 국가적·사회적 지배는 정당하다고 본다.

따라서 여성은 정치에 참여해서는 안 된다거나 여성이 정치에 배제되어 있다는 것은 남성의 국가적·사회적 지배에 오로지 순종해야 한다는 논리이다. 이러한 관점에서 본다면 유교의 내외법은 결코 남녀 직분을 동등한 가치로 여기지 않고 분명히 여성 차별적인 요소가 있다고 할 수 있다.

역사적으로 볼 때 중국에서 여성을 정치활동에서 배제한 것은 서주(西周) 초부터였다. 서주에서는 여성이 정치에 참여할 수 없다는 '여불간정(女不干政)' 정책을 취했다. 이 정책을 실시한 무왕은 은 왕조가 멸망한 것이 주왕(紂王)의 비(妃) 달기(妲己)가 정치에 간여했기 때문이라고 파악했다. 주나라의 정책은 그대로 한대의 유희(劉熙)에게로 이어졌고 조선조에도 그대로 수용되었다. 한국에서도 오랫동안 사용된, "암탉이 울면 집안이 망한다"라는 여성을 폄하하는 속담은 주왕이 달기의 말에 따라 정치를 하다가 나라를 망쳤다는 이야기로부터 발단한 것이다.

음양론이나 오륜이 원리상 남녀 간의 상호적 관련성과 화합에 역점을 두기 때문에 유교의 성차별적 특성을 강조하는 것은 적절하지가 않다는 주장이 전혀 설득력이 없는 것은 아니다. 그러나 공자 및 유가들이 주나라의 문화에 영향을 받았던 것을 감안한다면 정치에서 여성의 배제라는 주나라의 가부장적 종법제도의 특성을 반영한 것은 아닐까? 여성이 정치에 간여하지 않아야 한다는 주나라의 정책은 한대에도 그대로 이어졌고, 조선 시대 유학의 입문서로 커다란 영향을 미쳤던 주자의 『소학(小學)』에도 반영되어 조선 시대 정책에서 여성의 정치적 배제를 확고하게 했다. 또한 조선 시대에 여성들은 단지 『소학』이나 『여사서(女四書)』 등만 읽고 여러 집안의 성씨, 선대의 족보, 역대의 나라 이름, 성현의 이름자나 아는 수준으로 학습했을 뿐 그 이상의 학문을 해서는 안 되었다.

앞서 설명한 대로 고대 유교에 입각해 '부부유별'을 수평적·횡적인 관계로 파악하는 입장에서는 '부부유별'이 남존여비의 상하위계의 성격으로 변화된 것은 한대에 이르러 고대 유교에는 없었던 삼강이 인간 사회의 가장 기본이 되는 질서체계로 나타났기 때문이라고 주장한다. 삼강은 군위신강(君爲臣綱), 부위자강(父爲子綱), 부위부강(夫爲婦綱)으로 신하에 대한 임금의, 아들에 대한 아버지의, 아내에 대한 남편의 상하 위계질서를 말한다. 원래 공자와 맹자는 이에 대해 직접 언급하지 않았다고 한다.

남편이 주장하고 아내가 따르는 것이 부부 화합의 도라는 '부창부수(夫唱婦隨)', 여성은 결혼 전에는 아버지를 따르고 결혼 후에는 남편을 따르고 남편이 죽으면 자식을 따라야 한다는 '삼종지도(三從之道)', 아내를 내쫓을 수 있는 일곱 가지 죄목(시부모에게 순종하지 않음, 아들을 못 둠, 음란, 투기, 질병, 말 많음, 도벽 등)인 '칠거지악(七去之惡)', 이 모든 성차별적인 원칙을 주장한 『예기(禮記)』가 체계화되고 정비된 것도 한대에 들어서였다. 이러한 유교의 여성관은 중국뿐 아니라 조선에서도 사회적으로 여성을 강하게 통제하는 원리로 작용해 봉건적인 혼인제도와 규범을 확립했다. 여성의 재혼 금지, '열녀'와 '정절'의 강요, 일부다처제의 법제화 등이 대표적이다.

유교에서 여성의 재혼은 기본적으로 여성이 지켜야 할 삼종지도의 예에 어긋나는 것이며, 정절은 여성이 지켜야 할 규범적·도덕적 가치로 평가된다. 『예기』에서는 "한번 더불어 혼례를 갖추면 몸이 다하도록 고치지 않나니, 그러므로 남편이 죽어도 개가하지 않는다"라며 과부의 절개에 대해 언급했고, 『소학』에서는 "왕촉이 말하기를 충신은 두 임금을 섬기지 않고 열녀는 두 남편을 섬기지 않는다"고 하여 정절하는 여인을 열녀로 높게 평가하면서 재혼을 규범적으로 저평가했다. 여성의 절개와 지조에 대한 사회적 강요는 조선 시대에 열녀를 표창하거나 열녀문을 세워서 포상했던 사례에서도 잘 나타난다. 성종 16년(1485년)에는 『경국대전』에 "재가한 부녀의 자손 및 서얼자손은 문과·생원·진사과 시험에 응시할 수 없다"라고 명시적으로 법제화하기도 했다.

그러나 여인에게 정절을 강요한 것과 달리 남편은 첩을 둘 수 있다고 법적으로 허용했다. 유교에서 혼인은 조상을 섬기고 후세를 잇는다는 목적이 있기 때문에 첩제는 자손이 없는 부부에 대한 보완책으로 허용된다는 것이다. 그러나 첩제는 정실과 소실 간의 갈등을 야기하게 되었고, 여인의 투기를 아내를 내쫓을 수 있는 칠거지악의 하나로 정당화했다. 가부장적 사고에 기반을 둔 첩제는 여성 차별적일 뿐 아니라 소실과 소실의 자녀에 대한 신분 차별을 반영하는 대표적인 봉건적 제도였다.

유교에 대한 페미니즘의 비판

근래에 와서 유교와 페미니즘 간의 대화 가능성을 탐색해보려는 시도가 이루어지고 있다. 이러한 움직임은 일반적으로 한국 여성운동의 이념과 여성해방의 대안을 서구 이론에서 찾지 말고 한국의 전통적 유교사상과 경험에서 찾아보자는 의도에서 비롯되었다. 그러나 이 시도는 여성학계에 격렬한 논쟁을 불러일으켰다. 논쟁의 핵심이 되는 것은 앞에서 살펴보았듯이 유교 원리에 대한 상반된 해석들이다.

특히 유교를 페미니즘적으로 재해석하는 것을 부정하는 입장에서는 유교가 사상의 원리 면에서나 역사적인 면에서나 페미니즘과 만날 수 없으며, 유교의 페미니즘 수용은 오히려 한국 사회에서 야기되는 성차별적 의식, 문화, 제도가 유교적 가부장성으로부터 출발하고 있다는 것을 은폐해서 페미니즘의 확산과 발전을 저해한다고 비판한다.

페미니즘적 관점에서 이루어지는 유교에 대한 비판은 대략 다음과 같이 정리해볼 수 있다. 첫째, 유교는 남성과 여성의 생물학적 차이를 본질화하면서 남성을 양, 여성을 음으로 대비한다. 비록 유교가 음양의 조화를 강조하지만 양이 음을 다스리는 것을 원칙으로 하기 때문에 남성을 성적 우월자로, 여성을 피지배자로 위계화한다. 따라서 유교는 성차별을 자연의 섭리에 따른 당연한 이치로 정당화할 뿐 아니라 이에 대한 어떤 도전도 수용하지 않는다. 둘째, 유교는 그 근본에서부터 위계적이며, 남성 중심적 관계성을 기초로 한다. 그래서 인간을 개체적 존재로 보는 인식이 근본적으로 결여되어 있다. 페미니즘에서 중시하는, 모든 인간의 평등을 기반으로 하는 평등한 관계주의란 유교에 존재하지 않는다. 셋째, 유교는 한국사에서 여성을 위한 해방적·변혁적 원리가 된 적이 없고 현재도 아니다. 그뿐만 아니라 다양한 성차별 윤리와 가치 및 제도를 고착화하는 데 주도적 역할을 해왔고, 이는 현재도 지속되고 있다.

이렇게 볼 때 유교와 페미니즘의 대화는 앞으로 유교 경전에 대한 연구가 더 많이 진행되고 유교의 페미니즘 수용에 대한 더 깊이 있는 논의가 이루어진 후에야 가능할 것으로 보인다.

도교사상

도교는 노자와 장자의 사상을 중심으로 하는 도가사상을 모체로 무교(巫敎), 방선도(方仙道), 황로도(黃老道) 등의 전통적인 민간신앙 등이 수용되어 발전한 종교사상이다. 도교는 중국의 동한(東漢) 시대에 본격적으로 형성되기 시작했고 한국, 일본, 베트남에도 수용되어 영향을 미쳤다. 도교사상은 유교사상과 달리 남존여비적 차별 의식이나 성차별적 고정관념이 없고 오히려 여성 숭배적 특징을 계승하고 발전시켜왔다. 도교의 여성 숭배 사상은 진시황 시대에 이미 사회적으로 퍼져 있던 종교 신화 속 여신에 대한 숭배와 여성 신선에 대한 숭배 사상이 융합되어 계승·발전된 것이다.

여성 숭배적 성격은 도교사상의 모체라고 할 수 있는 노자의 사상에서부터 분명히 나타난다. 『노자(老子)』를 읽어보면 여성 숭배의 특징이 '도(道)' 개념을 형성하는 데 절대적인 영향을 미쳤다는 것을 알 수 있다. 노자는 만물의 원천인 도를 천지의 어미, 즉 어머니로 표현하고 있다.

어떤 물건이 있어 혼돈스럽게 이루어졌으니 천지보다도 먼저 생겨났다. 소리도 없고 형체도 없이 홀로 서서 변하지 않으니 천지의 어미가 될 만하다. 나는 그 이름을 알지 못하니 자를 붙여 도라고 하고 나는 억지로 이름하여 '크다'고 한다(25장).

『노자』에서는 이 외에도 "하늘의 문이 열리고 닫힐 때도 능히 암컷처럼 할 수 있겠는가"(10장), "수컷을 알면서도 암컷을 지킨다"(28장), "큰 나라는 아래로 흐르는 물이니 천하의 암컷이며 천하가 모이는 곳이다. 암컷은 항상 고요함으로 수컷을 이긴다"(61장) 등에서 여성을 숭배하는 특성을 보인다.

노자는 불과 물, 강함과 부드러움, 움직임과 고요함 등 서로 상대되는 개념을 사용하면서 물은 약하나 어떤 강한 것도 물을 이길 수 없고, 부드러움이 강함을 이기고, 고요함이 움직임을 이긴다고 주장한다. 여기서 불, 부드러움, 고요함은 모두 암컷의 속성으로 여성 숭배적 특성을 반영한다.

간혹 페미니즘의 관점에서 도교를 설명하는 연구들은 『노자』에서 강조하는 퇴양(退讓), 인순(仁順), 유약(柔弱), 조화(調和) 등의 여성적 이미지를 들어서 도가의 여성 친화적인 측면을 설명하기도 한다. 그런데 유약한 것은 여성적인 것이고 뻣뻣한 것은 남성적인 것이라는 관점은 도교가 오히려 성에 대한 고정관념을 답습하면서 가부장적인 여성 규범을 반영하거나 강요하는 것이 아닌가 하는 비판을 불러일으키기도 한다. 김갑수는 이러한 우려에 대해 도가의 부드러움, 생명, 자연에의 순응에 대한 강조는 가부장적인 '여성 규범'이 아니라 가부장적·종법적 사회질서에 대한 대안으로, 자연의 원리에 따라야 하는 '인간의 규범'으로 제안되었다고 주장한다.

도교에서 경전으로 떠받드는 전적(典籍)들, 예를 들어 『산해경(山海經)』, 『목천자전(穆天子傳)』에는 여성 신선에 관한 고사와 전설 및 숭배 의식이 쓰여 있다. 또한 도교의 인물들은 수행 과정에서 신선 전기를 계속적으로 창작했는데 이들 전기에도 여성 신선이 많이 등장한다. 특히 당대 말기에 두광정(杜光庭)이 편집한 『용성집선록(墉城集仙錄)』은 여성 신선들만의 이야기를 묶은 최초의 여성 신선집이다.

생각해볼 문제

1   우리 고유의 전통문화나 역사 가운데 여성 친화적이거나 남녀평등한 특성을 보여주는 사례
    를 찾아보자.
2   유교의 페미니즘적 재해석이 가져올 수 있는 이점과 문제점은 무엇일까?
3   서양 정치사상에 나타나는 페미니즘의 발전과 동양 정치사상에서 발견되는 여성관의 발전을
    비교해보자.

더 읽을거리

1   **한국유교학회 엮음. 2001. 『유교와 페미니즘』. 서울: 철학과 현실사.**
    유교와 페미니즘의 만남의 가능성을 타진하고 유교의 입장에서 페미니즘을, 페미니즘의 입
    장에서 유교를 수용·비판하는 내용의 논문을 엮었다.
2   **잔스추앙(詹石窓). 2005. 『도교와 여성』. 안동준·김영수 옮김. 서울: 창해.**
    도교에서 여성 숭배의 기원과 사상이 어떻게 계승되고 발전되었는가와 도교의 여성 수행에
    관해 이해하기 쉽게 쓰여 있다.
3   **노자. 1995. 『도덕경』. 오강남 옮김. 서울: 현암사.**
    도교사상의 중심이 되는 노자사상의 세계관, 자연관, 여성관을 이해하는 데 도움이 된다.

참고문헌

강숙자. 2004. 「유교의 여성관」. ≪동양정치사상사≫, 3권 2호, 7~48쪽, 134~195쪽.

김갑수. 2007. 「도가사상의 페미니즘적 전망」. ≪시대와 철학≫, 18권 2호, 7~47쪽.

박충석·유근호. 1988. 『조선조 정치사상』. 서울: 평화출판사.

서선희. 1998. 「동양의 전통사상과 페미니즘」. 이범준 외. 『21세기 정치와 여성』. 서울: 나남.
    325~368쪽.

오세근. 2001. 「조선조 유교의 기론과 페미니즘의 지평」. 한국유교학회 엮음. 『유교와 페미니즘』.
    서울: 철학과 현실사.

잔스추앙(詹石窓). 2005. 『도교와 여성』. 안동준·김영수 옮김. 서울: 창해.

한국유교학회 엮음. 2001. 『유교와 페미니즘』. 서울: 철학과 현실사.

04

여성과 정치문화

엄태석

같은 정치제도를 가진 국가 간에도 국민의 정치적 태도 및 행태는 상당한 차이를 보인다. 그뿐만 아니라 제도의 성과도 현저히 다르게 나타난다. 왜 그럴까? 그 원인에 대한 설명 가운데 가장 중요한 자리를 차지하는 것 중 하나가 바로 정치문화적 접근이다. 정치문화는 성(Gender)에 따라서도 상당히 다른 정치적 정향을 보이며, 일반적으로 여성이 정치에 무관심하다는 생각도 정치문화에 기인한 가정이라고 할 수 있다.

우리나라의 경우 현재 남성 대비 90% 이상의 여성이 고등교육을 받고 있다. 많은 여성이 사회의 각 분야에 진출해 남성들과 더불어 활동하고 있다. 하지만 유독 정치 분야에서만 여성의 참여 비율이 현저히 낮다. 인재들이 단지 여성이라는 이유로, 남성보다 훨씬 더 잘할 수 있는데도 정치참여를 꺼리거나, 또 참여하기가 어렵다면 거기에는 분명 어떤 이유가 존재할 것이다.

만약 정치문화가 여성의 정치적 태도를 결정짓는 주요 요인이라면 정치문화란 과연 무엇이고, 어떠한 기능을 수행하며, 여성의 정치참여에 미치는 영향은 무엇인지 논의해볼 필요가 있다.

정치문화란 무엇인가

삶의 다양성에 대한 이해가 상당히 확장된 지금도 우리는 가끔 어떤 현상에 대해 '이상하다'는 표현을 써야 할 경우가 있다. 숟가락이나 포크와 같은 식사도구를 사용하지 않고 손으로 식사를 하는 경우, 자신의 아내를 손님과 동침토록 하거나 열 살도 채 되지 않은 아이를 결혼시키는 전통 등이 그것이다. 하지만 반대의 경우, 즉 그들이 우리의 삶의 방식을 볼 때 그들 또한 '이상하다'는 생각을 할지 모른다. 이와 같이 사람들의 인식이나 판단, 행동양식의 차이야말로 각자가 영위해온 문화의 영향 때문이라고 할 수 있다.

문화란 인간이 자연 상태에서 벗어나 일정한 목적 또는 생활 이상을 실현하려는 활동의 과정 및 그 과정에서 이룩한 물질적·정신적 소득의 총칭으로, 특히 학문, 예술, 종교, 도덕 등 인간의 내적 정신 활동의 소산을 가리킨다. 또한 문화란 인류의 이상을 실현해나가는 정신 활동을 뜻하는 경우와 생활양식을 총칭하는 경우가 있다. 따라서 문화라는 개념 안에는 공유성, 학습성, 축적성, 총체성, 변동성의 속성이 내재되어 있으며, 문화는 다양한 하위문화로 나뉠 수 있고, 이들과 끊임없이 영향을 주고받는다.

문화를 구성하는 하위 단위로서 정치문화는 국민 전반이나 특정 사회 집단의 정치적 인식, 태도, 평가 등을 포함하는 정치체제에 대한 심리적 측면 또는 내재화된 정치체제를 말한다. 이는 1950년대 이후 미국에서 행태주의(Behavioralism) 정치학이 유행하면서 널리 사용되기 시작했다.

정치문화론적 접근의 선구자라 할 수 있는 미국 정치학자 게이브리얼 아몬드(Gabriel Almond)와 시드니 버바(Sidney Verba)는 『시민 문화(The Civic Culture)』(1963)에서 정치문화의 개념을 세 가지 요소로 설명했다. 첫째는 정치에 대한 인지적 정향(cognitive orientation)으로, 그 사회집단의 현실에 대한 인식과 정치의식 및 정치적 성향 등을 말한다. 둘째는 감정적 정향(affective orientation)으로,

행태주의

행태주의 또는 행태과학은 정치 현상을 단지 법률적·제도적인 측면에서가 아니라, 인간 행태의 여러 가지 유형을 통해 이해하려는 경향을 말한다. 이러한 경향은 미국의 문화적 풍토의 특성인 실용주의, 사실중심주의, 과학에 대한 신뢰 등에 다분히 영향을 받은 것으로, 간단히 말하면 인간 행태의 일반 법칙성을 탐구하는 연구 영역이다. 행태과학의 특질은 다음과 같다. 첫째, 인간의 행태 및 행동을 중심적인 연구 대상으로 한다. 둘째, 과학적으로 연구를 진행한다. 셋째, 학제 간 접근 방법을 취한다. 넷째, 계량화를 중시한다. 다섯째, 연구 규모의 거대화이다.

그 집단이 정치 현상, 정치인, 국가 등에 대해서 갖는 애착심, 혐오감, 충성 등을 가리킨다. 셋째로 평가적 정향(evaluative orientation)은 그 집단의 가치체계를 의미한다.

아몬드와 버바는 정치적 정향의 대상을 분류하는 기준으로 먼저 일반적 정치체계를 들었다. 여기서 취급되는 대상은 전체로서의 정치체계이며, 그 정향에는 애국심이나 혐오감, 소외감 같은 감정적 부분, 또는 국가의 대소 강약과 정치체제의 여러 특성(예를 들어 민주주의인가 독재인가)에 대한 인지와 평가의 부분이 포함된다. 아몬드와 버바는 다음으로 정치적 행위자로서의 자신(自身), 정치적 주체로서의 개인에 대한 정향을 고찰했다. 이것은 개인이 갖는 정치적 권리와 의무에 대한 규범적 내용과 성격, 또 정치체계에 대해 개인이 견지하는 자신감의 내용과 성격을 밝히는 것이다. 정치체계의 구성 부분을 취급하는 데에서는 세 가지로 대상을 구별했다. 그것은 입법부·행정부·관료와 같은 특정한 구조와 역할, 군주·입법가·행정가와 같은 역할 담당자, 특정 공공정책과 결정 과정 혹은 그 결정의 집행이다. 이와 같은 구조·역할 담당자 또는 결정은 다시 그것이 정치 과정 혹은 투입 과정에 관여하느냐, 집행 과정 혹은 산출 과정에 관여하느냐에 따라 분류할 수 있다.

위에서와 같이 아몬드와 버바는 특정 사회에서 나타나는 정치문화의 유형을 규명하기 위해, 즉 정치적 정향에 대한 국민의 분포를 찾기 위해 정치체계 일반, 정치적 행위자로서의 시민들 각자, 투입과 산출의 측면에 대한 인지적·감정적·평가적 정향의 상이한 빈도를 기준으로 정치문화의 유형을 분류했다. 그리하여 이념형으로 내놓은 것이 지방형 정치문화, 신민형 정치문화, 참여형 정치문화이다.

정치문화와 여성

정치문화는 국민들의 정치적 정향인데 이 정치적 정향에는 남녀 간의 사회적 성역할에 대한 규정이 포함된다. 정치적 역할 규정에 따르면 여성은 정치인으로 적절하지 않다. 각 국가의 의회에서 여성의 참여 비율은 상당히 낮다. 국제의원연맹(International Parliamentary Union: IPU)의 통계에 의하면 여성 국회의원이 차지하고 있는 국회 의석수의 평균 비율은 23.8%(2018년 6월 기준)이다. 여성 국회의원의 수가 100명당 24명이 조금 안 된다는 뜻인데, 우리나라 여성 국회의원의 비율은 여기에도 못 미치는 17.0%에 불과하다. 이 수치는 그동안 정치문화가 국회의원의 일은 여성이 할 일이 아니라고 암암리에 가르쳐왔고, 그리하여 여성들은 이 직업에 도전하지 않았으며, 유권자들도 여성 후보는 일을 잘 못할 것 같다는 생각에 표를 주기 꺼려했음을 의미한다고 할 수 있다.

지금까지 많은 정치학 교과서와 정치학 연구에서 정치문화는 성을 중립적인 것으로 판단해서 특별히 한 성을 유리하게도 다른 성을 불리하게도 다루지 않았거나, 남녀 공히 같은 정향을 보이는 것으로 간주해 논의해 왔다. 그러나 성이라는 변수를 감안해 정치문화를 들여다보면 매우 다른 모습이 보인다. 정치문화는 이미 성에 대해서 상당한 규정을 하고 있기 때문이다. 사회 속에서 남성 지배가 지속적으로 유지되고 정치에서도 남성 지배의 속성이 강하게 나타나는 근본 요인은 사회적 관습, 신념 등과 같은 문화인 것이다.

이를 설명하기 위해서는 우선 생물학적 성(sex)과 사회문화적 성(gender)을 구별할 필요가 있다. 생물학적 성은 눈에 보이는 생식기의 차이나 생식 기능과 관련된 차이를 의미하는 용어이며, 사회문화적 성은 남성성(masculine)과 여성성(feminine)을 의미하는 것으로 사회문화적으로 남성적이라고 간주되는 것, 여성적이라고 간주되는 것을 의미한다. 즉, 여성은 어떻게 행동해야 하고 남성은 어떠해야 하는지에 대한 암묵적인 규정이 젠더인 것이다. 그래서 젠더를 성성(性性)이나 성의 사회적 역할이라고 해석할 수 있다. 이것은 생물학적 성과 반드시 일치하지는 않는다. 또한 생물학적 성은 사회에 따라서 달라지지 않지만 젠더는 사회에 따라 달라질 수 있다.

문화에 의해 규정된 성역할은 노동의 성적 분업을 당연한 것으로 받아들인다. 사회적이고 공적인 일은 남성이 담당하고 가정의 일, 즉 육아 및 가사는 여성이 담당하는 것이라고 여긴다. 어떤 이는 여성이 임신과 출산을 하기 때문에 양육이 여성의 일인 것이 당연하지 않은가 질문할 수 있다. 그러나 출산을 여성이 했다고 해서 여성만이 양육의 주체가 되어야 하는 것은 아니며, 이는 문화에 의해서 당연시되었을 뿐이다.

대부분의 사회에서 남성과 여성의 성역할을 비슷하게 규정하고 있는데, 몇몇 사회에서는 남성과 여성의 성역할을 다르게 규정하기도 한다. 인류학자들에 의하면 여성이 남성의 것으로 개념화된 수렵이나 전투 등에 종사하기도 하며, 아라페시(Arapesh)와 트로브리안드(Trobriand) 섬에서는 남성이 어린 자녀들을 돌보기도 한다. 그래서 앤 오클리(Ann Oakley)는 생물학적 성이 사회적 역할을 결정하는 데 미치는 영향은 다른 구분들이 조직화될 수 있도록 보편적이고 명백한 분리를 제공하는 데 있다고 주장했다. 어떤 활동이 어떤 범주에 속하는가를 결정짓는 것은 문화이다. 따라서 서로 다른 문화는 각각 상당히 다른 성역할을 발전시켜왔다.

탤컷 파슨스(Talcott Parsons) 같은 기능주의 사회학자들은 남녀의 생물학적 차이가 노동의 성적 분업을 가져온다고 주장한다. 이 주장은 남녀의 생물학적 차이가 서로 다른 사회적 기능을 하고, 이러한 사회적 기능들이 사회를 안정적으로 유지·지속시킨다는 가정에 근거한다. 가족의 안정은 표현적 기능을 가진 아내의 역할인 육아와 가사노동에 의해 이루어지고, 남성은 도구적 가치를 가진 생산활동에 종사한다. 그러나 이러한 주장은 또다시 왜 여성은 표현적 기능을 가지고 남성은 도구적 기능을 가지는지에 의문을 갖게 하며, 그 대답은 결국 문화로 귀결된다.

남녀 간 성역할 차이를 공적 영역과 사적 영역의 분리로, 문화를 통해 또 다른 측면에서 설명한 경우도 있다. 여성의 사회활동에서 '어머니 역할'은 여성의 생물학적 장애만큼이나 조직화된 장애로 나타나 여성의 정치적·경제적 활동을 제한하고 여성의 관심을 가사 영역으로 집중시키며 사회활동을 위한 경험을 방해한다. 반면에 남성은 인내를 요하며 시간을 소비하고 감정적 고갈이 상당한 여성과 자녀와의 관계, 즉 육아로부터 자유롭기 때문에 사회라고 불리는 거대한 군집 활동에 자유롭게 참여한다. 결국 사회의 남성 지배, 남성 중심의 정치질서는 여성에게 어머니 역할을 강요하고 남성은 사회활동에 참여하도록 하는 정치문화에 기인해 나타난 결과물인 것이다.

더 심각한 문제는 사적·공적 영역의 엄격한 분리에 더해 사적 영역은 중요하지 않은 영역, 공적 영역은 중요한 영역으로 인식하도록 하는 것도 역시 문화라는 것이다. 공적 영역은 사적 영역보다 더 중요하다는 인식하에, 공적 영역에서 활동하는 남성에게는 더 많은 권위가 주어지며 심지어 사적 영역의 여성의 역할까지도 폄하하는 공적 문화가 형성된다.

많은 사회에서 여성의 정치참여가 제도적으로 제한받았던 과거에 이러한 제도적 제한의 근거를 제공한 것은, 문화적으로 그렇게 하는 것이 자연스럽다는 인식이었다. 여성이 사회에서 활동할 경우 가정은 누가 돌볼 것인가에 대한 근본적인 문제제기는 여성을 가정에 머무르도록 강요했다. 민주주의의 발전과 더불어 여성의 정치참여를 제도적으로 제한하는 것이 부당하다는 논의가 시작되면서 제도적인 장애의 상당 부분이 해소되었으며, 제1차 세계대전을 전후해 많은 국가가 여성의 참정권을 인정하게 되었다. 그러나 제도적 제한이 사라졌는데도 실질적으로 여성의 참여는 여전히 저조하다. 그 이유는 정치문화가 여성에게 정치와 관련해 수동적 역할을 강요해왔고, 여성들의 활동 영역은 사적 영역임을 가르쳐왔기 때문이다.

정치문화의 형성과 유지

그러면 이러한 문화는 어떻게 형성되고 유지되는가? 문화의 형성에는 아마도 생물학적 성이 가장 크게 기여했을 것이다. 남녀는 태어날 때부터 자연적으로 육체적인 차이를 가지고 태어나며, 처음에는 이러한 성의 차이가 우열의 문제가 아니었을 것이다. 그러나 임신과 출산의 과정 동안 여성이 생산활동에 참여할 수 없게 됨에 따라 남성에게 의존하게 되었고, 이로 인해 남성 중심적인 사회가 성립되었다. 페미니스트들은 생물학적 성이 경제적으로 남성 지배적 구조를 낳게 된 계기를 사적 소유제에서 찾는다. 남성이 생물학적으로 자신의 자녀를 인식하게 되고 그 자녀에게 자신의 소유를 물려주는 과정에서 사적 소유제가 성립되었으며, 이러한 일련의 과정을 유지·지속하기 위해서 남성에게 유리한 문화를 형성한 것으로 이해한다.

생물학적 차이와 경제적 유리함에서 시작된 남성 지배 구조는 이를 지지하는 문화를 형성했고, 사회학자들은 이렇게 형성된 문화를 유지·지속하는 데에 중요한 역할을 한 것으로 종교를 지목한다. 종교는 현실 개혁적인 동시에 현상 유지적이다. 많은 종교가 처음 생성되었을 당시에는 상당히 개혁적이었지만, 사회가 정착되면 보수화되어 그 사회의 기본 가치를 유지·지속하는 데 중요한 역할을 담당한다. 종교가 현상을 유지하는 데 중요한 역할을 수행할 수 있는 것은 종교가 가진 속성 때문이다. 종교는 기본적으로 믿음을 전제로 하기 때문에 비이성적이고 비합리적인 주장에 대해서도 의문을 제기하지 않게 한다. 그래서 다른 어떤 사회적 기제보다도 쉽게, 그리고 장기적으로 인간의 생활에 영향을 미칠 수 있다. 이와 같이 오랜 기간 인간 사회의 정신세계에 지배적인 영향력을 행사해온 정통 종교들은 여성과 남성의 불평등한 관계를 기정사실화하는 문화, 나아가 정치문화를 고착화하는 역할과 기능을 해왔다고 할 수 있다.

여성의 정치사회화 과정

생물학적 성차, 경제적인 차이 등을 바탕으로 형성된 정치문화는 정치사회화 과정을 통해 남성뿐 아니라 여성의 의식과 판단에도 지대한 영향을 미쳤다. 정치사회화란 한 세대의 정치적 신념과 기준을 다음 세대에 전수하는 방식, 또는 사회 구성원이 그 사회의 정치적 태도와 행동양식을 습득하는 과정을 의미한다. 따라서 한 사회의 정치문화는 교육되고 전수될 정치적 규범과 가치를 결정함으로써 정치사회화에 영향을 미치고, 정치사회화는 사회 구성원의 교육과 학습 과정을 의미하므로 이 과정을 통해 다시 정치문화에 영향을 미친다.

　오랜 시간 정치문화는 자연스럽게 여성 배제적인, 그리고 남성 중심적인 정치사회화 과정 속에 여성을 위치시켜왔다. 가정과 또래 집단, 학교에서 여성과 남성의 역할은 극명하게 분리되었고, 여성에게는 남성과 판이하게 다른 가치들이 요구되었다. 아름다움, 인내, 순종 등이 여성이 추구해야 할 가치의 최우선이 되었으며 여성의 역할은 남성을 보조하는 것으로 충분하다고 인식되었다. 이런 까닭에 다양한 수준과 차원에서 이루어진 여성교육은 궁극적으로 남성의 우월성과 여성의 종속성이라는 가치와 역할을 체화하는 데 역점을 두어왔다. 가정에서는 남성과 여성이 밥상을 따로 하여 식사를 하고, 중요 사항의 결정권은 아버지로부터 장남에게로 전수되어왔다. 고등교육의 기회도 남성에게 우선적으로 주어졌다. 어머니는 양육 과정에서 딸에게 끊임없이 여성의 종속적 위치를 인식시켰다. 대부분의 어머니가 여자란 좋은 남자를 만나 결혼해 호강하며 사는 것이 최선의 방책임을 강조하면서 딸을 양육한 것이 그 예이다.

물론 반론이 제기될 수 있다. 그러면 여성은 자신에 대한 억압을 묵인하고 그 억압이 유지되도록 하는 도구일 뿐인가? 여성 정치학자인 버지니아 사피로(Virginia Sapiro)는 이것을 여성들의 일종의 합리적 선택이라고 지적한다. 즉, 여성들은 남성 지배 구조가 워낙 견고하다는 것을 이미 알고 있기 때문에 불가능한 일에 도전하기보다는 가능한 범위 내에서 최선의 선택을 하도록 자녀들을 교육시키는 합리적 선택을 한다는 것이다. 어머니가 딸에게 전수하는 사회화의 내용은 어쩌면 견고한 남성 지배 구조에 절망한 어머니들의 불가피한 선택일 수도 있다는 지적이다.

이러한 정치사회화 과정이 궁극적으로는 여성을 정치에 무관심하게 만들고, 정치를 마치 남성의 전유물로 인식하게 만든 측면이 적지 않다. 하지만 사회의 경영이라는 측면에서 정치를 생각할 때, 그리고 민주주의의 발전이라는 측면에서 바라볼 때, 여성의 정치참여에 대한 부정적인 인식과 태도는 여성뿐 아니라 남성의 입장에서도 많은 문제를 내포한다.

합리적 선택

합리적 선택은 비용과 편익을 분석해 한계비용과 한계편익이 일치하는 지점에서 결정된다. 쉽게 말하면 최소의 비용으로 최대의 만족을 얻을 때, 이것을 가장 합리적인 선택이라고 한다.

여성의 정치적 태도

여성의 정치적 태도와 관련해서 그간의 연구들은 어떤 가정을 해왔고, 여성의 정치적 태도가 과연 이러한 가정과 일치했는지 비키 랜달(Vicky Randall)이 『여성과 정치(Women and Politics)』에서 설명한 내용을 중심으로 살펴보자.

첫째, '여성의 정치적 태도는 남성에 의해 지배된다'라는 가정이다. 다시 말해 여성은 정치적 판단을 할 때 남성, 특히 남편의 영향을 많이 받고 또 그 의견에 따르는 경향이 높다는 것이다. 그러나 이러한 가정을 지지하는 증거보다는 이러한 주장과 다른 결과가 여러 연구물에서 발견된다. 남편이 아닌 시부모에게 영향을 받는 경우도 있고, 자신의 부모로부터, 특히 어머니에게서 영향을 받는 경우도 있으며, 특정 정치인이나 지지하는 정당의 영향을 받는 사례도 많다는 것이다. 이뿐 아니라, 적어도 남편에게 영향을 받는 여성의 사례가 극히 일부라는 사실이 여러 연구를 통해 나타나고 있다.

둘째, '여성은 정치적으로 보수적이다'라는 가정이다. 최근까지도 가장 확실하게 인정받았던 가정이 바로 이것이다. 영국의 권위 있는 선거 논평들을 보면 여성이 보수당에 더 많이 투표한다고 한다. 이는 1970년대 보수당의 승리에 기인한 바가 크다. 하지만 1983년 총선거에 대한 BBC와 갤럽의 설문조사에 의하면 보수당에 투표한 남성이 45%인 데 비해, 여성은 42%인 것으로 확인되었다. 이와 관련한 다른 연구를 보면 투표 성향은 성의 차이보다 연령, 거주지, 경제력, 종교, 직업, 정당에 대한 지지 정도 등과 같은 요인에 의해 더 큰 영향을 받는 것으로 나타났다.

셋째, '여성은 정치를 개인화한다'라는 가정이다. 여성의 정치적 태도에 대한 또 다른 주장은 여성이 남성보다 정책이나 쟁점 지향적이기보다는 더 후보(인물) 지향적이라는 것이다. 즉, 여성은 정치를 개인화하는 경향이 있다는 것이다. 하나의 예로 1952년 미국의 대선 후보였던 아이젠하워의 승리에 대한 분석을 들 수 있다. 상당수의 언론과 전문가들이 약세였던 아이젠하워의 당선이 가능했던 것은 여성들이 그의 남성적 매력에 끌려 그를 압도적으로 지지했기 때문이었다고 선거 결과를 분석했다. 그러나 이 분석 결과를 지지해줄 수 있는 증거는 충분치 않았다. 도리어 선거에서 성차의 영향은 그다지 크지 않다는 연구 결과가 다수이다. 그뿐만 아니라 일본에서는 여성이 남성보다 후보 지향적이지 않다는 연구 결과도 나온 바 있다.

넷째, '여성은 도덕적이다'라는 가정이다. 여성의 정치참여를 찬성하든 반대하든지 간에 여성의 정치참여가 정치권과 사회에 도덕성을 강화하리라는 기대가 있다. 여성은 남성에 비해 핵무기와 전쟁에 대해 평화주의적인 입장을 취한다. 1952년 미국의 한국전쟁 개입에 대해 미국 남성의 48%가 찬성한 반면 여성은 불과 32%만이 찬성했다. 1968년 베트남전쟁 개입에 대해서는 남성의 절반이 반대한 반면 여성은 3분의 2 이상이 반대했다. 이러한 점에서 여성이 더 평화 우호적이라는 것이다. 또 여성은 남성보다 더 청교도적인 입장을 취한다. 매춘과 알코올에 대한 여성의 태도는 매우 단호하다. 하지만 여성들의 이런 태도를 도덕적이라고 할 수 있는지에 대해서는 비판이 있다. 여성들이 이런 태도를 보이는 것은 도리어 여성이 남성보다 현실적이며 이기적이기 때문이라는 비판과 함께 이런 태도가 도덕이나 정의와는 깊은 상관관계가 없다는 주장이다.

다섯째, '여성은 비정치적이다'라는 가정이다. 여성의 정치적 태도에 대해서 가장 일반적으로 받아들여지고 있는 가정이 바로 이것인데, 여성은 정치에 대해 잘 모르고 관심도 적으며 남성에 비해 정치에 대한 참여도 소극적이라는 것이다. 로널드 잉글하트(Ronald Inglehart)는 1970년대 유럽공동체(EC) 여덟 개 국가에 대한 설문조사를 바탕으로 여성이 남성보다 지속적으로 정치에 관심을 기울이지 않는다는 사실을 발견했다. 하지만 이러한 성차가 민족성이나 교육 수준과 같은 변수가 만들어내는 차이보다는 덜하다는 사실도 밝혀냈다. 정치적 관심에 대한 성차는 특히 교육과 같은 매개변수와 결합될 때 더욱 줄어든다. 결과적으로 여성은 선천적으로 비정치적이지 않으며, 효능감을 가질 수 있는 충분한 여건만 허락되면 충분히 정치적일 수 있다는 것이다.

여섯째, '여성은 정치적으로 우월하다'라는 가정이다. 이러한 주장에는 다음과 같은 설명이 따른다. 첫째, 여성은 남성에 비해 더 지각적이기 때문에 자신들의 참여로 변화되기 어려운 남성 중심의 정치세계에 관심을 잘 가지지도 않고 잘 참여하지도 않는다는 것이다. 둘째, 여성은 남성보다 더 민주적이기 때문에 여성은 그 자체의 종말적인 권력을 회피한다는 것이다. 셋째 여성은 남성보다 더 급진적이기 때문에 현존하는 정치적 실제와 개념에 보다 기꺼이 도전할 수 있다는 것이다. 마지막으로 여성은 남성보다 더 윤리적이고 인도적이기 때문에 전통적인 정치에 윤리와 도덕을 불어넣을 수 있다는 것이다. 그러나 이 또한 남성의 정치와 여성의 정치가 다르다는 점을 강조하는 사람들의 주장으로, 이러한 논지를 일반화할 수 있을 정도의 충분한 근거는 없다. 도리어 과잉 일반화의 위험성만이 있을 뿐이다.

일곱째, '여성은 여성 후보를 선택하지 않는다'라는 가정이다. 여성 후보가 잘 당선되지 않는 것은 유권자의 절반을 차지하는 여성이 여성 후보에게 표를 주지 않기 때문이라는 주장이다. 이 주장은 여성의 정치참여가 쉽지 않은 몇 가지 이유 가운데 하나로서 일반적으로 받아들여져 왔다. 하지만 여성이 여성 후보를 선택하지 않는 것은 여성 후보의 당적이나 경력, 공약 등이 문제가 되어서이기 때문이지 여성이기 때문만이 아니라는 사실이 여러 연구를 통해 입증되고 있다. 그뿐만 아니라 이러한 주장에 대한 반증은 우리 스스로가 쉽게 찾을 수 있다. 유력 정당의 여성 후보들이 각종 선거에서 당선되는 것을 우리 주변에서 어렵지 않게 발견할 수 있기 때문이다.

이 외에도 여성의 정치적 태도에 대해 '여성은 남성에 비해 권력 지향적이지 않다', '여성은 중앙정치보다는 지방정치에 더 적합하다', '여성은 안보나 경제와 같은 분야보다는 복지나 환경과 같은 분야에 더 관심이 많고 또 적합하다'와 같은 가정들이 일반적으로 받아들여져 왔다. 하지만 이러한 가정들 또한 논리적 정합성이 떨어질 뿐 아니라 현실적으로도 잘 맞지 않는다는 사실이 드러나고 있다. 혹여 이러한 성차가 발견된다 하더라도 다른 변수가 정치적 태도의 차이에 미치는 영향에 비해서는 매우 미미하다. 그렇기 때문에 그 결과가 과장되어서는 안 될 것이다. 그리고 다양한 요인에 의해서 그 차이는 점점 사라지고 있다. 즉, 이전에는 성차로 받아들여졌던 것들이 이제는 개인차로 설명되고 있는 것이다.

여성과 정치문화의 현재적 의미

여성과 정치문화의 문제는 다음과 같은 두 가지 측면에서 접근해볼 수 있다. 하나는 여성의 관점에서 바라보는 여성과 정치에 대한 인식이다. 즉, 여성은 지금과 같은 정치 현실에 만족하고 있는가, 여성의 정치활동이 미미한 것이 과연 문제로 인식되고 있는가, 여성이 정치를 할 수 있는가, 또는 잘할 수 있는가의 문제에서부터 여성의 공직 진출을 적극적으로 지지하는가 등의 문제에 이르기까지 여성들이 전반적으로 정치에 대해 어떻게 생각하고 있으며 또 어떠한 태도를 취하고 행동하는가에 초점을 두는 것이다. 이상의 주제들은 여성의 정치에 대한 관심과 참여의 문제로 축약된다.

다른 하나는 정치와 연관된 여성의 문제에 대해 남성이 어떻게 인식하고 받아들이며 행동하는가에 대한 측면이다. 남성이 정치를 그들의 전유물로 생각하고 있는가, 이러한 까닭에 여성이 정치에 관심을 가지거나 참여하고자 하는 것에 대해 부정적이지 않은가, 나아가 이러한 입장을 공공연히 표명하고 또 여성의 정치참여에 대해 적극적으로 반대하며 이를 행동으로 표출하고 있지는 않는가에 대한 논의가 필요하다. 여성과 정치문화를 논의할 때 여성에 대한 남성의 정치문화적 입장을 살펴보는 것은 지금까지 정치 분야를 압도적으로 장악해온 것이 남성이기 때문이며, 여성을 바라보는 남성의 시각이 변화해 적극적 조력자가 되지 않을 경우에는 참여적 정치문화의 창조가 요원하기 때문이다.

여성과 정치문화에 대한 논의의 출발점은 지금과 같이 여성의 정치참여가 왜 미미한가에 대한 문제의식이어야 한다. 여성과 남성 모두, 아니 최소한 여성들로부터 이에 대해 의문과 불만이 제기될 때 이 논의는 정치문화, 나아가 문화의 문제에 대한 논의로까지 발전될 수 있다. 2018년 20대 국회에 이르러 한국의 여성 국회의원이 전체 의원의 17%에 달하게 되었다. 인구의 절반을 차지하는 여성의 대표가 그동안의 천신만고 끝에 겨우 이 정도의 수치를 기록한 것이다. 이것에 대해 아무런 감회가 없다면 더 이상의 논의는 불가능하다. 이러한 현상을 유지하고 있는 여성과 남성의 편견과 선입견에 대해 비판적인 시각을 견지해야 한다. 남성은 정치에 적합하고 여성은 부적합하다는, 또는 여성이 남성보다 정치를 못한다는 논리적·실증적 증거는 어디에도 없다. 오로지 오랫동안 누적된 편견과 수천 년간 정치의 세계를 지배해온 남성의 기득권만이 그 중심에 자리 잡고 있을 뿐이다.

여성이 인구의 절반을 차지하고 있는 현실적 상황을 고려할 때, 여성의 정치참여가 이 정도의 수준에 머물고 있다는 것은 여성의 대표성 측면에서도 문제가 된다. 물론 남성이 여성을, 또는 여성의 권익을 대변할 수도 있다. 하지만 여성의 문제는 여성이 더 잘 대변할 수 있을 것이다.

남성 우월적 의식과 태도를 토대로 하는 지금의 정치문화가 남녀평등의식을 토대로 하는 정치문화로 변화하기 위해서는 먼저 여성의 정치참여를 막고 있는 실질적인 장애에 대한 분석과 비판이 필요하다. 국민의식과 정치문화적인 문제뿐 아니라 실질적인 법적·제도적인 문제에 대해 비판하고 개선하기 위해 노력해야 한다. 이러한 노력과 과정을 거쳐 여성의 정치참여를 확충할 수 있는 제도가 개발되고 시행되면 정치문화의 발전도 이룰 수 있다. 의식과 생활 방식의 변화는 문화와 정치문화의 변화를 담보하고, 이것을 토대로 실질적인 제도 또한 변할 수 있다. 하지만 이런 진행 방향으로 변화를 이루려면 많은 시간이 소요될 것이다. 따라서 역으로 제도의 개선을 통해 의식의 변화를 인도하고, 문화의 변화를 추동해나갈 필요가 있다.

한국의 경우 조선왕조 오백 년 동안 유교문화의 세례를 받았고, 1945년 해방이 되어서는 대표적인 기독교 국가인 미국의 영향을 받았다. 유교문화는 전통적 가부장제를, 기독교문화는 남성의 우월성과 여성의 종속성을 자연스럽게 체화시켰기 때문인지 한국 정치인 가운데 여성의 비율은 너무도 낮다. 스웨덴이나 덴마크 등 유럽의 경우, 수상 또는 총리를 비롯해 각료와 국회의원 가운데 여성의 비율이 45%를 넘나든다. 이에 비하면 우리나라 여성 정치인의 비율은 너무도 미미하다(5장 참조). 이는 한국의 정치문화가 여성 정치에 대해 그리 친화력을 가지지 못했음을 의미한다. 여성이 공직 후보로 나서는 비율도 저조하지만, 당선율 또한 남성에 비해 저조한 것을 볼 때 한국의 정치문화가 여성에 대해 긍정적이거나 수용적인 것으로 보이지는 않는다. 여성의 대학 진학률이 1980년대 이후에야 대폭 상승했다는 점을 감안할 때, 여성의 지위가 정치 분야에서도 남성과 대등해지기까지는 상당한 시간이 필요할 것으로 판단된다.

하지만 최근 여성의 정치참여가 이전에 비해 획기적으로 높아지고 있는 것은 매우 긍정적인 현상이다. 200년의 민주주의 역사를 지닌 미국에서 여성이 처음 의회에 진출한 지 거의 90년이 되어서야 여성 의원이 전체 의원 가운데 15%를 점유하게 된 것과 비교해볼 때, 그동안 6% 정도에 머물던 여성 의원의 비율이 2018년 총선을 통해 17%에 이르게 된 것은 엄청난 변화라고 할 수 있다. 여기에는 많은 여성운동가, 사회운동가의 계몽과 투쟁이 있었지만, 궁극적으로는 이를 정치권이 수용해 법·제도화했기 때문에 가능했다. 저조한 여성의 정치참여를 확대하기 위해서 여성에 대한 차별적 지원을 제도화했기 때문에 이러한 결과를 낳을 수 있었다.

한편에서는 이와 같은 제도가 더욱 확충되고, 또 다른 한편에서는 의식 변화를 위한 교육이 병행될 때 비로소 남녀평등한 정치문화가 정립될 수 있다. 이를 위해 여성에게는 정치참여의 필요성에 대한 교육이, 남성에게는 여성과의 정치적 협력의 필요성에 대한 교육이 무엇보다 중요하다.

생각해볼 문제

1   가부장적 문화의 흔적을 어디서 발견할 수 있나?

2   우리 사회에는 남녀평등적 문화가 어느 정도 정착되었다고 보는가?

3   여성과 남성 간에는 어떠한 차이가 있다고 생각하는가?

4   여성에 대한 유교, 기독교, 불교, 이슬람교의 태도는 어떠한가?

5   여성이 정치에 참여하면 어떤 변화가 일어날까?

더 읽을거리

1   이현근. 2007. 『여성, 평등 그리고 정치발전: 스웨덴의 실험과 한국』. 서울: 신지서원.

역사적으로 볼 때 여성은 언제나 자유와 평등에 목말라해왔다. 자유와 평등에 대한 여성의
요구가 스웨덴에서는 어떠한 과정을 거쳐 해갈되었으며, 이를 통해 어떻게 정치발전을 이루
어왔는지 분석한다. 동시에 우리 사회에 내재된 여성 차별의 문제와 정치발전의 문제를 스웨
덴의 경험에 비추어 심도 있게 다룬다.

2   McGlen, Nancy E. and O Conner, Karren. 1998. *Women, Politics and American
Society*. Upper Saddle River, NJ: Prentice Hall.

이 책은 역사적으로 미국의 여성이 어떻게 정치적 권리, 사회경제적 권리, 교육적 권리를 확
충해왔는지를 여성운동의 맥락에서 깊이 있게 다루고 있다. 미국의 여성운동사를 이해하는
데 매우 유용한 책이다. 그뿐만 아니라 이 책의 저자들은 학자로서, 또 여성운동가로서 미국
여성운동계에서 매우 중요한 위치를 점하고 있어 이들이 제시하는 미국 여성의 권리 신장을
위한 방안들은 상당히 설득력이 있다고 할 수 있다.

3   Stivers, Camilla. 2002. *Gender Images in Public Administration*. London: Sage
publications Ltd.

이 책은 공적 영역, 즉 행정과 관련한 여성문제를 다룬다. 공적 영역에서 여성은 어떠한 존재
로 인식되고 있으며, 여성을 둘러싸고 있는 유리천장과 유리벽은 과연 어떤 방식으로 여성을
구속하는가, 그리고 여성에게 과연 어떤 것들이 요구되는가 등의 문제를 여성의 입장과 학자
의 입장에서 심도 있게 분석한다. 나아가 여성주의적 입장에서의 대안도 제시한다.

참고문헌

랜달, 비키(Vicky Randall). 2000. 『여성과 정치』. 김민정 외 옮김. 서울: 풀빛.

이극찬. 2002. 『정치학』. 서울: 법문사.

Almond, Gabriel A. and Sydney Verba(eds.). 1980. *The Civic Culture Revisited*. Boston: Little, Brown and Company.

Elshtain, Jean Beske. 1981. *Public Man, Private Woman: Women in Social and Political Thought*. New Jersey: Princeton University Press.

Peach, Lucinda Jay(ed.). 1998. *Women in Culture: A Women's Studies Anthology*. Massachusetts: Blackwell Publishers Inc.

Probyn, Elspeth. 1993. *Sexing the Self: Gendered Positions in Cultural Studies*. New York: Routledge.

Rosaldo, Michelle Zimbalist and Louise Lamphere(eds.). 1974. *Woman, Culture and Society*. California: Stanford University Press.

여성과 정치참여

조현옥

근대 이후 사회 구성원의 정치참여권은 기본권이나 사회적 권리만큼 당연하고 필수적인 권한으로 인식된다. 정치는 때로 혐오나 거부의 대상이 되기도 하지만 사회에 살고 있는 모든 이들의 삶에 직결된 문제를 결정하는 영역이기 때문에 모두의 관심이 모아지고, 또 모두들 정치에 참여하고 영향을 미치고자 노력한다. 만약 정치적 권리가 없다면 기본적 삶은 이어나갈 수 있을지 모르나 그 사회의 정책 결정이나 지도자 결정에서 소외되기 때문에 온전하게 사회 구성원의 권리와 역할을 다하기 어렵다. 그렇기 때문에 정치에 참여할 권리를 얻기 위해 프랑스대혁명 이후 많은 시민이 목숨을 걸고 투쟁에 나섰으며, 여성들도 기나긴 투쟁 후에 참정권을 얻었다.

여성의 정치참여는 근대에 여성을 제외한 남성에게 투표권이 부여되면서 여성운동의 중심 이슈로 떠올랐다. 여성의 참정권은 1800년대 중반부터 여성운동의 중심 의제가 되어 운동을 활성화시켰으며, 세계 대부분의 여성들이 투표권을 얻은 이후인 1960년대에 들어서는 여성의 정치적 대표성 획득이 다시 한번 여성운동의 주요 과제로 대두되었다.

정치참여권이란 우선 정치 과정에 참여하는 권리로 설명될 수 있다. 정치란 무엇인가에 대해서는 여러 가지로 개념을 규정할 수 있는데, 그중 많은 정치학자가 공감하는 것은 데이비드 이스턴(David Easton)의 정의이다. 이는 '한 사회가 보유하고 있는 희소가치의 합리적이고 권위적인 배분'이라는 정의, 또는 협의로 공적인 영역에서 규율을 만들고 집행하는 정책 결정과 정책 집행 과정, 그리고 이에 영향을 미치는 행동들을 의미한다. 즉, 정치에 참여한다는 것은 일상적으로 느끼는 문제들을 공적 영역에서 제기하고 논의해 새로운 정책이나 법안을 만들어냄으로써 그들의 가치를 실현하고, 각 개인 또는 집단의 관심과 이익에 따른 가치 배분 작업에 동참하는 것이다. 이 과정에서 제외된다면 자신들이 지향하는 가치를 실현할 기회도 갖지 못하며, 자신들에게 돌아올 몫도 제대로 챙기지 못하게 된다.

여성은 전통적으로 이 공적 영역의 정치참여에서 제외되었다. 고대 그리스의 아테네가 직접민주주의의 표본으로 모든 시민에게 시민권을 부여했다고 하지만, 정작 20세 이상의 아테네에서 태어난 남자들만을 대상으로 했기 때문에 여성은 자동적으로 제외되었다. 정치 근대화의 시작이었던 프랑스대혁명은 일반 시민에게 참정권을 부여하는 민주주의의 시발점이 되었지만 이 과정에서도 여성은 철저하게 배제되었다. 즉, 이제까지 우리가 민주적인 정치참여라고 알아온 것들은 대부분 남성 위주의 참여였으며 여성은 전혀 포함되지 않았다. 여성의 정치참여에서 가장 중요한 이슈는 이처럼 정치에서 배제되어온 여성의 존재를 재인식하는 작업이며, 특히 의사결정 과정에서의 여성의 참여 확대, 대표성 제고를 주요 과제로 한다.

정치참여의 유형

정치에 참여한다는 것은 정치가 작동되는 과정에 참여하는 것을 의미한다. 정치 작동은 개인이나 집단에 의해 일상적인 문제가 제기되는 것에서부터 우리가 보통 정치 영역이라고 부르는 의회나 행정부 또는 법원에서 이러한 문제들을 결정·집행하거나 판단하는 과정을 모두 포함한다.

정치가 작동하는 단계를 보면, 개인이나 집단이 중요한 정치 문제를 인식하는 것이 첫째 단계이다. 아무리 중요한 문제라도 인식하지 못한다면 정치 의제로 올라갈 수 없다. 둘째 단계는 인식의 단계를 넘어 사회적 관심사로 제기되는 단계이다. 정치 과정에서 문제를 인식하고 제기하는 것은 개인이나 집단 등 모든 단위에서 이루어질 수 있다. 개인이 직접 문제를 제기하기도 하고, 이익집단이나 시민사회단체 또는 정당 등에서 공론화시키기도 한다. 셋째는 관심사가 된 정치 문제에 대해 지지와 반대 여론이 생겨나고 이를 해결하기 위해 여러 가지 방안이 제시되는 단계이다.

이렇게 사회적 관심 속에서 쟁점이 된 사안들은 정책 결정 기관인 국회나 행정부 등에서 정책화되거나 법제화되는 등 일정한 조치가 취해진다. 즉, 공청회나 언론 등을 통해 쟁점화된 이슈는 의회·정부·법원에서 새로운 정책과 법률로 제안·결정하고 위헌 여부 등을 판단하기도 한다. 마지막 단계에서는 결정된 사항을 실제로 집행해 그 효과를 얻는다. 이는 결정된 정책이나 법안을 중앙정부나 지방정부가 집행하는 것을 말한다. 물론 이 집행 단계에서 다시 문제가 제기될 수 있으며 똑같은 정치 과정을 다시 거쳐 정책이 새로 만들어질 수도 있고, 법률이 개정될 수도 있다. 이스턴은 이를 투입(input)과 산출(output)로 설명하며, 정치는 투입과 산출이 반복되는 피드백(feedback) 과정이라고 말한다.

이렇게 볼 때 정치에 제도적으로 참여한다는 것은 바로 이 과정에 참여하는 것을 뜻한다. 개인이나 집단으로 문제를 인식하고 제기하기도 하며, 문제에 대한 찬반 의견을 제시하기도 하고, 대표자로서 의회·행정부·법원에 참여해 정책 결정과 집행에 참여하는 것이다.

여성의 정치참여에 관련된 이슈도 우선 이 과정에 얼마나 참여하고 있는가, 어떻게 참여를 확대시킬 수 있는가를 주로 논하게 된다. 참여의 유형은 크게 유권자로서의 참여, 정치적 대표자로서의 참여로 나눌 수 있다. 유권자로서의 참여는 정치참여의 가장 기본적인 활동으로, 정치 과정에서 문제를 인식하고 제기하며 논의에 참여하고 대표자를 선출하는 역할을 말한다. 여성이 참정권을 얻으면서 유권자로서의 역할이 시작되었고, 여성 유권자는 개인으로 또는 이익집단이나 여성운동의 구성원으로서 이와 같은 역할을 수행한다. 여성 유권자는 투표에 참여해 중요한 정책을 결정하거나 대표자를 선출하는 일도 하지만, 사회운동의 참여자로 또는 이익집단의 구성원으로 정책 결정에 대해 의견을 표하고 영향을 미치려고 시도한다. 특히 현대에 들어와 유권자들은 비제도권에서의 시위나 운동 등을 통해 영향력을 키우고 있다.

정치적 대표자로서의 참여는 정책의 결정이나 집행 과정에 직접 참여하는 정치엘리트로서의 역할을 말한다. 여성의 정치참여가 여성운동의 초창기에 중심 이슈로서 다루어질 때는 유권자로서 참정권을 얻는 데 초점을 맞추었으나 최근에 와서 대의민주주의가 심화되면서 의사결정에 여성이 얼마나 참여하는가가 주요한 참여의 척도로 사용되고 있다. 사회의 각 계각층이 평등하게 참여해야 한다는 것이 민주주의의 기본 원칙 중 하나임을 전제할 때, 여성의 대표성 정도는 여성들이 가진 수적인 영향력이 얼마나 결정에 반영되는가를 나타내는 중요한 지표가 되기 때문이다. 여성이 엘리트로서 정치 과정에 얼마나 참여하고 있는가를 알 수 있는 지표로는 대표적으로 의회에서의 여성 비율, 정부 고위직 내의 여성 비율 등이 사용된다. 예컨대 비키 랜달은 정치참여의 제도적 영역을 정당과 대의입법기관, 이익대표기관, 정치행정기관, 사법기관, 통신매체로 구분해 각 영역에 여성이 얼마나 참여하고 있는가를 여성 엘리트의 정치참여 지표로 활용했다.

여성들은 왜 정치에 참여해야 하는가

전통적으로 여성은 가족이 속하는 사적 영역을 주 영역으로 활동해왔으며 정치가 속해 있는 공적 영역은 여성과 관계없다고 여겨졌기 때문에 여성에게는 정치에 참여할 권리가 주어지지 않았다. 여성들이 이에 대해 의문을 제기하거나 권리를 주장하면 기득권을 가진 남성들은 여성은 정치에 적합하지 않고 관심도 없다는 논리로 대응해왔다. 그러나 앞서 살펴본 바와 같이 정치는 사회 구성원 모두에게 적용되고 모두가 참여해야 하는 장(場)이다. 여성이 왜 정치에 참여해야 하는가를 구체적으로 설명하면 다음과 같다.

우선 여성의 권익 증진이라는 측면에서 여성은 정치에 참여해야 한다. 정치는 우리 사회가 가지고 있는 자원을 배분하는 작업이며, 따라서 모든 중요한 결정이 정치의 장에서 이루어진다. 권력의 향배나 국가의 이념이라는 거시적인 것뿐 아니라 수해복구지원금에 관한 것이나 여성의 모성보호휴가, 보육시설 지원 등 우리의 일상과 관계된 것들까지 모두 정치의 장에서 결정된다. 따라서 한 사회의 구성원으로서 정당한 권리를 누리기 위해서는 정치의 장에서 적절한 대표성과 영향력을 가져야 한다. 이제까지는 남성이 여성의 이익도 대변해줄 수 있다는 전제 아래 남성 대표자들을 주로 선출했다. 그러나 정치학자 버지니아 사피로는 현재의 시점에서 여성은 남성과 다른 정치적 정향, 정치적 가치관, 사고방식을 보이기 때문에 정치적으로 따로 대표성을 가져야 한다고 주장한다. 이제까지 여성은 의사결정의 장, 특히 정치적 결정의 장에서 대표성이 매우 낮았기 때문에 여성과 관련된 사항이 정치적 의제로 등장하지 못했으며, 의제로 올라가더라도 결정되기가 상당히 어려웠던 한국의 상황이 그 단적인 예이다. 1970년대부터 한국 여성운동에서 적극적으로 주장해온 호주제 폐지는 국회에서 남성 의원들의 반대와 소극적인 태도로 30여 년간 이루어지지 못하다가 여성 의원 수가 대폭 증가한 2005년(17대 국회)에야 비로소 폐지 법안이 통과될 수 있었다. 그 밖에도 여성과 관련된 입법안 대부분이 여성 의원들에 의해 입안되고 있다. 이는 여성들이 자신의 권리를 찾기 위해서는 정치 영역에서 적절한 대표성을 가져야 한다는 주장에 중요한 근거가 될 수 있다.

　여성 정치참여의 당위성은 민주주의의 시각에서도 설명할 수 있다. 민주주의는 사회 구성원이 평등하게 정치에 참여해 정치공동체의 문제를 해결하고 정치공동체의 지향점을 설정하는 것을 전제로 한다. 따라서 공동체 내부에 존재하는 다양한 집단의 평등한 참여가 보장되어야 한다. 유권자의 50%를 차지하는 여성의 대표 비율이 기껏해야 10% 내외에 그치는 사회는 민주주의의 기본 이념을 실천하는 사회라고 볼 수 없다. 정치의 장에서 여성이 적절한 대표성을 갖는 것은 여성의 권익 증진만이 아니라 한 사회의 민주적인 발전과 정치발전을 위해서도 중요한 일이다.

　여성 참여로 사회발전의 정도를 알아보기 위해 유엔에서는 매년 여성권한척도(GEM)를 발표하는데, 한국은 항상 하위 수준에 머물러 있다. 세계화 시대에 국가경쟁력을 키우기 위해서는 경제나 스포츠뿐 아니라 사회발전도 중요하며, 특히 여성 인력 개발은 21세기 주요 경쟁력의 근원이 될 수 있다.

　여성의 평등한 정치참여에 대한 또 다른 근거로 일부 여성학자들은 여성이 부정부패의 사슬을 끊을 수 있는 대안 세력이라는 점을 강조하기도 한다. 즉, 한국 정치의 고질적인 병폐인 부정부패를 해소하기 위한 새로운 그룹으로서 정치 영역에서의 여성 참여의 당위성을 논하는 것이다. 2001년 세계은행(World Bank)에서 발간한 「권리, 자원, 목소리의 성평등을 위한 개발의 성인지화(Engendering Development through Gender Equality in Rights, Resources and Voice)」라는 정책보고서에 따르면, 정치 및 공공분야에서 여성의 참여가 높을수록 부패 정도가 낮은 것으로 나타났다. 여성은 도덕관념이 대체적으로 높고 위험을 혐오하기 때문이라고 하는데, 이러한 기대감에서 여성의 정치참여가 확대되면 부정부패가 줄어들 것이라고 전망한다. 실제로 정치 및 공직 부분에 대한 여성의 참여가 높은 스웨덴, 노르웨이, 덴마크, 핀란드 등이 부정부패 지수가 낮을 뿐 아니라 더 높은 경제성장을 누리고 있다는 한국여성정책연구원(전 한국여성개발원)의 연구 결과도 이러한 주장을 뒷받침해준다. 이는 최근에 연구되고 있는 여성 리더십의 새로운 발견이나 필요성과도 연관되는 근거들이다.

여성은 정치에 얼마나 참여하고 있나

유권자로서의 여성

여성의 정치참여를 논할 때 가장 먼저 다루는 분야는 유권자로서의 여성의 역할이다. 여성의 참정권을 얻기 위한 활동은 프랑스대혁명에 동참하면서부터 시작되었으며, 1880년대 중반 미국의 흑인 참정권 운동에 여성이 적극 참여함으로써 구체화되었다. 이러한 운동에 힘입어 1920년경 미국과 영국에서 전국적으로 여성에게 참정권을 부여했으며, 1974년에는 스위스에서 여성에게 투표권을 주지 않던 일부 주가 여성에게 참정권을 부여함으로써 전 세계 대부분의 여성이 정치에 참여할 수 있는 권리를 얻어냈다. 이처럼 여성의 참정권은 오랜 시간의 투쟁을 통해 얻은 권리이며, 정치적 대표의 선출이나 중요한 의사결정에 참여할 수 있는 기본적인 정치권이라고 할 수 있다.

한국에서 여성의 참정권은 1948년 제헌정부가 수립되면서 남성과 함께 자동적으로 부여되었다. 따라서 한국에서는 투표권을 얻기 위한 여성의 투쟁은 없었다. 이후 여성들은 선거가 있을 때마다 주요한 결정자로서 투표에 참여했다.

여성 유권자에 대한 통상적인 인식은 여성들은 정치에 관심이 없어 남성에 비해 투표율이 현저하게 낮다는 것이다. 그러나 〈표 5-1〉에서 볼 수 있듯이 1990년대 이후 한국에서 여성 유권자의 투표율은 남성에 비해 약간 저조하기는 하나 그 차이가 매우 근소하다. 특히 2002년에 치른 제3회 동시지방선거에서는 오히려 여성의 투표율이 남성의 투표율을 앞섰고, 2017년 19대 대선에서는 여성의 투표율이 남성 투표율을 상회해 1.6%나 더 많이 투표했다. 과거에도 총선에 비해 대선이나 지방선거에서는 여성과 남성의 투표율 차이가 매우 적었고, 최근에 오면서는 점점 여성의 투표율이 높아지고 있어서 2014년 지방선거에서도 남녀의 투표율은 똑같았다. 이제 여성이 정치에 관심이 없고 남성에 비해 투표율이 현저하게 떨어진다는 가설은 입증되지 않는다.

투표율뿐 아니라 여성 유권자의 투표 행태 역시 여성의 정치의식을 살펴볼 수 있는 가장 적합한 근거로 활용된다. 통념상 여성 유권자의 정치의식은 매우 부정적으로 그려지고 있다. 이런 견해에는 첫째로 여성은 대체로 정치에 소극적이며 참여 정도가 낮고, 둘째로 여성들은 대체로 보수적인 성향을 지니기 때문에 집권당을 선호하고, 셋째로 여성들은 남편이나 가족의 의견에 따라 투표자를 결정하는 준봉투표 경향이 있으며, 넷째로 후보자 선택 기준에서 여성이 남성보다 더 인물 중심적이며 덜 정책공약적이고, 다섯째로 여성은 후보자에 대한 정보 입수 경로에서 남성과 차이가 나며, 마지막으로 여성 유권자들이 오히려 여성 후보를 찍지 않는다는 등의 편견이 포함되어 있다.

이와 같은 여성의 정치 행태에 대한 부정적인 인식은 기존 정치권에서 여성 후보를 공천하지 않는 이유로도 통용되어왔다. 그러나 최근 들어 실시된 조사 연구를 보면 이러한 기존의 가설이 점차 파괴되고 있음을 알 수 있다. 2000년 총선 이후와 2004년 총선 이후 여성정치세력민주연대, 한국여성정치문화연구소에서 실시한 여성 유권자 의식 조사에 따르면, 여성 유

표 5-1

역대 선거에서의 남녀 투표율 비교(한국)

단위: %

선거 구분	투표율		
	합계	남자	여자
19대 대선(2017)	77.2	74.8	76.4
18대 대선(2012)	75.8	74.8	76.4
17대 대선(2007)	63.0	63.3	63.1
16대 대선(2002)	70.8	71.3	70.3
15대 대선(1997)	80.7	81.3	80.1
20대 총선(2016)	58.0	55.7	53.1
19대 총선(2012)	54.2	56.7	53.1
18대 총선(2008)	46.1	48.4	44.3
17대 총선(2004)	60.6	63.0	59.2
16대 총선(2000)	57.2	58.7	56.5
15대 총선(1996)	63.9	65.3	62.0
14대 총선(1992)	71.9	72.2	70.9
6회 동시지방선거(2014)	56.8	57.2	57.2
5회 동시지방선거(2010)	54.5	55.1	54.7
4회 동시지방선거(2006)	51.6	52.3	51.9
3회 동시지방선거(2002)	48.8	51.2	51.4
2회 동시지방선거(1998)	52.7	54.3	52.1
1회 동시지방선거(1995)	68.4	69.3	68.2

자료: 중앙선거관리위원회 자료 재구성.

권자들은 자기 판단에 따라 독자적으로 투표하고 여성 후보를 선호하며 안정을 추구하는 경향이 있지만, 남성과 마찬가지로 한국 선거정치의 고질적인 특성인 지역주의 정치성향에 따라 투표하는 경향이 강했다. 2004년 17대 총선이 지나면서 여성 유권자들은 서서히 여성 후보에 관심을 보이기 시작했고, 지역별로 여성 유권자들의 여성 후보 지지성향이 변하기 시작했다. 2004년 17대 총선부터 비례대표 부분에 여성할당제가 도입되면서 여성 국회의원의 수가 늘어났고, 2006년부터는 지방선거에서도 비례대표가 도입되고 여기에 여성할당제가 실시되면서 지방선거에서도 여성 의원이 늘어났으며, 각종 의정활동평가에서는 여성 의원들의 활동이 뛰어나다는 것이 알려졌다. 이러한 변화로 여성 정치인에 대한 유권자들의 인식이 바뀌는 계기가 마련되면서 여성 유권자들 역시 여성 후보들에 대한 태도가 바뀌게 되었다. 이제는 점차 큰 정당에서 여성을 공천하게 되면 후보의 성과 관계없이 당선될 수도 있으며, 심지어 지지정당과는 별개로 여성 후보이기 때문에 지지하는 경우도 등장했다. 2016년 20대 총선에서는 보수적인 성향이 높은 강남구에서 민주당의 여성 후보가 당선된 것은 그 좋은 예이다.

유권자들은 투표를 통해서뿐 아니라 집단행동을 통해 정치에 참여하기도 한다. 가장 대표적인 통로는 여성단체 등 시민단체에 참여하여 사회운동을 통해 의제를 개발하고 법안이나 정책 결정에 영향을 미치는 것이다. 한국의 여성 유권자들은 이미 해방 이후에 한국여성단체협의회나 YWCA 등을 통해 호주제 폐지운동을 하는 등 여성에게 불리한 법안에 대해 영향을 미치고자 했다. 1987년 이후 한국 사회에 시민운동이 활성화되면서 여성운동은 시민운동의 중요한 영역을 차지하며 각종 여성 관련 법안의 제정에 견인차 역할을 했고, 민주화운동에서도 한 주축을 담당했다. 이후 일반 여성이 여성단체에 참여해 활동하기 시작했으며, 여성단체뿐 아니라 일반 시민단체에서도 회원, 활동가, 임원 등으로 활동하며 시민사회의 중요한 세력으로 부각되었다. 특히 2008년 미국산 쇠고기 수입을 둘러싸고 촉발되었던 촛불시위에서는 단체가 아닌 깨어 있는 개인이 중심이 되었으며, 이전까지 정치에 별다른 관심을 보이지 않던 여고생과 20~30대 여성이 중심이 된 다양한 인터넷 동호회의 여성 회원들이 참여해 여성 유권자들의

인터넷 동호회 여성들의 활동

2008년 촛불시위에는 여성들이 주축이 되는 동호회인 마이클럽(micon.miclub.com), 빨리쿡닷컴(82cook.com, 요리 동호회), 소울드레서(cafe.daum.net/soulDresser, 패션동호회)의 회원들이 대거 참여했으며, 어린이를 동반한 젊은 엄마들인 일명 유모차 부대도 중요한 역할을 했다.

새로운 면모를 보여주었다. 즉, 자신의 일반적 정치성향이 아닌 정치적 이슈에 따라 정치에 영향을 미치고자 하는 새로운 유형의 정치적 관심을 보여준 사례라고 할 수 있다. 이 촛불시위는 이전까지 시민단체가 주도하던 시위와 달리 개인들이 인터넷을 중심으로 모이고 시위를 진행하는 모습을 보여주며 새로운 시민운동의 장을 열었으며, 이 과정에서 여성이 중요한 역할을 담당했다.

정치적 대표자로서의 여성

정치참여의 가장 기본이 되는 참정권 획득은 초창기 여성운동의 가장 중요한 의제였으나 1960년대 이후에는 정치적 의사결정 구조에 여성의 대표성을 높여야 한다는 주장이 국제적으로 주요 이슈로 부각되고 있다. 유엔은 이미 1975년을 '세계여성의 해'로, 1976년부터 1985년까지를 '유엔 여성 10년'으로 정했으며, 1995년의 베이징 세계여성대회에서는 "정치적 결정 과정을 포함한 모든 의사결정 과정에 동등한 참여는 민주주의와 사회정의 실현의 전제이며, 여성의 이해와 관심을 고려하기 위한 필수적인 조건"이라고 선언하고 이를 위한 전략과 행동목표를 강령으로 채택했다. 베이징 세계여성대회 이후 각국은 성평등한 사회의 실현을 위해 공통적으로 성 주류화(gender-mainstreaming) 전략을 채택했으며, 한국에서도 1990년대 이후 여성의 정치적 대표성 확대가 여성계의 주요한 관심사가 되고 있다. 그뿐만 아니라 정당정치가 정상화되면서 정당 내에서도 여성의 참여

표 5-2

지역별로 본 세계 여성 의원 비율

단위: %

지역	하원 혹은 단원제	상원	양원 평균
북유럽 국가	41.4	—	—
미주 지역	29.0	29.5	28.9
유럽(북유럽 국가 포함)	27.6	27.0	27.5
유럽(북유럽 국가 제외)	26.3	27.0	26.4
사하라 이남 아프리카 지역	23.7	22.7	23.6
아시아 지역	19.7	17.7	19.5
아랍 국가	18.5	12.6	17.7
태평양 지역	15.5	37.1	17.9
전 세계 평균	**23.8**	**24.0**	**23.8**

자료: IPU(2008).

를 주요 의제로 설정함으로써 정치 영역에서 여성의 대표성을 높이기 위한 활동이 본격적으로 시작되었다.

유엔은 여성의 정치적 대표성을 적어도 30%까지 확대하도록 각국에 권고하고 있다. 그러나 전 세계 의회의 여성 의원 비율은 23.8%(IPU, 2018)를 차지해, 유엔의 권고에 미치지 못하고 있다. 한국 여성의 정치참여는 16대 국회까지 6% 정도의 여성참여율을 보였으나, 2004년 17대 국회부터 증가해(13%) 2008년 18대에서는 13.7%의 비율을 보였고, 19대(2012년)에는 15.6%, 20대(2016년)에는 17.0%로 점차 증가했다. 이전에 비하면 괄목할 만한 성장이지만 세계 평균에는 아직 도달하지 못하고 있으며, 조사국가 193개국 중 118위를 차지하고 있다(IPU, 2018).

국제의원연맹 2018년 자료에 따르면 전 세계적인 여성 의원 비율 평균은 23.8%이지만 대륙별로 다소간 차이가 있다. 북유럽 국가들은 41.4%

의 비율을 보이고 있고 유럽 국가 평균은 27.6%이다. 반면 아시아 지역과 아랍 지역은 아직 20%에 이르지 못하고 있다. 한국 역시 그동안 많은 성장을 보이기는 했지만 아직 가야할 길은 다소 멀다고 할 수 있다.

　한국은 1948년 건국과 함께 제정된 제헌헌법에 따라 남성과 여성에게 함께 참정권을 부여했으며, 공무담임권·정당가입권 등 피선거권도 함께 부여했다. 그러나 〈표 5-3〉에서도 알 수 있듯이 정치 분야에서 한국 여성의 대표성은 지극히 낮다. 한국 여성들의 정치적 의사결정 구조에서의 대표성 비율을 보면 15대까지 국회에서의 여성 비율은 3%대에 머물러 있었다. 2000년에 실시된 16대 선거에서는 정당법에 새로이 규정된 비례대표직에 여성을 30% 할당하라는 규정에 힘입어 5.9%로 증가하게 된다. 그리고 2004년에 실시된 17대 총선에서는 39명의 여성 의원이 선출되어 전체 의원 중 13%를 차지하는 대폭적인 증가를 보였다. 2008년에는 전체 299명의 의원 중 여성 의원이 41명 당선되어 13.7%의 비율을 나타냈다. 2012년 19대 총선에서는 300명 가운데 41명의 여성 의원이 당선되어 15.6%에 이르렀고, 2016년 20대 총선에서는 300명 중 51명의 여성 의원이 등원해 여성 의원 비율이 17.0%에 도달했다. 이는 지속적으로 정치에 관심을 가지고 정치에 입문하고자 하는 여성들이 증가한 덕도 있지만 무엇보다 2000년부터 시작되어 2004년 선거를 앞두고 정착된 비례대표 여성50%할당제가 중요한 역할을 했다. 특히 2000년 이후 여성정치운동은 제도적 개선을 통한 여성 대표성 제고에 집중해 의원직에 여성할당제를 정착시키기 위해 꾸준히 노력했다. 다른 한편으로 시간이 흐르면서 여성 정치인들의 지역구 경쟁력도 점차 강화되었고 유권자들의 여성 정치인에 대한 태도도 바뀌면서 이제까지 비례대표에서 많이 당선되던 여성 의원들이 2016년 20대 총선에서는 지역구에서 비례대표보다 더 많이 당선되었다.

　1990년부터 실시된 지방선거에서는 여성의 참여가 활발할 것이라는

표 5-3

국회 및 지방의회 여성 의원 비율(최초 당선 기준)

단위: 명, %

연도	국회의원			광역의원			기초의원		
	전체	여성	비율	전체	여성	비율	전체	여성	비율
1991	—	—	—	858	8	0.9	4,303	40	0.9
1992	299	3	1.0	—	—	—	—	—	—
1995	—	—	—	690	13	5.8	4,541	72	1.6
1996	299	9	3.0	—	—	—	—	—	—
1998	—	—	—	649	41	5.9	3,490	56	1.6
2000	273	17	5.9	—	—	—	—	—	—
2002	—	—	—	682	63	9.2	2,485	77	2.2
2004	299	39	13.0	—	—	—	—	—	—
2006	—	—	—	733	89	12.1	2,888	437	15.1
2008	299	41	13.7	—	—	—	—	—	—
2010	—	—	—	761	113	14.8	2,888	626	21.6
2012	300	47	15.6	—	—	—	—	—	—
2014	—	—	—	789	113	14.3	2,898	732	25.2
2016	300	51	17.0	—	—	—	—	—	—

자료: 중앙선거관리위원회 자료에서 재구성.

기대가 많았으나, 결과적으로 볼 때 지방의회에서의 여성 비율은 국회 참여율보다 낮았다. 특히 기초의회에서 여성의 비율은 2002년까지 2%대에 머물고 있어, 지역 활동의 주체인 여성이 생활정치를 이룰 수 있으리라는 기초의회에 대한 초기 기대를 전혀 충족시키지 못했다. 그러나 지방의회에서의 여성 비율은 2006년 기초의회에 정당공천제와 함께 비례대표제가 도입되고 비례직에 여성50%할당제가 실시되면서 괄목할 만한 성장을 보였다. 2010년 지방의회에서 여성 비율은 21.6%로 국회보다 더 높다. 그러

표 5-4

한국의 여성 공무원 비율의 변화

단위: 명, %

연도	전체		4급 이상		고위공무원		3급		4급	
	공무원 총수	여성 비율	전체	여성 비율	전체	여성 비율	전체	여성 비율	전체	여성 비율
2011	989,138	41.8	7,132	7.3	976	3.2	652	4.0	5,504	8.4
2012	994,291	42.7	7,326	8.2	1,033	3.7	686	5.0	5,607	9.4
2013	1,001,272	42.8	7,256	8.8	991	3.7	659	5.2	5,606	10.1
2014	1,016,181	43.9	7,444	9.7	1,011	3.4	680	5.3	5,753	11.3
2015	1,026,201	44.6	7,634	10.6	1,031	3.7	733	6.3	5,870	12.4

자료: 통계청(2017).

나 2014년 지방의회 여성 의원 비율은 다소 감소해 광역의회에서는 8.2%, 기초의회에서는 14.6%에 머물렀다. 지방의회에서 여성 비율의 증가는 국회에서와 마찬가지로 제도 개선의 결과이나 그 효과는 다소 높다. 기초의회를 중심으로 하는 지방의회에 지역 문제를 알고 대안을 창출해낼 수 있는 여성이 얼마나 진출할 수 있는가는, 여성 참여의 측면뿐 아니라 지방의회의 기본 이념을 살리고 생활정치를 활성화하는 데도 매우 중요한 과제라고 할 수 있다.

행정직에의 참여는 직접적인 정치참여는 아니지만 여성의 정치적 권한을 나타내는 중요한 지표일 수 있다. 여성의 참여가 높은 유럽 국가들뿐 아니라 미국, 영국에서도 행정관리직 여성의 비율은 상당히 높게 나타나고 있다. 한국의 여성 공무원 비율은 41.8%로 전체적으로 보면 높지만 관리직이라고 할 수 있는 4급 이상은 매우 낮게 나타나고 있다. 통상 국장급 이상이라고 할 수 있는 고위공무원에는 여성이 3.7%뿐이며 그나마도 여성 비율이 아주 서서히 증가하고 있을 뿐이다. 여성 공무원은 6급에서 9급까지의 하위직이나 교육직을 포함한 특정직에 몰려 있고, 계약직의 비율이 높다. 그러나 5급 이상 공무원을 충원하는 행정고시 합격자 중 여성 비율은 41.4%(2016년)로 매년 40% 이상을 차지하고 있어, 앞으로 여성 행정 관리직의 비율은 높아질 것으로 기대된다.

여성 참여의 장애 요소들

여성이 적절한 대표성을 가지고 정치에 참여해야 하는 것은 여성의 권익 증진뿐 아니라 전체적인 정치발전과 사회발전을 위해서도 필수적이다. 그러나 현실에서 여성의 정치참여는 낮게 나타나고 있다. 여성이 정치의 장에 참여해야 하는 정당성이 있음에도 왜 이처럼 참여가 저조한가에 대한 원인을 확인하는 일은 그 보완책을 마련하는 선행 작업으로도 매우 중요하다.

여성의 정치참여에서 과소대표성의 문제는 우선, 전통적으로 가장 빈번하게 논의되는 공급의 측면에서 살펴볼 수 있다. 즉, 정치참여를 원하거나 정치 영역에 적합한 역량을 가진 여성이 적다는 것이다. 이 논리의 근저에는 유교의 가부장적 인식이 크게 작용하고 있다. 3장에서 설명한 유교의 여성 인식에서도 보았듯이, 유교에서 여성의 위치는 사적 영역에 제한되어 있고 정치는 국가의 중대사를 다루는 일로 남성 고유의 영역이었다. 따라서 남성뿐 아니라 여성도 정치는 남성의 일이라고 인식해왔다. 남녀 모두 사회적으로 근대화되었음에도 의식구조에는 아직도 유교의 잔재가 남아 있으며, 유독 정치의 장에 이러한 가부장적 인식이 크게 작용하고 있어 여성이 정치로 접근하는 것을 막고 있다. 또 여성들은 흔히 정치인의 특성이라 지칭되는 야심적·전략적·투쟁적인 성격을 남성보다 덜 가지고 있어 정치에 적합하지 않다는 결론을 내리기도 한다. 정당들은 위와 같은 논의를 근거로 정치에 적합한 여성이 부족하기 때문에 정치 영역에서 여성의 참여가 낮을 수밖에 없다고 주장하기도 한다.

공급의 측면에서 나타나는 또 다른 문제점은 상황적 제약으로 여성의 참여가 어렵다는 논리이다. 즉, 양육과 가사 등 여성에게 부담된 고유의 업무 때문에 여성이 정치 영역에서 적합한 능력을 쌓을 기회를 잃는다는 것이다. 모성(母性)은 여성이 정치적 직무를 찾는 데 방해가 될 뿐 아니라, 아이들이 어머니의 지속적인 도움을 필요로 하지 않을 시기가 될 때쯤이면 정치적 업무에 관여하기에 여성의 나이가 상대적으로 너무 많아진다. 이는 여성 정치인의 나이가 남성 정치인에 비해 더 많다는 보고를 통해서도 증명된다.

상황적 제약은 여성의 업무뿐 아니라 정치문화에도 영향을 미친다. 부정부패로 얼룩진 정치의 모습, 돈과 조직 동원으로 움직이는 선거문화는 정치에 대한 혐오감을 증가시키고 여성을 정치로부터 멀어지도록 조장한다. 정치에 대한 의지를 가지고 있다고 하더라도 정치권 진입의 통로라할 수 있는 선거에서의 제약은 더더욱 여성 후보의 발굴을 어렵게 한다.

공급의 측면에서 정치에 진입할 여성을 찾기 어렵다는 것이 이제까지 통상적으로 언급되던 여성 정치참여의 장애요인이었다면, 조금 더 명백하고 본질적인 이유는 수요의 측면인 정치제도에서 찾을 수 있다. 즉, 정치 참여에 대한 확고한 의지와 적절한 역량을 가진 여성들이 충분하면 과연 여성 참여의 문제가 해결될 것인가? 이 질문에는 여전히 구조적인 불평등과 여성의 참여를 가로막는 제도가 문제로 남으며, 그중 가장 중요한 것은 정치제도이다. 현재 한국이 채택하고 있는 소선거구제는 한 지역구당 가장 득표가 많은 한 명을 선출하는 다수대표제도로, 유권자들은 '가장 모범적인 남성'을 뽑는 관습을 가지고 있어서 여성이나 신인(외국의 경우에는 유색인종도)의 진출이 구조적으로 어렵다. 이는 각국의 선거제도와 의회에서의 여성참여율을 비교해보면 명확하게 나타난다. 즉, 중대선거구제를 채택한 북유럽 국가들이나 소선거구제와 비례대표제를 병행하는 독일 등에서는 여성참여율이 높게 나타나는 반면에, 소선거구제를 채택한 미국과 영국의 여성참여율은 낮게 나타나고 있다. 한국의 경우 소선거구제와 비례대표제를 병행하고 있으나 비례대표직의 비율이 20%에도 못 미치고 있어 여전히 여성에게 불리한 제도이다. 또 형식적으로는 선거권과 피선거권을 가지고 있지만, 여성의 진입을 가로막는 정치문화나 선거문화 등의 불리한 정치구조를 보완하기 위한 할당제와 같은 제도적 지원책이 미비한 것도 하나의 장애 요소이다.

여성 정치참여의 활성화 방안

여성의 정치참여가 활성화되기 위해서는 위에서 언급한 장애 요소들이 해결되어야 한다. 장기적인 시각에서 시도해야 하는 것은 우선 의식의 개선이다. 의식의 개선은 여성에게 정치에 대한 관심을 갖게 하고, 나아가 정치 영역에서 활동할 수 있는 역량을 키워주는 역할을 한다. 의식 개선 교육에는 일반 여성을 대상으로 하는 시민교육 차원에서 민주시민으로서의 기본적인 소양과 정치에 대한 관심이 필요한 이유 등을 중심으로 가르치는 유권자 교육이 있다. 다음으로 필요한 교육은 선거에서 무보수로 후보들을 위해 일할 수 있는 자원봉사자를 키워내는 교육이다. 자원봉사자 교육은 민주주의 선거의 근간으로서 선거 자원봉사자의 필요성과 역할, 기능 등을 내용으로 한다. 또, 여성 후보와 참모를 길러내는 교육이 필요하다. 후보자의 기본적인 정치적 소양뿐 아니라 연설 기법, 이미지 창출, 기획 등 정치 후보자로서 갖추어야 할 소양과 기법 등을 내용으로 한다. 이러한 교육은 여성뿐 아니라 전체 시민을 대상으로 하는 시민교육으로 확대되어야 하며, 이는 불합리하고 후진적인 정치문화와 선거문화를 개선할 수 있는 가장 기본적인 방안이다. 현재 시민사회와 각 여성단체들을 중심으로 이러한 시민교육, 여성의 정치의식을 고취시키기 위한 교육이 실시되고 있다. 이는 정당 안에서도 활발하게 이루어져야 하며 제도적 지원도 확대되어야 한다.

교육을 통한 의식 개선과 함께 병행해야 하는 방안이 제도적 보완이다. 여성의 참여를 활성화시키기 위한 제도적 보완은 단기간에 그 성과를 나타낼 수 있고, 또한 의식을 변화시킬 수 있는 효과적 방법이기도 하다. 제도적 보완으로 가장 먼저 선거제도의 개선을 들 수 있다. 한 지역구에서 가장 득표가 많은 한 명의 당선자를 선출하는 소선거구제 다수대표제는 사표(死票)가 많이 발생하고 소수 유권자의 의지가 묵살되는 경우가 많아 대부분의 국가에서 중대선거구제나 소선거구제에 비례대표제를 병행해 실시한다. 한국의 경우 소선거구제에 정당명부식 비례대표제를 병행하고 있으나 비례대표의 의석 비율이 지방의회의 경우는 10%, 국회의 경우는 15.7%(2016년)에 머물고 있어 학자들이 권유하는 선출직과 비례대표직의 비율인 1 대 2에는 전혀 미치지 못하는 실정이다. 따라서 선거제도를 소수의 의지가 반영되고, 여성이나 신인, 다양한 의견을 가진 소수 정당이 진입할 수 있는 제도로 개선하는 것이 중요하다.

여성의 대표성 제고를 위해 가장 적극적으로 권유되는 방안은 할당제이다. 할당제는 '차별을 철폐하고 평등을 촉진할 목적으로 기존의 차별로 인한 현재의 여성 권리 행사의 장애를 조정하기 위해 기존의 차별로 인한 영향을 없앨 수 있도록 현재의 정치·사회·경제 구조를 개선할 수 있는 조치로서, 차별로 인한 영향이 없어질 때까지의 잠정적인 조치'라는 의미이

며, 현재의 여성 상황을 고려한 적
극적 조치(affirmative action)의 일
환이다. 할당제는 각 영역에서 활
용되지만 특히 여성의 참여가 부
진한 정치 영역에서 효과적으로
활용된다.

할당제는 여성의 참여가 활발
한 북유럽 국가에서 이미 1970년
대부터 실시되기 시작했으며, 독
일에서도 1980년대 이후 각 정당
에서 당직과 후보직에 여성할당제
(녹색당 50%, 사민당 40% 등)를 적

> **정당명부식 비례대표제**
>
> 한 선거구에서 한 명만을 선출하는 소선
> 거구제의 단점을 보완하는 방법으로, 후
> 보자뿐 아니라 정당에도 표를 주어서 그
> 표의 비율을 근거로 비례대표의 의석을
> 분할하는 방법을 뜻한다. 정당명부식 비
> 례대표제는 소선거구제의 단점인 사표
> 를 방지하며, 소수 정당에 유리하기 때
> 문에 다원화된 현대사회에서 다양한 정
> 치적 가치를 의회주의에 접목시키기 위
> 한 방법으로 인식된다. 독일, 일본 등에
> 서 시행되고 있으며 한국에서는 2002년
> 지방선거에서 광역의원 선거에 처음 시
> 행되었다. 2004년 총선부터는 국회의
> 원 선거에도 적용되고 있다.

용하면서 여성의 대표성이 증가하기 시작했다. 한국에서는 1994년 56개
의 여성단체가 결성한 '할당제 도입을 위한 여성연대'에서 할당제 도입을
본격적으로 주장하기 시작해, 2000년 총선을 앞두고 비례대표 후보에 여
성을 30% 할당해야 한다는 규정을 정당법에 삽입했다. 그리고 2002년 지
방선거에서는 광역의원의 비례대표 후보에, 2004년 총선 전에는 국회의원
직 비례대표 후보에 여성50%할당제가 의무적으로 규정되었다. 또 2010년
지방선거에서는 기초의원직 비례대표에도 여성50%할당제가 의무화되었
다. 이렇게 볼 때 한국에서 여성 의원의 비율이 점차 증가한 데에는 할당
제가 큰 역할을 했음을 알 수 있다.

그러나 이러한 긍정적 역할에도, 할당제는 뜨거운 찬반논쟁을 불러일
으킨다. 할당제 찬성론자들은 이를 실질적 양성평등을 위한 토대로, 또 여
성들의 자력 진입이 구조적으로 어려운 현재의 정치 상황에서 여성의 정
치참여 확대를 위한 필수적인 제도로 인식하고 있다. 반면에 남성의 측면

적극적 조치(affirmative action)

적극적 조치란 기존의 차별 때문에 발생한 영향을 없애고 미래의 실질적 평등을 실현하기 위한 목적으로, 여성의 진출 비율이 낮은 분야에 잠정적으로 일정 비율의 여성을 강제로 투입하는 우선 대우와 보충조치를 취하는 것이 정의로 인정된다는 것을 의미한다. 이러한 조치는 여성이 자립적으로 평등 지분을 획득할 때까지 한시적으로 실시되는 것으로 유럽의 경우는 독일, 노르웨이, 덴마크 등이 자국의 사정에 적합하게 정당 간부직, 지방의회의원, 국회의원의 일정 비율을 여성으로 채우는 정치할당제를 실시하고 있다. 정책 결정 과정에서 여성이 평등하게 참여할 수 있으려면 적어도 전체 자리 수의 35% 정도를 차지해야 한다. 따라서 적극적 우대조치에 의해 강제되는 비율은 그 분야에서 여성이 사회구조적으로 영향력을 행사할 수 있는 최소 비율인 35% 정도이다. 이것은 여성이 차지하는 인구 비율이나 조직 사회의 구성원 비율보다는 낮은 수치이지만, 임시적 보충조치인 할당제는 여성이 그 조직 내에서 영향력을 행사할 수 있을 정도로 만족해야 하고 그 이상은 여성들이 자생적으로 50%의 평등 참여를 이끌어내야 한다는 것이다. 한국의 '남녀고용평등법'이 차별의 예외로서 인정하는 '현존하는 차별을 해소하기 위한 잠정적인 우대조치'(제2조 2의 3항) 역시 이 적극적 조치의 일환으로, 이를 근거로 특정 부문에서의 여성고용할당제는 합리화될 수 있다.

에서 볼 때 기회균등이라는 민주주의 원칙과 충돌하며, 유권자들의 선택을 제약하고, 오히려 여성의 경쟁력을 약화시킨다는 반대 의견도 있다.

할당제를 기본적으로 여성 인력 풀(pool)이 형성된 상황에서 여성의 대표성이 저조할 때 활용하는 임시적인 조치라고 규정할 때, 평등한 교육기회에서 고등교육을 받은 여성의 능력이 정치 영역에서 활용되지 못하는 한국의 현실에서 할당제는 필수적인 조치라고 할 수 있다. 또 할당제는 현재 형식적으로는 평등한 기회를 가지지만 내용적으로 여러 장애가 있는 여성의 정치참여에 결과적 평등을 가져올 수 있는 가치 있는 방안이 될 수 있다.

여성의 정치참여는 정치사회의 권리를 향유하는 한편, 그 의무를 부담한다는 의미를 지닌다. 여성의 정치참여는 초창기에 투표할 수 있는 권리를 획득하는 데 주력했으나 점차 의사결정 구조에 참여할 수 있는 대표자로서의 여성의 역할에 주목하고 있으며, 정치 영역에서 여성의 대표성을 높이기 위한 활동을 강화하고 있다. 특히 한국에서 여성 참여의 제고는 1990년대부터 여성운동을 중심으로 활성화되었으며, 가장 대표적인 정치인이라고 할 수 있는 국회의원을 필두로 행정·사법 분야에서 그 참여 비율이 높아지고 있다.

그러나 여성의 정치참여에 대한 인식과 운동이 활성화되면서, 과연 양적인 참여가 질을 담보하는가에 대한 의문이 제기되고 있다. 여성의 대표성 제고 운동은 여성성이나 사회적 기여 등의 기준을 제시하지만, 기본적으로는 생물학적인 여성의 수를 확대한다는 기조를 가지고 있다. 따라서 단순한 양적 확대가 여성이 자신들이 가지고 있는 정치적 힘을 인식하고 이를 외연화시켜 여성의 권익을 증진한다는 정치세력화의 목적에 항상 기여할 수 있는가의 문제가 여전히 남는 것이다.

이러한 논쟁들은 기본적으로 여성의 참여, 나아가서는 여성운동을 활성화시키는 원동력이 될 수 있으며, 더욱 질 높은 여성 참여와 사회발전으로 이어지는 단초의 역할을 할 수 있으리라 본다. 이에 더해 이제 여성의 정치참여가 수적으로 증가하는 것만이 아니라 여성의 이익과 관심을 정당하게 대변하고, 이를 계기로 남녀평등의 균형 잡힌 정치사회로 발전하는 원동력이 될 수 있도록 질적인 증가를 논해야 하는 시기가 되었다. 이는 여성들의 잃어버린 권리를 되찾는 소극적인 참여를 넘어, 여성이 정치 과정에 더욱 적극적으로 참여함으로써 정치발전과 사회발전의 원동력이 되는 새로운 참여를 의미하는 것으로, 바로 새 시대의 정치가 지향해야 할 방향이기도 하다.

생각해볼 문제

1   여성의 정치참여는 남성 중심으로 구성된 현재의 정치구조에서 어떻게 진행되어야 하는가?
    (끊임없는 끼어들기 또는 완전히 새판 짜기)
2   여성의 참여가 확대되면 정치는 더 좋아질 수 있을까?
3   여성의 참여는 정치가 더 좋아져야 한다는 전제에서만 허용되는가?
4   여성정치할당제는 여성 참여에 기여하는가?

더 읽을거리

1   **김원홍·김은경. 2010. 「2010 지방선거와 남녀 유권자의 정치의식 및 투표 행태에 관한 연구」. 한국여성정책연구원.**
    2010년 지방선거 후 남녀 유권자의 의식과 선거 행태를 조사해 이전과 비교하고, 여성 유권자의 특성을 연구한 보고서이다.
2   **비키 랜달(Vicky Randall). 2000. 『여성과 정치』. 김민정 외 옮김. 서울: 풀빛.**
    여성과 정치참여에 관한 기본 서적으로 유권자로서의 여성, 정치엘리트로서의 여성, 정치의 영향, 여성운동 등에 대한 다양한 이론과 경험 연구가 실려 있는 책이다.
3   **여성정치세력민주연대. 2010. 「여성정치참여운동 10년」. 여성정치세력민주연대 10주년 백서.**
    한국에서 10년간 진행되어온 여성정치참여운동의 기록을 수록한 백서이다.
4   **윤정숙. 2002 「여성의 정치참여와 여성운동」. 시민사회포럼. 『시민사회와 시민운동』. 서울: 아르케, 321~349쪽.**
    여성운동의 현장에 있었던 필자가 여성운동에서 정치참여운동을 진행해온 논리와 경험적 고찰을 수록한 논문이다.
5   **조현옥·김은희. 2010. 「한국 여성정치할당제 제도화 과정 10년의 역사적 고찰」. ≪동향과 전망≫, 2010년 여름호, 110~139쪽.**
    2000년 16대 총선에서 여성정치할당제를 처음 실시한 이후 10년간 할당제도의 변화와 그 성과, 남아 있는 과제를 연구한 자료이다.
6   **조현옥 외. 2005. 『한국의 여성정치세력화 운동』. 여성정치세력민주연대 총서 II. 서울: 사회와연대.**
    한국에서 여성정치참여운동의 활성기이며 가장 큰 성과를 배출했던 2004년 총선 이후 각 분야에서 진행된 운동과 성과를 담은 책이다.

참고문헌

김경애. 2001. 『여성의 정치세력화와 지방자치』. 서울: 풀빛.

김원홍·김은경. 2010. 「2010지방선거와 남녀 유권자의 정치의식 및 투표 행태에 관한 연구」. 한국여성정책연구원.

랜달, 비키(Vicky Randall). 2000. 『여성과 정치』. 김민정 외 옮김. 서울: 풀빛.

세계은행. 2001. 『권리, 자원, 목소리의 성평등을 위한 개발의 성인지화(Engendering Development through Gender Equality in Rights, Resources and Voice)』. 세계은행 정책보고서.

여성단체연합. 2002. 「여성은 왜 아직 2.2%인가」. 6·13 지방선거 결과 토론회 자료.

오유석. 2002. 「4·13 총선과 여성 유권자 투표 행태」. 『여세연 4·13총선 평가 토론회 자료집』.

윤정숙. 2002. 「여성의 정치참여와 여성운동」. 시민사회포럼. 『시민사회와 시민운동』. 서울: 아르케, 321~349쪽.

이범준 엮음. 1998. 『21세기 정치와 여성』. 서울: 나남.

장공자 엮음. 1998. 『새로운 정치학』. 서울: 인간사랑.

조현옥·김은희. 2010. 「한국 여성정치할당제 제도화 과정 10년의 역사적 고찰」. ≪동향과 전망≫, 2010년 여름호, 110~139쪽.

조현옥 외. 2005. 『한국의 여성정치세력화 운동』. 여성정치세력민주연대 총서II. 서울: 사회와 연대.

조현옥. 2003. 「여성의 정치적 역량 기르기 방법론」. ≪여성연구논총≫, 2003년 4집.

진덕규. 1999. 『현대정치학』. 서울: 학문과 사상사.

프리드먼, 제인(Jane Freedman). 2002. 『페미니즘』. 이박혜경 옮김. 서울: 이후.

통계청. 2017. 「통계로 보는 여성의 삶」. http://kostat.go.kr/portal/korea/kor_nw/2/6/1/index.board?bmode=read&bSeq=&aSeq=361305&pageNo=2&rowNum=10&navCount=10&currPg=&sTarget=title&sTxt= (검색일: 2018.7.3)

중앙선거관리위원회. 각년도. http://info.nec.go.kr/electioninfo/electionInfo_report.xhtml (검색일: 2018.7.3)

Inter-Parliamentary Union. 2018. "Women in National Parliaments." http://archive.ipu.org/wmn-e/world.htm (검색일: 2018.7.3)

06

여성 정치인의 리더십

김민정

2010년 서울에서 G20정상회담이 시작되면서 언론들은 회담에 참석한 20개국의 정상들 가운데 4개국의 정상이 여성이라는 점에 관심을 보였다. 기사는 정상 중에 여성 정상이 네 명이라는 것, 그리고 그들이 어떤 패션을 선보이고 있는지 등을 보도했다. 가벼운 내용이지만 이 정상회담에 비추어진 변화가 결코 가볍다고만은 할 수 없을 것이다. 그 10년 전만 하더라도 정상들의 회담에서 여성 정상이 눈에 띄는 일은 거의 없었다. 1970년대에는 영국의 마거릿 대처(Margaret Thatcher) 총리(수상)와 인도의 인디라 간디(Indira Gandhi) 총리가 있었다. 1980년대, 1990년대에는 노르웨이의 그로 할렘 브룬틀란(Gro Harlem Brundtland) 총리가 있었다. 이들이 전부는 아니었지만, 우리는 신문지상에 언급되었던 이러한 여성 정상들을 기억하는 정도이다.

그런데 21세기에 들어오면서 훨씬 더 자주 여성 정상들을 대하게 되었다. 신문에서는 그들을 단지 여성으로서만이 아니고 일국의 정상으로서 보도하고 있다. 2007년 프랑스 대선에서는 사회당 최초의 여성 후보 세골렌 루아얄(Ségolène Royal)이 대통령 후보로 치열하게 선거전에 임했고 2008년, 2016년 미국 대선에서도 힐러리 클린턴(Hillary Clinton)이, 돌풍을 일으켰던 대통령 후보 버락 오바마(Barack Obama), 도널드 트럼프(Donald Trump)와 한 치의 양보도 없는 설전을 펼쳤다. 2012년 한국에서는 비록 불행하게 끝나기는 했지만 박근혜 후보가 대통령에 당선되면서 여성 대통령을 맞았고 2016년 미국 대선에서 힐러리 클린턴의 모습은 전 세계인들에게 여성도 정치의 최전선에 설 수 있음을 보여주었다. 이러한 점에서 21세기의 메가트렌드는 여성이라고 예언했던 존 나이스비트(John Naisbitt)의 예언은 빗나가지 않았다.

2018년 6월 현재까지 전 세계에서 선출직으로 최고 정상의 자리에 오른 여성 정상의 숫자는 우리의 예상을 뛰어넘는다. 총 22개국에서 여성이 대통령 혹은 총리로 최고통치자의 자리에 앉았다. 이는 이제까지 전통적으로 남성의 영역이라 간주된 최고 정치지도자 영역에 여성이 활발히 도전하고 있으며 어떤 영역보다도 남성 중심적이었던 정치의 영역이 서서히 변해가고 있음을 의미한다. 이러한 현상은 한 나라의 특수한 현상으로 그치지 않고 이제 전 세계적인 현상이 되고 있다. 역사 시대 이래로 한 번도 도전받지 않았던 남성의 영역인 정치에서 최근 여성들의 참여가 활발해지는 이유는 무엇인가?

왜 지금 최고통치자에 여성이 많아지고 있는가

이전에도 정치의 최고지도자들 가운데 여성이 없었던 것은 아니다. 1960년부터 꾸준히 여성 총리 및 여성 대통령이 있어왔다. 최초의 여성 최고통치자는 1960년에 당선된 스리랑카의 총리 시리마보 반다라나이케(Sirimavo Bandaranaike)이다. 최초의 여성 대통령은 1974년에 당선된 아르헨티나의 이사벨 페론(Isabel Perón)이다. 1979년부터 1990년까지 영국을 통치했던 마거릿 대처 총리가 있었고, 인도에서는 인디라 간디 총리가 1966년부터 1977년까지 12년간을 통치했다. 그리고 이스라엘에는 골다 메이어(Golda Meir) 총리가, 노르웨이에는 그로 할렘 브룬틀란 총리가 있었다.

이 외에도 소수의 여성 정치지도자들이 있었지만 최근처럼 여러 여성 정치인이 동시에 등장한 경우는 없었다. 2018년 6월 현재 독일의 기민당 당수이자 총리인 앙겔라 메르켈(Angela Merkel), 영국의 테레사 메이(Theresa May) 총리, 리투아니아의 달리아 그리바우스카이테(Dalia Grybauskaité) 대통령, 노르웨이의 에르나 솔베르그(Erna Solberg) 총리, 칠레의 미첼 바첼레트(Michelle Bachelet)대통령 등 여러 여성 정치인이 총리나 대통령직을 맡아 국정을 이끌고 있다.

　이렇게 많은 여성 정치인이 최고지도자의 직위를 맡고 있거나 혹은 도전하고 있다. 과거에 한두 명의 특출한 여성 정치인이 남성적인 정치에 도전해 성공했다면 이제는 더욱 많은 여성이 도전하고 있는 것이다.

　그러면 왜 21세기에 들어서 이렇게 많은 여성이 최고지도자의 자리에 도전하거나 오르게 되었을까? 그 원인은 첫째, 여성교육의 수준이 향상했기 때문이다. 요즘과 같은 정보화 시대에는 교육이 성공의 발판이 된다. 전 세계 대부분의 국가에서 여성이 남성보다 더 많이 대학에 진학하고 있다. 미국에서는 1985년까지 대학을 졸업한 남성의 숫자가 여성보다 많았지만 그 이후로 역전되었다. 프랑스의 경우에도 1980년대에 이미 대학에 진학한 여성의 숫자가 남성보다 많았다. 이러한 여성교육의 확대로 고학력 여성의 사회 진출이 늘어나면서 여성이 사회적·정치적 변화에 영향을 미칠 수 있는 수적 기반을 확보하게 되었다. 여성 고등교육의 확대는 여성의 사회 진출을 활발하게 했고 사회활동을 하게 된 여성들은 사회의 성역할 분리에 도전했다. 결국 이들이 정치에서 남성 지배적인 현상을 바꾸는 주체가 되었다. 고학력의 좋은 경력을 가진 여성이 과거보다 훨씬 많아지면서 이 가운데 유능한 여성들이 정치에 도전해 새로운 정치지도자가 되었다. 그 예로는 변호사 출신 힐러리 클린턴 미국 상원의원, 스탠퍼드대학교 교무처장 출신의 정치학 박사 콘돌리자 라이스(Condoleezza Rice) 미국 전 국무장관, 다수의 정치인을 배출한 프랑스 국립행정학교 출신인 세골렌 루아얄 사회당 대선 후보와 마르틴 오브리(Martine Aubry) 전 프랑스 노동부장관 등 이루 헤아릴 수 없다.

　둘째, 사회의 변화가 그 원인이다. 남성 중심의 사회가 오랫동안 지속될 수 있었던 것은 사회의 기본적인 속성이 근력(筋力)을 위주로 한 산업사회였기 때문이다. 오랫동안 계속된 농경사회, 그리고 그 뒤를 이은 산업사회는 남성의 근력을 필요로 했고 지구력을 바탕으로 긴 노동시간을 견딜 수 있는 노동력을 요구했다. 또한 20세기에 들어서도 산업 발전, 근대화 등의 사회적 동인 요소들은 모두 남성의 근력을 바탕으로 하는 개발과 건설, 발전을 전제로 했다. 그러나 21세기에 오면서 사회의 성격 자체가 획기적으로 변화했다. 오늘날의 사회에서는 모든 것이 컴퓨터와 같은 단말기 조작으로 끝날 수 있고, 과거에는 근력을 필요로 했던 많은 분야에서 인간보다 더 많은 힘을 낼 수 있는 기계로 대치하면서 근력 위주의 노동력을 더 이상 필요로 하지 않게 되었다. 정보사회의 도래는 3F(Feminity, Feeling, Fiction)를 강조하게 되었고 이제까지 여성적인 것으로 무시되었던 가치들이 재조명되고 있다. 사회의 많은 영역에서 감성과 상상력을 바탕으로 한 산업이 중요시되고 강성이 아닌 유연성이 중요한 가치로 나타나고 있다. 이러한 사회의 변화는 강성적 남성 리더를 대신하는, 이전과는 다른 새로운 리더를 요구하게 되었다. 이러한 사회적 변화가 여성 지도자의 등장을 유리하게 만들었다. 과거에는 여성이기 때문에 정치를 잘 못할 것으로 인식되었지만 이제는 여성이기 때문에 무언가 다른 정치를 보여줄 것이라는 기대로 여성 지도자를 선택하는 것이다. 21세기의 리더십은 개발 시대에 보여주었던 불도저 같은 추진력, 상명하달식의 카리스마 넘치는 명령체계보다는 조직을 만들고 권력을 나누고 대화하는 부드러운 권력을 요구한다. 21세기의 정보화 시대가 새로운 정치권력을 요구하고 있다는 방증인 것이다.

여성 리더십의 특성

여성 정치인도 남성 정치인과 비슷한 과정을 거쳐서 정치지도자의 위치에 오른다. 그러면 여성 정치지도자의 리더십도 남성 정치지도자와 비슷할까? 남녀가 태생적으로 다른지에 관해서는 많은 논의가 있지만 아직까지 정확하게 검증되어 두루 인정받는 이론은 없다. 다만 현 시점에서 여성은 남성과 다르기 때문에(그것이 태생적으로 다른지 아니면 양육되는 과정에서 사회화에 의해서 달라졌는지 모르지만), 여성은 남성과 다른 리더십을 보여준다는 것이 일반적인 주장이다. 여성적 리더십의 주요 특성은 상호보완적인 측면에서 모성, 보살핌과 관계지향성, 참여적이며 민주적인 리더십으로 논의된다.

첫째, 모성존중론이다. 여성에게는 생명을 잉태하고 출산하며 양육하는 모성이 있으며 이는 여성 고유의 것이다. 이는 열등한 것도 아니며 극복해야 할 것도 아니다. 여성은 이런 성향을 가졌기 때문에 생명을 파괴하기보다 창조하고 보살피는 능력이 있다. 여성 지도자는 '어머니 같은, 누이 같은' 리더십으로 추종자들을 이끌 수 있다. 모든 인간 조직이 더욱 발전하기 위해서는 모성적 사고가 절대적으로 필요하다. 환경의 보전이나 교육 문제에서, 국제사회의 갈등 해결 및 공동체의 회복에서 모성적 사고는 진정한 평화와 화해를 가져올 것이다.

1970년대의 개발 시대에는 사회의 개발을 주도하고 이끌어야 했기 때문에 공격적인 리더십이 필요했고 이러한 유형에 맞는 남성 정치인이 많이 나왔다(사실 여성 정치인이라고 하더라도 이러한 리더십 유형을 지녔다). 특히 냉전 시대에는 이데올로기의 갈등 속에서 군사 안보가 국가의 가장 중요한 쟁점이었기 때문에 이를 수행하기에 적절한 리더십을 필요로 했다. 그러나 21세기에는 이러한 리더십보다 평화와 화해를 이끌어내고 공동체의 갈등을 해결할 수 있는 리더십이 필요하기 때문에 여성적 리더십이 각광을 받는 것이다.

둘째는 보살핌과 관계지향성이다. 남성은 타인과의 관계를 경쟁관계로 인식하며, 권력에 입각해 지배-피지배의 관계를 형성하고 위계질서의 규칙을 제정하며 강자와 약자의 권리를 이야기한다. 그러나 여성은 타인과의 관계를 협력관계로 인식하고 구체적인 상황 속에서 타인에게 관심을 기울이고 책임을 지며 보살핀다. 남성의 자기중심성에 대비해 여성 리더의 타자지향성이 강조되기도 한다. 친근함, 타인에 대한 관심, 표현성, 민감성 등의 사회적 자질은 남성보다 여성에게 더 높은 것으로 나타난다. 여성은 관계 안에서 존재한다. 한 연구 결과에 따르면 남성은 독단적인 결정을 잘 내리는 데 비해 여성은 타인과의 의논을 통해서 자기 의견에 확신을 얻으려는 경향이 강하다고 한다. 이런 점에서 확실히 여성은 관계적인 성향이 있다. 오랜 내전으로 분열이 심했던 아프리카 라이베리아의 전 여성 대통령인 엘런 존슨설리프(Ellen Johnson-Sirleaf)는 바로 이러한 보살피는 리더십에 대한 기대 덕분에 대통령에 당선될 수 있었다.

셋째, 참여적이며 민주적인 리더십이다. 여성은 남성과는 달리 권력을 '권한 나누기(empowerment)'로 이해하는 경향이 있다. 일반적으로 남성이 권력을 '다른 사람의 의견에 반해 자신의 뜻대로 강제하는 힘'으로 생각한다면, 여성은 '권한을 나누어서 특정한 목적을 이루는 것'으로 이해한다. 그래서 여성은 하향식의 명령-복종으로 일을 진행하기보다는 같이 상의해 일을 진행하는 스타일의 리더십, 보다 민주적인 리더십을 구사한다. 즉, 구성원들을 참여시키고 구성원들에게 역할을 배분하고 구성원들과 함께 일을 추진해나가는 참여적이며 민주적인 리더십을 구사한다. 지방의회에서 활동했던 혹은 현재 활동하고 있는 여성 의원들의 대담을 책으로 엮어낸 『여성에게 다시 정치를 묻다』를 보면 남성 의원들은 일을 할 때 독단적이고 혼자 처리하는 반면, 여성 의원들은 주변과 상의하고 더불어 일을 진행한다는 것을 알 수 있다.

또한 여성 지도자에게는 여성문제를 더욱 잘 이해하고 여성의 이익을 더 잘 대변할 수 있다는 특화된 장점이 있다. 스웨덴을 비롯한 스칸디나비아 국가에서 모성보호, 임신중절 관련 입법, 남녀평등기회법 등을 실현하는 데 여성 정치인들이 핵심적인 역할을 했다. 대외정책에서는 국방비 삭감, 원조, 국제 평화 분야에서 여성 정치인의 리더십이 큰 역할을 했다. 칠레의 대통령 미첼 바첼레트의 경우에도 여성의 지위 향상을 위해서 많은 일을 해냈다. 여성 정치 지도자가 통치를 한다는 것은 남성과 다른 우선순위로 사회를 보고 여성의 눈으로 문제에 접근함으로써 여성문제를 더욱 잘 이해할 수 있게 되는 것을 의미한다.

여성 정치인과 정치제도

여성 정치인이 많아지면서 여성 정치인이 자주 등장하는 국가가 있고 그렇지 않은 국가가 있다는 것을 알게 된다. 북유럽의 국가에서는 여성 정치인이 최고통치자 지위에 오르는 일이 자주 있고, 한 번 당선된 여성 최고통치자가 여러 번 그 직위를 이어가는 것을 볼 수 있다. 반면 여성 정치인 자체도 많지 않고 최고통치자의 자리에 오른 여성이 한 명도 없는 국가들도 있다. 또한 여성 정치인이 많아지면서, 여성이라고 다 같은 정치적 스타일을 보이는 것은 아니라는 사실을 알게 된다. 앙겔라 메르켈 독일 총리는 과거 영국 총리였던 마거릿 대처와 같이 철의 여성이라고 일컬어진다. 반면 아르헨티나의 크리스티나 페르난데스(Christina Fernández) 대통령은 여성성을 강조하는 차림에 여성적인 리더십을 보여준다. 여성 정치인 사이의 차이이다. 여성 정치인의 리더십을 연구하면서 우리는 다음과 같은 몇 가지 질문을 하게 된다.

첫째, 여성 정치인의 등장에 유리한 조건으로는 무엇이 있는가? 여기에는 당연히 여성에 대한 그 국가의 사회적 인식이 중요하다. 여성의 사회 참여에 대해 비교적 개방된 사회의 경우 여성 정치인의 등장이 쉽겠지만 여성의 사회적 역할을 가정과 육아로만 한정하는 인식을 가진 국가에서는 여성 정치인의 등장이 어려울 것이다. 국가의 정치제도적 특성도 여성 정치인의 등장에서 상당히 중요하다. 일반적으로 선거제도 가운데 소선거구 다수대표제는 여성과 같은 신인 정치인에게 불리하고 기존의 남성 정치인에게 유리한 구조이다. 반면 많은 연구에서 여성 정치인에게 유리한 선거제도는 비례대표제라고 밝히고 있다. 비례대표제의 경우 여성 후보가 직접 선거전에서 남성 후보와 경쟁할 필요가 없으며 정당의 정치적 의지에 따라서 더 쉽게 여성 정치인을 당선권에 배치시킬 수 있기 때문이다. 반면 다수대표제, 특히 소선거구 다수대표제의 경우에는 정당이 한 선거구에서 한 명을 공천하는데, 정당이 승리하기 위해서는 선거구에서 당선 가능성이 높은 후보를 공천해야 하기 때문에 여성과 같은 정치적 신인보다 그 지역의 유력인사나 이미 잘 알려진 기존 정치인을 공천한다. 따라서 신인인 여성 정치인이 진출하기는 어려운 제도이다. 그러나 잘 알려진 정치가 가문의 여성이거나 이미 오래도록 정치를 해와

소선거구 다수대표제와 비례대표제

소선거구 다수대표제는 한 선거구에서 한 명의 국회의원을 뽑는데 가장 표를 많이 얻은 후보를 당선시키는 제도이다. 비례대표제는 유권자들이 각 정당이 작성한 명부에 투표하여 명부가 얻은 유효 득표율에 비례해 의석을 배분하는 방식이다. 소선거구 다수대표제는 가장 표를 많이 얻은 한 후보만 당선이 되기 때문에 각 정당에서는 선거구에서 표를 가장 많이 얻을 만한 인물을 공천하게 되어 결국 기성 정치인이 공천되는 경향이 크다. 따라서 신인인 여성 정치인들은 공천 받기가 어렵다. 공천이 된다고 하더라도 인지도가 낮은 경우 당선이 어렵다. 반면 비례대표제는 여러 명이 동시에 당선될 수 있기 때문에 정당들은 필요하다면 여성 정치인을 명부에 포함하는 것을 두려워하지 않는다. 이런 이유 때문에 여성 국회의원의 비율이 높은 국가들은 대부분 비례대표제를 실시하고 있다.

선거구에 잘 알려져 있는 여성의 경우에는 소선거구 다수대표제가 불리하지 않다.

의원내각제와 대통령제도 여성의 등장에 중요한 영향을 미친다. 대통령제는 국가를 대표하는 한 사람을 선출하고 그를 중심으로 정치가 구성된다는 점에서 중앙집권적 성격을 띠는데 이러한 점이 여성에게 불리하다고 할 수 있다. 이왕 한 명을 선출할 바에는 남성을 뽑지 여성을 뽑지는 않는다는 것이다. 마찬가지 이유로 중앙집권식 정치구조보다 연방제와 같은 분산형의 정치구조는 여성 정치인의 등장에 좀 더 개방된 기회구조를 허락한다. 여성 정치인이 많이 활동하고 있는 북유럽은 의원내각제이면서, 연방제 혹은 지방분권도 발달되어 있어서 여성이 정치적 경험을 할 수 있는 장을 많이 가지고 있다. 이러한 장에서 경험을 축적한 여성들이 중앙정치에 진출해 최고통치자의 자리에까지 오르고 있다. 한 연구에 따르면 스웨덴의 여성 국회의원 가운데 70%가 지방의회에서 시작해 정치적 경험을 쌓아서 국회의원이 되었다. 이렇게 분산형의 정치구조는 여성들이 접근하기에 유리한 정치구조이다.

둘째, 여성 정치인의 리더십 차이는 어디에서 오는가? 여성적인 여성 정치인이 있는 반면 남성적인 여성 정치인도 있다. 여성 정치인을 다수 연구한 결과 이러한 차이점은 그들의 정치 입문 과정과 밀접한 관련이 있다는 것을 알게 되었다. 민주주의가 공고화되고 정치인의 충원도 제도화된 통로를 통해서 이루어지는 서구의 여성 정치인들은 대부분 남성보다 더 남성적인 특징을 보였다. 마거릿 대처가 그러했고 앙겔라 메르켈이 그러하며 콘돌리자 라이스 전 미국 국무장관을 비롯한 대부분의 미국 여성 정치인들이 그러하다. 반면에 서남아시아의 여성 정치인들, 즉 인도의 인디라 간디, 스리랑카의 찬드리카 반다라나이케 쿠마라퉁가(Chandrika Bandaranaike Kumaratunga), 파키스탄의 베나지르 부토(Benazir Bhutto)와 같이 여성의 정치참여가 극도로 제한되어 있고 의회에서의 여성 비율도 상당히 낮지만 유독 과거에 여성 최고지도자들이 많았던 지역의 여성 정치인들은 대부분 상당히 여성적인 정치적 리더십을 가지고 있다. 한편 노르웨이의 총리였던 그로 할렘 브룬틀란이나 아일랜드의 메리 매컬리스(Mary McAleese)는 여성적이지도 남성적이지도 않은 중성적인 리더십을 구사했다.

남성적 리더십을 가진 여성 정치인은 대부분 남성적 정치 속에서 살아남은 여성들이다. 정당의 평당원부터 시작해 동료 남성 정치인을 제치고 정상에 올랐기 때문에 남성보다도 더 남성적이지 않으면 정당 안에서 생존할 수 없다. 정치가 제도화되고 정치인의 충원이 정당을 통한 엄격한 훈련을 바탕으로 이루어지는 경우에 성공한 여성 정치인은 남성보다 더 남성적일 수밖에 없다. 이들은 자수성가형 여성 정치인이라고 할 수 있다.

반면 서남아시아는 정치의 제도화가 상대적으로 뒤처져 있고 정치인의 충원이 정당이 아니라 가문을 통해 이루어진다. 이 지역 대부분의 여성 지도자들은 정치 가문 출신이다. 이들은 아버지나 할아버지, 혹은 남편의 어깨너머로 정치를 배웠고 남성 정치인의 대리로 정치에 나섰기 때문에 남성 정치인의 후광으로 정치에 입문했다 하여 후광형이라고 이름을 붙인다. 후광형 여성 정치인들은 서구의 민주주의 국가에서처럼 남성과 험난한 경쟁을 할 기회가 없었다. 따라서 자신의 여성성을 그대로 고수한 채로 정치에 입문했고 그 이후에도 아버지나 남편의 대리인으로서 정치를 했다. 이러한 점에서 이들은 여성적 리더들이다.

1990년대에 오면서 새로 나타난 여성 정치인의 리더십 유형이 있다. 제3의 유형, 바로 통합적 리더십이다. 이들은 남성적인 정치의 사다리에서 살아남은 자들도 아니며 집안의 후광으로 정치에 입문한 대리인도 아니다. 이들은 남성 정치지도자에 의해서 발탁되어 갑자기 정치에 진입한 경우이다. 이들은 대부분 자신의 전문 분야가 있고 전문적인 지식이나 그 분야에서의 명성 때문에 정치에 입문한, 전문가형이다. 이들은 여성이나 남성으로 인식되기보다는 한 명의 전문인으로 인식되는 경우가 더 많다. 자기 분야에서의 성공이 결국 정치에서의 성공으로 나아가게 하는 동인이 되면서 남성적이거나 여성적이기보다는 통합적인 리더십 유형을 가지고 있는 경우이다.

셋째 질문은 여성 정치인들의 페미니스트적 성향에 관한 것이다. 어떤 여성 정치인은 상당히 페미니스트적 성향을 보이면서 자신의 정책에 페미니스트적 영감을 불어넣기도 한다. 반면에 어떤 여성 정치인은 전혀 페미니스트적이지 않은 정책을 추구한다. 이러한 차이점은 어디에서 오는가? 많은 여성 정치인의 성향을 분석한 연구들을 보면 여성 정치인의 페미니스트 성향은 그들의 충원 통로와 관련이 있다. 정치가 가문에서 성장해 정치에 입문한 후광형의 여성 정치인은 몰성인지적인 성향을 보이고 자수성가형의 여성 정치인은 보다 페미니즘적 성향을 보인다. 왜 그런가? 후광형의 여성 정치인은 대부분이 정치인 가문에서 성장해 아버지나 남편의 대리인으로서 정치에 진출했기 때문에 남녀불평등한 정치문화에 직접적으로 노출된 적이 거의 없다. 이들은 보통 여성 정치인이기보다 남성 정치인의 대리인으로 인식되었기 때문에 페미니즘적 성향을 습득할 수 있는 기회가 없다. 반면 자수성가형의 여성 정치인 가운데 페미니스트가 많은 이유는 스스로의 힘으로 정치에서 성공하기 위해 노력하는 과정에서 남녀불평등한 정치문화를 겪었기 때문이다. 이런 상황에서 대부분의 자수성가형 여성 정치인은 페미니스트가 될 수밖에 없는 상황에 놓이게 되었다.

우리가 여성 정치인에게 관심을 갖는 것은 그들의 등장만으로 여성에게 희망이 될 수 있으며 유소녀기(幼少女期)의 여성들에게 역할 모델이 될 수 있다는 점 때문이다. 여성 정치인의 등장은 단지 여성으로서 정치에 다양한 색깔을 더한다는 것뿐 아니라 여성이 정치를 바꾸기를 기대받는다는

표 6-1

세계의 여성 대통령 및 총리

※ 2018년 6월 기준.

구분	국가	이름
대통령	리투아니아	달리아 그리바우스카이테
	에스토니아	케르스티 칼유라이드
	네팔	비디야 데비 반다리
	칠레	미첼 바첼레트
	모리셔스	아미나 구립 파킴
	크로아티아	콜린다 그라바르 키타로비치
	마셜제도	힐다 하이네
	대만	차이잉원
	에스토니아	케르스티 칼류라이드
	몰타	마리-루이즈 콜레이로 프레카
총리	독일	앙겔라 메르켈
	방글라데시	셰이크 와제드 하시나
	영국	테레사 메이
	미얀마	아웅 산 수치
	나미비아	사라 쿠곤겔와
	페루	메르세데스 아라오스
	노르웨이	에르나 솔베르그
	뉴질랜드	재신더 아던
	아이슬란드	카트린 야콥스도티르
	세르비아	아나 브르나비치
	루마니아	비오리카 던칠러
	스릅스카(보스니아 헤르체고비나 내 세르비아계 국가)	젤리카 츠비야노비치

점에서 관심을 끈다. 그러면 어떤 여성 정치인이 남성 중심의 정치를 바꿀 수 있을까? 페미니스트적 여성 정치인이 이 가운데 많은 부분을 차지하게 될 것이다.

그러나 여성 최고 정치지도자 역시 정치지도자이다. 당선될 때까지는 여성이라는 점이 장점이 될 수도 있고, 때로는 여성이라는 점 때문에 선거 전에서 유리했을 수도 있다. 그러나 일단 대통령 혹은 총리의 자리에 있게 되면 이제는 여성이기보다 최고 정치지도자로서의 임무를 잘 수행해내야 한다. 국가에 산재한 문제를 잘 해결해야만 그들은 자신의 책무를 다하는 것이다. 이제는 성별이 아니라 성과로 평가받게 될 것이다. 이런 점에서 출발점은 여성과 남성이 다를지 모르지만 정치인이란 결국 모든 국민이 요구하는 것을 잘 수행해낼 수 있는 능력이 필요한 자리이다. 그로 할렘 브룬틀란이 오래 기억되고 사람들에게 회자되는 이유는 비단 여성이기 때문이 아니라 그가 노르웨이 사회에 많은 일을 했기 때문이다. 반면 우리나라의 박근혜 전 대통령이 탄핵을 받고 많은 국민으로부터 지탄을 받는 것은 그가 여성이기 때문이 아니라 대통령에게 주어진 책무에 충실하지 못했기 때문이다. 우리는 이제 최고 정치지도자 자리에 있는 여성 정치지도자들을 여성으로서가 아니라 정치지도자로서 봐야 할 것이다.

한국의 여성 정치인

한국 정치에서 최고통치권자, 즉 대통령이나 총리 지위에 오른 여성은 두 명이 있다. 노무현 대통령 아래에서 2006년 4월부터 2007년 3월까지 11개월 동안 국무총리직을 수행한 한명숙이 한국 최초의 여성 국무총리이고 2013년 2월부터 2017년 3월까지 대통령직을 수행한 박근혜가 최초의 여성 대통령이다. 한명숙은 오랫동안 여성운동과 민주화운동을 해오다 김대중 정권하에서 여성부장관과 환경부장관을 역임했고 16대(2000년) 민주당 소속 비례대표의원, 17대(2004년) 열린우리당 소속 지역구의원을 역임한 재선 의원이다. 한편 박근혜는 박정희 전 대통령의 장녀로 육영수 여사의 사망 이후 영부인을 대신해 활동했고, 1996년 15대 국회의원으로 당선된 이래 5선 국회의원을 지냈으며, 2012년 12월 새누리당 소속으로 18대 대통령에 당선되었다. 2011년 새누리당 비상대책위원장을 지내면서 당 혁신 작업을 지휘했고, 2012년 19대 총선을 승리로 이끌면서 당내에서 대선 후보가 되어 연말에 여성 최초로 대통령선거에서 승리했다. 그는 5선의 국회의원으로 어느 정도 정치력을 인정받았지만 끝까지 박정희 전 대통령의 후광이 작용되었다는 평가를 받고 있다. 대통령 재임 기간 중 세월호 침몰 사고, 메르스 사태를 비롯한 재난에 적절하게 대처하지 못했고 다수의 추진 정책이 실패하면서 미숙한 국정 운영과 불통 논란으로 사회의 저항과 비판에 직면했으며, 결정적으로 개인적인 측근 민간인이 국정 운영에 개입한 사실이 폭로됨에 따라 국회에서 탄핵소추되어 2017년 헌법재판소 만장일치로 탄핵 소추안이 인용되어 대통령직에서 파면되었다. 그의 파면은 헌정 사상 최초의 사건이면서 여성 대통령의 파면이라는 이유로 여성 정치인에 대한 부정적 평가를 남겼다.

한명숙과 박근혜는 여성 정치인의 세 가지 유형 중 두 유형에 해당한다. 한명숙은 시민사회로부터 성장한 전형적인 전문가형 여성 정치인이다. 반면에 박근혜는 후광형에 가깝고 혹은 자수성가형으로도 분류할 수 있을 것이다. 후광형 혹은 자수성가형으로 분류될 수 있는 박근혜는 아버지인 박정희의 후광으로 정계에 입문했고 입문한 이후에는 당 내부에서 남성 정치인과의 경쟁을 거쳐 정당정치의 사다리를 타고 올라갔다. 따라서 여성문제에는 특별한 관심이 없으면서, 남성 리더십과 크게 다르지 않은 리더십을 보인다. 한편 전문가형으로 분류될 수 있는 한명숙은 한국 여성 정치인의 중요한 충원 통로가 되고 있는 시민사회에서 성장한 인물로 특히 여성운동단체에서 오래 활동한 경험이 있어서 여성문제에 대한 관심이 많고 여성성을 많이 보여주는 리더십을 구사한다.

최고통치권자는 아니지만 여성 정치인의 구분에 포함될 수 있는 여성 국회의원을 통해서 한국 여성 정치인의 계보를 살펴보면 한국에서는 어떠한 여성들이 정치에서 리더십을 발휘해왔는지 알 수 있다. 제헌국회부터 2018년까지 한국에서는 모두 295명(중복 있음)의 여성 국회의원이 당선했다. 이들 여성 국회의원의 유형은 크게 세 시기로 구별할 수 있다. 첫째 시기는 제헌국회에서 유신정권 이전까지이고, 둘째 시기는 유신 시기 및 1980년대, 마지막으로 셋째 시기는 1990년대 이후를 말한다.

첫째 시기, 즉 제헌국회부터 1960년대까지의 여성 국회의원들은 1세대 여성 정치인으로 자수성가형이라고 할 수 있다. 임영신, 박순천, 박현숙, 김철안 의원은 모두 1919년 3·1운동 세대로서 여성이 남성과 어깨를 나란히 하면서 자신의 정치적 의사를 공적 영역에서 활발히 표현하던 항일운동세대이다. 이들은 3·1운동의 경험을 바탕으로 항일활동과 여성운동을 함께 전개했던 신여성들로 해방 이후 정치에 투신해 국회의원에 당선되었다. 이들과는 구별되는 해방 이후의 여성 정치인들은 지역구 여성 의원들인데 이들 역시 자수성가형이다. 이들은 한국전쟁이라는 전쟁의 경험을 통해서 정치의식화했고 이것이 정치 입문의 계기가 되어 일찍부터 정당에 입당해 정치활동을 했다. 김옥선, 김윤덕, 김정례 의원이 이에 속한다. 여성단체장을 역임한 김정례 의원을 제외하면 이들은 항일운동을 했던 선배들과 달리 여성운동단체와 연관이 없어서 남성 정치인들과 함께 정치를 했다. 전형적인 인물이 김옥선 의원으로, 남장을 하고 다녔다는 유명한 일화가 있다.

둘째 시기는 유신 시기와, 이어진 군사정권 시기이다. 이 시기 여성 정치인의 숫자는 이전에 비해서 증가했는데 그 이유는 권위주의적인 군사정권에서 지식인 여성 혹은 여성단체장들을 국회의원으로 충원해 정권을 정당화하려는 의도 때문이었다. 대학의 교수, 전문가, 이익집단의 대표, 혹은 여성단체장들은 유신정우회 국회의원으로 정치에 입문했다. 이것은 1980년대 군사정권으로 이어져서 정권의 필요에 의해서 여성들이 국회의원에 충원되었으며, 이들은 여성의 권익 향상 혹은 여성의 지위와 관련된 문제를 정치적으로 의제화하는 데 전혀 목소리를 내지 못하고 정권의 일회용 국회의원으로 전락한 전형적인 '명목상의 여성(토큰 우먼)'들이었다. 여성 국회의원의 수는 늘었지만 여성의 세력화에는 별다른 영향을 주지 못했다.

셋째 시기는 민주화 이후에 나타났다. 정치의 민주화가 진전되면서 점차 여성의 정치적 관심이 사회적으로 커졌고 정당에서도 이러한 사회적 요구를 받아들여 전문직에서 많은 여성을 충원하기 시작했다. 이러한 상황은 비례대표제의 안정이라고 하는 선거제도의 정착과 크게 연관이 있다. 정당에서는 실제로 비례대표 국회의원을 위한 정당명부에 전문직 여성들을 포함하게 되었다. 이어서 2004년 비례대표 명부에 50% 여성할당을 강제하도록 선거

토큰 우먼(token women)

토큰 우먼은 여성의 가치가 중요해서라기보다 단지 여성이 정치를 한다는 것을 보여주기 위해서 여성을 대표해 선출된 적은 수의 여성들을 의미한다. 이들은 수가 적고 남성 정치인에 의해 발탁되어 정치에 입문하기 때문에 여성의 이익을 대표하기 어렵고 정치에서 별다른 영향력을 발휘하지 못한다.

여성 정치인이 가시적으로 여성으로서의 영향력을 발휘하기 위해서는 임계수치(critical mass)에 이르러야 한다는 주장이 논의되고 있다. 즉, 물질의 성질을 바꾸기 위해서 필요한 최소한의 변화는 그 물질의 3분의 1이 변화될 때라는 물리학적 개념을 사용해 여성 정치인이 30%는 되어야 토큰 우먼에서 진정한 여성의 대표가 될 수 있다는 주장이다.

법이 개정되면서 각 정당은 더욱 많은 전문직 여성을 정당명부에 포함해 여성 국회의원의 수가 급속히 증가했다. 18대 국회에서 나타난 새로운 현상은 17대에 비례대표로 국회에 입성한 여성 국회의원들이 지역구에 출마해 큰 성과를 보인 것이다. 나경원, 진수희, 전재희, 조배숙, 이미경 의원 등은 처음에 비례대표로 국회에 입성했지만, 이전의 비례대표 여성 국회의원들과는 달리 국회 활동을 한 번으로 끝낸 것이 아니라 경력을 지속하여 지역구로 출마해 당선되었다. 이렇게 하여 3선, 4선 등 다선의 여성 국회의원이 나오면서 점차 정당 내에서 여성 국회의원의 영향력은 커지고 있다. 이러한 변화는 정치에서 여성 세력화의 발전을 가져올 것이다.

생각해볼 문제

1 여성 정치인은 그들의 리더십 스타일과 정책 우선순위가 남성 정치인과 다른가?

2 왜 어떤 국가에서는 여성 정치인이 많은데 다른 국가에서는 그렇지 못한가?

3 여성 정치인이 많아지면 정치가 바뀌는가? 바뀐다면 어떻게 바뀌나?

4 여성 정치인은 여성의 이익을 대변하는가? 혹은 대변해야 하는가?

더 읽을거리

1 **김민정 외. 2007. 『세계가 주목하는 여성 정치인의 리더십』. 서울: 인간사랑.**

이 책은 여성정치학을 공부하는 학자들이 세계에서 주목받는 열세 명의 여성 정치인을 선정해 그들의 정치 진입 경로, 리더십 특성, 여성정책 관심도를 심도 있게 연구한 결과물로서 정치 분야에서 여성들의 활약 등에 대한 정보를 제공한다. 열세 명의 여성 정치인은 그로 할렘 브룬틀란, 메리 로빈슨, 앙겔라 메르켈, 세골렌 루아얄, 콘돌리자 라이스, 미첼 바첼레트, 율리야 티모셴코, 발렌티나 마트비옌코, 아웅 산 수 치, 메가와티 수카르노푸트리, 도이 다카코, 우이, 한명숙이다.

2 **조기숙. 1999. 『세계를 움직인 열두 명의 여성』. 서울: 여성신문사.**

이 책은 세계의 여성 지도자들을 상세하게 연구한 책으로 필리핀의 아키노, 스리랑카의 반다라나이케, 파키스탄의 부토, 노르웨이의 브룬틀란, 니카라과의 차모로, 프랑스의 크레송, 인도의 인디라 간디, 이스라엘의 골다 메이어, 아일랜드의 메리 로빈슨, 방글라데시의 칼레다 지아를 전기처럼 살펴보면서 여성 정치인이 국가를 위해서 무엇을 했는지 조명했다.

3 **한국여성개발원 엮음. 1996. 『국회의원 여성후보에 관한 연구』. 서울: 한국여성개발원.**

이 책은 제헌국회부터 시작해 14대 국회까지 국회의원 선거에 출마한 여성 후보에 관한 통계와 후보들의 특성을 연구했다. 여기에 15대 총선에 출마한 여성 후보들의 선거 활동에 대한 내용도 자세히 담고 있다. 어느 여성 정치인이 국회의원 후보에 출마했는지, 여성 정치인의 성향이 1948년부터 1996년까지 어떻게 변화되었는지, 여성 후보들이 선거 과정에서 어떤 어려움을 겪었는지 등을 자세히 기록한 책이다.

4 **후나고시 노리코. 2004. 「한·일 여성 정치 엘리트에 관한 비교연구」. 연세대학교 대학원 정치학과 석사학위 논문.**

이 논문은 외교관인 후나고시 노리코가 한국에서 유학하며 쓴, 한국과 일본의 여성 국회의원

을 비교한 논문이다. 양국 여성 국회의원의 충원 과정, 전공, 경력 및 전직을 분석했고 마지막
에는 한국과 일본의 선거제도 및 정당, 유권자의 태도라는 변수를 가지고 여성 정치 엘리트
를 비교했다. 결론적으로 노리코는, 한국의 여성 정치 엘리트는 전문경력발탁형으로서 주로
고학력 엘리트층의 여성이 높은 전문성을 가지고 자신의 분야에서 오래 활동하다가 정당에
발탁되는 경우가 많다고 보았다. 반면 일본의 경우에는 전문 분야에서 경험을 쌓다가 조직의
후원으로 전문성을 발휘하기 위해서 정치에 입문하는 경우가 많다고 분석했다.

5   **최순영·홍미영 외 지음. 2010.『여성에게 다시 정치를 묻다』. 서울: 김영사.**

이 책은 2001년 당시 여성 지방의회의원들이 모여서 정치에 대해서 토론했던 내용과, 그들
이 2010년에 다시 모여 토론한 내용을 정리한 책이다. 여성들이 정치를 하면서 느끼는 어려
움, 정치에 대한 생각, 또 여성이 왜 정치에 참여해야 하는지 등 여성정치에 대한 현장의 목소
리를 생생하게 들을 수 있다.

07

공공정책과 여성

최정원

공공정책이란 공공이익(public interest)을 실현하고 공공적 사항들(public affairs)을 해결하기 위해 국가가 직간접적으로 수행하는 다양한 활동, 즉 사회에 대한 국가의 공적인 영향력을 의미한다. 현대 국가에서 공공정책은 인간생활의 모든 부문에 영향을 미칠 정도로 확대되고 다양화되었다. 공공정책은 국방·치안 등 전통적인 국가 기능 외에도 국제문제, 사회문제, 환경문제 등 거의 모든 분야에 영향을 주고 있으며, 그 사회의 지배적인 가치를 반영하고 이를 명시함으로써 더욱 강화될 뿐 아니라 인적·물적 자원을 적극적으로 배분하고 있다. 여성정치학이 공공정책에 관심을 갖는 이유도 현대사회에서 공공정책이 직간접적으로 여성의 삶에 지대한 영향을 미치기 때문이다. 그렇다면 성인지적 관점에서 공공정책은 여성에게, 좀 더 구체적으로는 여성의 지위와 권리에 어떤 영향을 미쳐왔을까?

성인지적 공공정책이란 '정치, 경제, 사회, 문화 등 모든 분야에서 성차별 해소와 남녀평등 실현이라는 이상적 목표를 실현하기 위한 포괄적인 국가정책'이라고 할 수 있다. 다시 말하면 성, 결혼, 출산, 자녀 양육, 교육, 고용, 임금 등 여성 삶의 제반 영역에서 성 불평등이 해소되도록 공공정책을 수립하는 것이다. 여성은 공공정책으로부터 끊임없이 영향을 받으며 생활하는 국민의 일부이다. 모든 국민이 법 앞에 평등하다는 민주주의의 기본 원리 속에서 여성도 차별받지 않고 제반 권리를 향유하는 것은 민주주의 제도의 당연한 논리이다. 그러나 어떤 국가와 사회라고 할지라도 여성문제에 대한 정책적인 이해가 없다면 공공정책은 언제든지 여성 억압적으로 작용할 수 있다. 세계 각국의 공공정책은

> **공공이익(public interest)과 공공적 사항들(public affairs)**
>
> 일반적 의미에서 공공이익이란 정책 결정자들의 이해관계를 벗어난 불특정 다수의 이익이라고 할 수 있으며, 공공적 사항들이란 특정 개인이나 민간 부문이 취급하기 불가능하거나 적절치 못한 사항들이다. 따라서 공공정책이란 많은 국민의 이익을 위해, 또는 많은 국민과 관련해 선택된 중요한 행동의 지침이다.

성 중립적 외관을 갖추고 있지만 현실적으로는 여성 대다수가 정치를 여전히 남성의 영역으로 여기고 있으며, 정치 영역의 결과로 산출된 공공정책 역시 여성에게 동등하지 않다. 성인지적 관점에서 보면, 공공정책은 어머니와 가정주부라는 여성의 전통적 역할에 강한 비중을 둠으로써 여성의 동등한 권리와 지위를 제한하기 때문이다.

물론 20세기 후반으로 오면서 여성과 관련된 공공정책이 많이 변화되고 확장되었다. 이러한 정책들이 여성의 삶에서 선택의 범위를 어느 정도 넓혀준 것도 사실이다. 정책 결정 과정에서 여성의 수가 증가했고, '여성의 문제'에 주목한 정치 쟁점에 부응해 새로운 여성정책이 개발되었으며, 이를 수행하기 위해 법적·제도적 장치가 만들어지는 등 많은 국가가 이전에는 침묵해왔던 여성문제를 해결하기 위한 정책을 수행하고 있다. 그 결과, 과거에 비하면 여성의 권리와 지위가 제도적으로 크게 향상되었다. 그러나 이러한 결과가 여성의 권리와 지위, 즉 평등과 복지의 문제를 근본적으로 변화시켰는가의 문제에는 여전히 대답하기가 쉽지 않다.

남녀평등과 여성의 지위

제2차 세계대전 이후 대부분의 국가는 헌법에서 남녀평등 원칙을 보장하고, 유엔의 여성차별철폐선언(1967년)과 여성에 대한 모든 형태의 차별철폐조약(1979년)에 서명했다. 또한 여성의 참정권이 인정된 지는 이미 오래전 일이다. 따라서 여성은 남성과 동등하게 모든 기본권의 주체가 되었으며, 남녀평등 원칙에 위배되는 법률, 법령, 관습법 등은 무효하다. 그럼에도 현실은 그러한 법적·제도적 보장과는 상당한 거리가 있으며, 어느 국가에서건 여성의 정치적 지위와 사회적 권력의 분배를 다루는 성평등정책에 따라 여성이 남성과 동등한 영향력을 행사하는 일은 드물다.

국가정책은 개인의 권리와 지위를 규정하고 개인이 자원에 접근하는 것을 간섭한다. 그동안 여성의 지위와 관련된 각 국가의 공공정책을 살펴보면, 오랫동안 축적된 일련의 법과 정책들이 직간접적으로 남성에 대한 여성의 의존을 강화하고 가사와 육아를 여성이 전담하도록 했음을 알 수 있다. 예컨대 18~19세기 영국을 비롯한 대부분의 서구 국가에서 여성은 결혼과 동시에 정체성을 상실했다. 윌리엄 블랙스톤(William Blackstone)에 따르면 '여성의 실질적 존재, 혹은 법적인 존재는 결혼기간 정지되거나 적어도 남성에게 통합되어 남편의 보호하에서 모든 일을 수행했다'. 즉, 이 시기의 여성들은 결혼할 때 가져온 자신의 재산에 대한 소유권과 재산 및 소득에 대한 통제권을 상실했던 것이다. 그뿐만 아니라 여성은 출산 역시 통제하지 못했고, 고용과 임금에서도 차별의 대상이 되었음은 물론, 고등교육에 대한 접근 기회와 모든 정치적 참여권, 배심원이 될 기회도 박탈당했다. 1918년까지 영국에서는 여성의 참정권이 인정되지 않았고, 1928년이 되어서야 실질적으로 남녀가 평등하게 선거권을 갖게 되었다. 또한 1970년대까지 여성에게는 결혼기간 중 생긴 재산에 대한 분배권을 인정하지 않았으며, 1976년에 '가정폭력과 결혼절차법(Domestic Violence and Matrimonial Proceedings Act)'이 제정되기 전까지 영국 여성은 남편의 폭력으로부터 보호받을 수 없었다.

법과 정책이 여성의 지위에 직접적인 영향만 주는 것은 아니다. 과거에는 여성이 사생활이라고 칭하는 사적 영역 내에 한정되어 있었기 때문에 법은 특별히 여성에 관해 언급하지 않았다. 그러나 외형상으로는 사생활의 권리를 존중하는 것처럼 보이는 법과 정책이, 실제로는 여성에게 억압적으로 나타나곤 했다. 사생활 침해라는 이유로 강간, 가정폭력 등에 공공당국이 개입하기를 거부한 것이 그 예이다.

20세기 후반으로 오면서 여성과 관련된 공공정책의 양상은 더욱 복잡하고 이중적으로 바뀌었다. 한편으로는 여성의 법적·정치적·경제적 독립성을 촉진하는 법과 제도가 증가했으나, 복지국가 및 경제발전과 관련된 정책들은 여성이 육아와 가사의 일차적인 책임자라는 '전통적인' 가사 역할을 지속적으로 전제함으로써 여성의 독립성을 침해하고 있다.

많은 페미니스트는 국가가 전통적으로 공사 영역을 분리해 여성을 사적 영역에 한정한 것이 남녀평등을 제한해왔다고 비판한다. 그리고 남녀평등을 위해서는 기존의 성역할 구분이 근본적으로 바뀌어야 한다고 주장한다. 또 공사 영역에서 여성의 보살핌 업무가 강화되는 현대 복지국가의 정책들 역시 문제로 제기한다. 공공정책은 남성을 생계부양자로, 여성을 전업주부로 구분하는 전통적인 가족 유형을 모델로 삼았기 때문에 가정-직장을 결합하려는 여성들에게 도움이 되는 보육규정이나 출산휴가와 같은 혜택을 적극적으로 제공하지 않았다는 것이다.

페미니스트들은 산업화가 이루어져 여성의 사회진출이 늘어나면 전통적인 성역할 개념이 바뀌어 남녀차별의 문제가 해결될 것이라는 견해에 대해서도 부정적이다. 선진국도 여전히 남녀차별을 해결하지 못하고 있을 뿐 아니라 경제발전과 여성의 지위 향상이 반드시 일치하는 것은 아니기 때문이다. 오히려 정치적 민주화가 동반되지 않은 산업화는 여성을 전통적 가정에서의 역할에서 저임금의 미숙련 노동자로 전락시켜 가사와 경제라는 이중 부담을 지우며 여성의 지위를 더욱 악화시켰다. 국가는 공적 영역에서까지 여성을 '보살피는 자'로 규정함으로써 이중의 여성 억압을 초래했다. 공공서비스 부분이 확대되어 많은 여성에게 일자리가 제공되었지만, 공적 부분에서 여성의 일이란 대부분 사적 영역에서 행하던 보살핌 업무와 그 본질이 다를 바 없었다. 더욱이 공공서비스 부분에서 행해지는 보살핌노동에 대한 보수는 다른 직종에 비해 낮은 수준이며, 여성이 수적으로 우세한데도 관리자나 대표자의 지위는 여성이 아닌 남성이 차지했다. 이는 여성을 공적 영역에 진출시킴으로써 여성의 남녀평등적 지위를 강화했다기보다는 여성은 '보살피는 자'라는 사고를 더욱 공고히 함으로써 여성이 육아와 가사에서 일차적인 책임자라는 변함없는 성차별적 인식을 전제하고 있는 것이다.

아이린 팅커(Irene Tinker)는 "사회에서 여성들은 두 가지 역할을 수행하는 반면, 남성들은 한 가지 역할만을 수행한다는 사실을 잘 다루지 못했다"라고 하며, 제3세계 국가들의 경제성장정책이 남녀 간 불평등을 증대시켰다고 주장했다. 마이라 부비닉(Mayra Buvinic) 역시 공적·사적 생활의 불균등과 사회경제적 집단 사이의 불평등에 주목하면서, 여성은 가정에서의 여성 종속과 시장에서의 성별 노동분업이라는 남녀 간의 불평등 속에서 적절한 정책적 지원을 받아오지 못했음을 강조했다.

1970~1980년대 이후 현재에 이르기까지 각 국가에서는 남녀 간의 불평등한 사회관계를 개선하기 위해 남녀평등전략과 함께 성인지적 전략을 중심으로 포괄적이고 다양한 입법 조치를 취하고 있다. 여기에는 정치, 경제, 사회 각 분야에서의 성 균형을 추진하기 위한 할당제와 적극적 차별정책도 포함된다. 그러나 대체적으로 여성정책들은 지속적이지 못했고, 새 정부가 들어서면 대체되거나 바뀌었다. 각 국가의 성평등정책이 괄목할 만한 진전을 이룬 것은 사실이나 아직까지도 여성 대부분이 사적 영역인 가정에서 친권의 행사나 재산 상속분, 이혼권 등의 문제로 여전히 성차별을 받고 있으며, 공적 영역에서도 정치적 저대표성, 고용차별과 임금차별, 비정규직, 승진 및 퇴직연령의 문제, 신용의 권리 등이 남녀평등의 논쟁점으로 부각되고 있다. 여성의 지위에 대한 법적 기반이 가장 잘 구축되어 있는 스웨덴의 공공정책조차도 여성 친화적이기는 하지만 교육과 노동조합에서의 불평등, 직종별로 성별이 분리된 노동시장, 가사와 가정에서의

전통적인 성역할 분화 등으로 인해 여성의 상대적 종속은 아직도 계속되고 있다.

성평등정책은 여성의 사회진입을 막아온 공적 영역에서의 차별을 제거하는 것뿐 아니라, 현재 공적 영역과 사적 영역의 차별적 관계 및 여성의 영역으로 성별화되어 있는 사적 영역을 재구성하는 것까지 포함한다. 이렇게 볼 때 여성 차별을 제거하는 정책과 함께 남성을 사적 영역에 통합하고 사적 영역을 사회적으로 확장시키는 적극적인 정책이 지속적으로 필요하다.

여성의 복지권과 공공정책

복지권이 모든 국민에게 인간다운 삶을 영위하도록 하는 것이라면, 여성의 복지권이란 모든 여성이 인간의 존엄성과 인간다운 생활을 할 권리를 동등하게 보장받음으로써 건강, 재산, 행복의 조건이 만족스러워지는 상태를 의미한다. 여성의 복지권을 확보하기 위해서는 여성 정책의 수립뿐 아니라 가부장제에 의한 성차별 및 이에 근거를 둔 법, 제도, 문화 등의 적극적인 수정과 변화까지도 포괄해야 한다.

여성의 복지권 향상을 위한 정책들이 과거 수십 년간 상당히 확대되어왔지만 그 근저에는 여전히 '모성'이 여성의 가장 중요한 역할이라는 가정이 존재한다. 여성정책 대부분이 출산과 육아라는 여성의 재생산 역할을 무시한 채 수립되기 때문에 여성은 많은 하향식 지침 속에서 독립적이 아니라 의존적인 존재로 나타났다. 그뿐만 아니라 성별 노동분업 속에 전통적인 여성의 역할이 그대로 잔존했기 때문에 여성이 공공정책에서 배제되는 결과가 나타나곤 했다.

사회보장정책 역시 여성을 경제적 종속자, 가사노동 종사자로만 전제함으로써 또 다른 불평등과 비복지를 양산했다. 예컨대 육아나 노인 간병을 여성의 사적인 일로 파악해 어머니나 며느리가 있는 노인은 사회보장 대상에서 제외한다거나, 여성 세대주나 모자가정 등의 다양한 가족 형태를 인정하지 않는 점, 주택정책에서 여성을 남성 가장의 동거인으로만 취급하는 점 등이 이에 해당된다. 영국의 경우 '국민보험법(National Insurance Act)'(1911년)에서는 여성 대부분을 고려하지 않았으며, 처음으로 국민보험제도의 전반적인 지침을 명시했던 「베버리지 보고서(Beveridge Report)」(1942년)도 기혼 여성의 경제적 종속을 정식으로 규정했다. 1970년대에는 기혼 여성의 연금, 질병, 실업과 관련된 수혜권이 실질적으로 보장되었고, 이러한 복지 수혜는 비혼 커플에게로 확대되었지만 보충적인 혜택은 여전히 남편에게 돌아갔다.

국가는 여성의 보살핌 업무를 강화하면서도 사회보장을 통해서 이를 재정적으로 보상해주지 않았다. 사회보장은 임금노동자에 대한 보상을 중점적으로 할 뿐이고, 가사를 돌보거나 가족을 보살피는 여성의 소득이나 노후에는 관심을 두지 않았다. 예컨대 연금제도는 가사노동을 전담해온 여성에게 전업주부의 자격 자체로 수급권을 부여하지 않았다. 다만, 이들은 임금노동자인 남편의 아내로서 그 수급 자격을 부여받았을 뿐이다. 결국 남성에 비해 노동시장에 접근하기 어려운 여성은 그들이 일차적으로 수행한 보살핌노동에 대한 가치조차 제대로 인정받지 못함으로써 비복지에 노출될 가능성이 한층 더 높았다.

한국의 경우에는 1988년에 국민연금제도가 도입되어 사회보장의 제도적 장치가 마련되었다. 그러나 압축성장한 근대화 과정이 그랬듯이 국민연금도 여성 친화적인 복지제도 구축에 대한 논의는 항상 뒷전이었다. 국민연금은 남성의 유급노동을 기준으로 소득 및 기여, 기여기간을 규정하는 남성 가장과 그의 부양가족을 염두에 두고 구성되었다. 즉, 사회의 성차별구조가 연금제도에도 그대로 반영된 것이다.

　여성의 보살핌 업무에 대한 국가의 회피, 또는 무관심은 사회복지서비스 분야에서도 찾아볼 수 있다. 예컨대 자녀가 있는 여성들의 노동시장 진출이 많이 증가했지만 일과 육아를 병행하는 여성에 대한 공공서비스의 배려는 지극히 미약하다. 보육서비스에 대한 국가 참여 수준이 높은 프랑스나 북유럽을 제외하면, 여성은 여전히 육아를 위해 일을 포기하거나 시간제 일을 택하거나 아니면 본인이 직접 비용을 지불하고 대리 양육자를 구해야 한다. 한국의 경우에도 1990년대 초 이후 보육서비스가 양적으로 괄목할 만하게 확대되었지만, 90% 이상은 이윤을 목적으로 하는 민간에 의해 운영된다. 이는 국가나 사회가 자녀 양육을 개별 부모, 특히 어머니인 여성의 사적 책임으로 간주한다는 것을 보여주는 증거이며 여성의 욕구나 복지에 대해 충분히 배려하지 않은 결과라고 할 수 있다.

　최근 들어 국가는 여성이 남성 중심 사회에서 차별과 불이익을 받고 있으며 사회적 약자라는 점을 인정하고 있다. 이에 따라 가사노동의 가치를 인정하고 이를 사회보험에 반영하려는 노력, 취업 여성의 이중 부담을 줄이기 위한 복지서비스의 확대, 여성에게 가족을 돌볼 권리를 부여하는 것 등과 같은 제도적 개선이 전 세계적으로 이루어지고 있다. 독일의 경우 고용관계에서 사회보험 적용의 하한선을 크게 낮추어 비정규직을 무차별적으로 확대하던 사용주의 노동력 활용 방식에 대한 규제를 강화했는데, 이는 여성에게 매우 우호적인 조치로 확인되었다. 또한 대부분의 서구 선진국에서는 1인 1연금제도의 원칙이 관철되는 가운데, 남성이나 여성 모두 본인의 경제적·사회적 기여에 의거해 개별적인 연금청구권을 확보하는 여성 친화적인 연금제도가 정착되고 있다. 이는 무급 보살핌노동의 사회적 기여를 인정하는 것이다.

스웨덴의 사회보장정책은 여성의 지위 향상과 사회보장의 관계에 대한 모델을 제시해준다. 모성보호제도는 일반 보험 내의 의료보험체계에 포함되어 있으며, 임신, 출산, 초기의 자녀 양육 등 사회 구성원의 재생산에 드는 비용은 국가와 사회의 공적 부문에서 대부분 부담한다. 사회보장 원리와 세금제도도 취업과 가족 형태 등을 염두에 두지 않고 비교적 개인 중심으로 되어 있다. 출산과 육아 보장에서 남녀의 평등성을 추구하려고 노력하며, 노동 시간도 상황에 맞게 탄력적으로 운영된다. 이런 조치는 남녀평등 및 여성의 복지권을 사회보장정책을 통해서 구현하려는 적극적인 노력으로 평가된다.

고용정책과 여성

성에 의해 차별받지 않고 평등한 고용 기회와 대우를 보장받는 것은 기본 인권 중 하나이다. 각 국가는 다양한 입법적·사법적·행정적 조치를 통해 남녀고용평등권을 보장하는 법과 제도를 마련해왔다. 이들은 많은 부분에서 성인지적 관점을 수용하며 여성의 삶의 질을 향상시켜왔다. 그럼에도 현대 노동시장에서 여성은 고용 기회와 근로 조건에서 여전히 차별적 상황을 벗어나지 못하고 있다.

성인지적 관점에 따르면 노동시장에서의 성차별적 관행은 여성을 가사노동에만 얽매이게 하는 가부장적 문화와 성역할 분리 구조, 그리고 가사노동을 경제적으로 무가치한 것으로 인식하는 사회의식과 제도에 기인한다. 여성의 가사노동은 그동안 유급노동과 분리된 개념으로 간주되었다. 여성의 가사노동은 사회적·경제적으로 중요한 비중을 차지함에도 하나의 업무로 고려되지 않았다. 또한 가사노동에 대한 '무가치-무보수'의 인식은 여성이 직장노동에서 저임금이나 차별을 받게 되는 요인으로 작용했고, 여성을 가사노동과 직장노동이라는 이중고에 빠지도록 했다.

이와 함께 국가는 대부분 도구주의적 관점에서 여성문제에 개입함으로써 여성의 지위 향상과 성평등 확보보다는 노동인력 활용의 차원에서 여성 인력을 저렴하게 이용하려고 했다. 예컨대 여성고용확대정책은 여성의 평생평등노동권(성평등권)의 확보보다는 저출산·고령화 사회의 인력 활용 차원에서 유용한 정책으로 간주되었다. 고용정책의 혜택 역시 국가발전에 필요한 여성들, 즉 생산 영역에서 활동하는 소수의 여성에게만 돌아갔을 뿐 공식적인 경제활동 분야에서 일하지 않는 여성은 소외되었다. 일과 양육의 병행을 위한 양육지원정책의 경우도 자녀 양육이 더 이상 여성만의 문제가 아니라 사회 공동의 책임으로 받아들여지고 있다는 점에서는 긍정적이지만, 다른 한편으로는 노동시장에 새로 진입하는 여성과, 정책의 보장을 받지 못해 해당 사항이 없는 다수의 비정규직 여성 노동자들의 문제는 간과하고 있다.

이와 같은 배경에서 그동안 이루어진 여성의 경제활동을 보면, 연령, 혼인 등 여성의 생애주기에 따라 'M자형'으로 진행된다. 이는 출산과 육아로 인해 많은 여성이 노동시장에서 퇴출되어 고용 단절이 발생하기 때문이다. 이와 함께 동일 조직 안에서 상위 직급으로 올라갈수록 남성이 배치되고 여성은 낮은 직급에 분포되는 수직적 분리(vertical segregation) 현상과 여성이 특정 직업군에 집중적으로 분포되어 있는 수평적 분리(horizontal segregation) 현상도 여성 노동시장의 특징이다. 한국의 경우, 기혼 여성은 서비스직과 상점 및 시장판매 업종, 단순 노무직에 종사하는 경향이 두드러지고 미혼 여성은 사무직이나 서비스직 및 판매직에서 주로 일한다. 노동시장의 성 분절 현상 속에서 여성은 주로 저임금노동을 수행하며, 이는 여성의 경제적 빈곤을 초래하게 되는 원인으로 작용한다.

여성고용구조에서 보이는 또 다른 뚜렷한 변화는 여성고용의 불안정성이 심화된 것이다. 1980년대 후반부터 전개된 노동시장의 유연화에 따라 정규직은 감소한 반면 비정규직 고용은 급속도로 증가했다. 비정규직의 증가는 고용의 불안정성뿐 아니라, 정규직에 훨씬 못 미치는 수준의 기본급과 수당, 복리후생 등으로 노동조건을 악화시킨다. 특히 한국은 시간제 고용의 여성화(feminization of part-time) 현상이 뚜렷하다.

20세기 후반으로 오면서 서구 선진국들은 남녀평등전략과 평등임금 캠페인을 중심으로 남녀 간의 불평등한 임금문제를 개선하기 위해 노력하고 있다. 스웨덴은 1980년에 시행된 '남녀평등법(Gender Equality Act)'을 통해 평등한 작업환경의 구비를 촉구하고, 채용 시에 성차별을 금지했으며, 각종 업무에서 어느 한쪽 성이 적어도 40%를 차지하도록 명시함으로써 여성고용의 확대를 장려했다. 1991년에는 임금차별에 대한 제소권 보장, 성희롱 금지, 직간접 차별의 금지, 사용자의 평등계획 작성 의무화 등 평등권의 측면을 강화했다. 통합성평등부 장관은 평등 관련 정책에 관한 전반적인 권한을 갖고 있으며, 고용평등에 대한 의견과 문제 해결은 통합성평등부 산하의 평등기회옴부즈맨, 평등문제위원회, 평등기회위원회, 성평등국의 감시와 평가를 통해 이루어진다.

핀란드의 경우, 1987년에 시행된 '평등법(The Equality Act)'은 평등한 고용 기회를 장려하고 구직이나 직업 훈련, 임금, 근로 조건 등에서의 차별을 엄격히 금지했다. 또한 차별을 받은 노동자가 고용주에 대해 보상을 요구할 권리를 명시하는 동시에, 고용주에게는 강력한 평등 의무를 부과함으로써 성평등의 제도적 기반을 마련했다. 핀란드 고용평등정책의 특징은 비정규직 근로자를 위한 제반 정책을 실시하고 있다는 것이다. 1990년대 중반 '고용계약법', '연구휴직법', '직업안정법' 등의 개정으로 핀란드의 비정규직은 정규직과 동일하게 연금과 휴일수당을 받을 수 있는 법적 지위를 부여받았고, 이 개정으로 시간제노동의 70%가량을 차지하는 다수의 여성이 혜택을 받게 되었다. 또한 노동시장에서의 수평적 분리 현상을 해소하기 위해 핀란드 정부는 직업 상담 및 노동시장 훈련 프로그램과 할당제를 연계해서 실시해왔다.

한국의 경우, 1987년 '남녀고용평등법'이 제정되어 여성 노동자의 평등한 노동권을 보장하고 고용상의 성차별을 해결할 수 있는 법과 제도가 공식적으로 마련되었다. 이후 동일노동 동일임금 규정을 신설하고, 육아휴직제도를 현실화했으며, 채용이나 임금에서의 성차별적 행위에 대한 처벌을 강화했다. 또한 1995년에는 여성에게만 해당되던 육아휴직의 대상을 '근로여성 또는 그를 대신한 배우자인 근로자'로 확대함으로써 양육이 여성의 책임이라는 전통적인 성역할의 고정관념에서 벗어나 양육에 대한 남녀 공동의 책임을 명시했다. 이러한 정책은 노동시장에서의 성차별 폐지와 여성고용의 확대 및 평등에 관한 가시적인 성과들이다. 그럼에도 성차별적이고 가부장적인 고용구조와 여성노동의 왜곡 현상은 지속되고 있어서 남녀평등한 고용구조를 공고화하기 위한 근본적인 해결책이 요구된다. 이를 위해서는 직업에서의 노동과 가정에서의 휴식이 명백히 구분되는 남성과 달리, 직업노동과 가사노동 간 경계 구분이 모호한 여성노동의 가치를 재평가하고, 기혼 여성이 주로 담당하는 가사노동의 경제적 가치에도 더 많은 관심을 기울여야 할 것이다.

빈곤과 여성

여성이 남성보다 상대적으로 빈곤한 것은 세계 어느 곳에서나 마찬가지이다. 국제연합개발계획(United Nations Development Program: UNDP)에 따르면, 여성은 세계 공식 노동력의 3분의 1을 차지하고 비공식 노동의 5분의 4를 수행한다. 그러나 여성이 받는 소득은 세계 전체 소득의 단지 10%에 불과하며, 전 자산의 단 1%만을 소유하고 있다. 한국의 경우 2001년 현재 65세 이상의 노인 인구 중 공적 연금을 수급하는 사람의 비중이 7.7%인데, 이 중에서 여성은 17%에 불과하다. 반면 공공부조와 경로연금을 수급하는 사람은 9.6%인데, 이 중 여성이 80%를 차지하고 있어 여성 노인이 남성 노인에 비해 저소득층에 집중되어 있는 것을 알 수 있다. 그뿐만 아니라 여성 가구주의 비율이 지속적으로 증가하는 상황에서 2008년 현재 여성 가구주의 빈곤율은 23.8%로, 남성 가구주의 빈곤율 9.9%와 비교할 때 현격하게 높다. 여성 노인가구의 빈곤율도 2013년 현재 기초연금과 국민기초생활보장제도까지 모두 적용하더라도 25.3%로 남성의 13.1%에 비해 훨씬 높다.

빈곤의 문제는 경제성장에 따라 자연스럽게 소멸되는 문제가 아니다. 또한 '빈곤의 여성화' 현상은 비단 여성만의 문제라고도 할 수 없다. 빈곤의 문제는 인간의 삶에서 기본적으로 충족되어야 하고, 국가의 정책적 고려가 가장 우

빈곤의 여성화
(feminization of poverty) 현상

'빈곤의 여성화'라는 용어는 1970년대의 서구 사회에서 빈곤이 빠른 속도로 여성문제가 되어가는 것을 관찰한 다이애나 피어스(Diana Pearce)에 의해 처음 사용되었다. 피어스는 1978년 조사 연구를 통해 16세 이상의 빈민 중 약 3분의 2, 그리고 성인 빈민의 70% 이상이 여성이며, 빈곤가구의 반 이상이 여성 가구주임을 지적했다. 이러한 수치는 시간이 지남에 따라 높아지고 있는데, 이는 경제적 빈곤계층 증가의 상당 부분을 여성이 차지하고 있다는 사실을 나타내는 것이다. 특히 여성 가구나 무배우자 여성 노인이 빈곤에 취약한 집단이다. 피어스는 노동시장의 성 분절을 여성빈곤의 주요 요인으로 파악한다. 최근 개발된 여성빈곤지표 가운데 하나는 '빈곤선 아래, 또는 최하의 빈곤인구 20%에 있는 남성 100명당 여성인구'이다. 이 지표에 의하면 2000년 현재 개발도상국의 경우는 15개국 가운데 12개국에서, 선진국의 경우는 8개국 가운데 5개국에서 빈곤의 여성화 현상이 발견되었다.

선되어야 하는 사회 전체의 문제이기 때문이다.

여성이 남성에 비해 빈곤할 수밖에 없는 이유는 빈곤과 성(gender) 사이의 구조적이고 체계적인 관계에 있다. 남성 중심의 가부장제와 전통적 여성관은 여성이 사회적·경제적으로 매우 미미한 존재임을 감수하도록 했다. 가족 구조, 결혼, 재산권, 이혼 등에서의 불평등한 여성의 지위, 모성을 강조하는 여성의 사회화 과정, 여성의 노동을 무급으로 인식하는 문화 등은 여성을 사회적 약자로 남게 했다. 그뿐만 아니라 노동시장의 성 분절로 지위와 임금이 낮은 직종, 자본이 적고 직무 이동 기회가 없으며 직업 안정도가 낮은 직종에 여성이 채용되고, 그 결과 남성에 비해 여성의 소득 향상이 이루어지지 못하고 있다. 한국에서 여성의 경제활동 참가율은 2011년 현재 49.8%에 지나지 않고, 남녀 임금 격차는 지속적으로 줄어드는 추세이지만 여성 근로자의 평균 임금은 2009년 현재 남성 근로자의 63.3% 수준에 머물러 있다.

그동안 한국에서 추진되어온 빈곤퇴치정책은 저소득 여성을 대상으로 한 단편적인 접근에 지나지 않았다. 또한 '여성발전기본법'이나 여성정책 기본계획에서도 여성빈곤문제는 중점 과제라기보다 여성정책 시행의 부산물로 간주되었다. 그나마 2000년부터 국민기초생활보장제도와 전 국민 연금제도의 시행, '국민건강보험법'의 제정으로 공공보험의 적용 대상이 확대되고 모성보호 기능이 강화되는 등 사회적 안전망이 여성의 삶의 질 향상에 긍정적인 방향으로 확충되고 있다. 더욱 전략적으로 '빈곤의 여성화' 현상을 해결하려면 여성의 지위 향상과 경제적 세력화를 위한 정책 대안의 개발이 필요하며, 여성고용정책과 복지정책은 물론 교육정책과 주거정책 등을 포함한 포괄적인 공공정책이 시행되어야 한다.

여성정책 패러다임의 변화와 유엔의 역할

여성정책이란 성 불평등한 현실에 국가가 정책적으로 개입함으로써 사회 모든 분야에서 여성의 지위와 권익을 향상시켜 남녀평등 사회를 이루기 위한 정책이다. 남성과 여성의 삶은 그 자체로 차이가 있기 때문에 얼핏 보기에는 성 중립적으로 보이는 정책도 남녀에게 전혀 다른 결과를 초래함으로써 성 불평등을 심화시킬 수 있다. 따라서 국가정책과 여성의 관계에 대한 새로운 이해와 함께 다양한 분야에서 적극적인 여성정책을 추구해야 한다.

유엔은 창설 이후 여성의 지위를 향상하고 성평등을 추구하기 위한 노력을 지속해왔다. 특히 1970년대 이후 유엔을 중심으로 전개된 초국가적 여성운동은 여성문제를 범세계적 문제로 이슈화하고 각국이 여성정책을 수립하는 데 큰 영향을 미쳤다. 1975년에 멕시코에서 개최된 유엔 세계여성회의에서 유엔은 '여성'을 공식적으로 의제화했으며, 1976~1985년을 '유엔 여성 10년'으로 선포하고 여성정책 패러다임으로 WID(Women in Development)적 접근을 채택했다. 이와 함께 1980년 코펜하겐의 세계여성회의를 거쳐 1985년 나이로비 세계여성회의에서 채택된 GAD(Gender and Development)적 접근과 1995년 베이징회의에서 채택된 성 주류화 전략은 여성이 세력화할 수 있는 계기를 각 국가에 제공했으며, 여성에 대한 문제제기와 정책적 변화에 적지 않은 영향력을 행사했다.

WID적 접근은 성별 노동분업으로 인한 남녀 간의 불평등을 감소시키는 데 정책의 초점을 두어야 한다는 입장이다. 그리고 개발의 혜택이 남녀 모두에게 공정하게 분배되어야 한다는 전제하에 전통적인 여성 영역에서 생산성을 높이고자 했다. 가족계획, 모자가정 지원, 요보호 여성 보호, 여성 보건관리, 여성교육, 여성노동 및 소득 창출 사업 지원, 영유아 보육사업, 근로 여성 복지사업 등은 WID접근의 구체적인 정책적 사례들이다. WID접근은 각국이 정부 차원에서 여성 개발을 위한 국가기구를 설립하고 국가정책을 수립하는 계기를 마련하는 긍정적인 결과를 가져왔다. 그러나 한편으로 여성의 물질적 조건을 향상시키는 데에는 기여했지만, 여성의 사회적·경제적 지위의 향상이 이루어지지 못한 점, 남성과 여성 간의 불평등한 성별관계를 근본적으로 개선하기보다는 여성의 전통적인 성역할을 수용하고 이를 통해 성과를 이루려고 했기 때문에 여성에 대해서만 정책적 초점을 맞추었다는 점 등에서 한계가 있다.

GAD접근은 WID접근을 보완하기 위한 새로운 전략으로, 정책의 초점을 '여성 이슈들(women's issues)'에서 '젠더 이슈들(gender issues)'로 이동시켰다. 그리고 남녀 간의 불평등한 권력관계를 여성이 개발에서 소외되는 가장 중요한 요인으로 파악했다. 여성의 불평등한 지위는 여성이 개발 과정에 통합되지 못했거나 여성에 대한 교육이나 훈련의 부족 등 능력이 부족하기 때문이 아니라, 사회관계 속에 불균등하게 배분되어 있는 남성 중심의 권력구조, 분배와 통제 방식에 기인한다는 것이다. 따라서 개발 과정에 여성을 통합하고 여성의 주도력과 잠재력을 강화하기 위해서는 불평등한 사회구조와 성적 권력관계를 근본적으로 시정할 것을 촉구한다.

공공정책에 성인지적 관점을 포함해야 한다는 주장이 본격적으로 제기된 것은 1995년 제4차 유엔 세계여성회의로, 여기에서 성 주류화 전략을 여성발전의 새로운 패러다임으로 공식화했다. 성 주류화란 '남녀평등을 실현하기 위한 전략으로 성인지적 관점을 부가적으로 고려하는 것이 아니라 정책의 목표와 전략, 자원배분에 영향을 미칠 수 있도록 모든 분야에서 초기 기획 단계부터 개입하는 것'을 말한다. 주류화란 원래 사회발전의 방향을 결정하고 발전 과정에 적극 참여해 발전의 결과를 향유하는 주류와, 그러한 과정에서 배제되어 주변화된 비주류의 대응적인 개념이다. 따라서 성 주류화란 법적으로 남녀평등을 보장해도 남녀 간의 실질적인 역할과 지위의 격차가 줄어들지 않는 현실을 성(gender)에 의한 것으로 파악하고, 남성 부양자-여성 피부양자라는 젠더 위계적 전제에서 탈피해 개인으로서의 여성과 남성의 평등한 지위를 추구하는 전략이다. 성 주류화 전략에는 세 가지 방안이 있는데, 먼저 여성의 주류화(mainstreaming of women)는 여성의 대표성과 적극적 참여의 보장에 의한 동등한 참여와 의사결정이 필수적이라는 정치적 접근 방안이다. 젠더의 주류화(mainstreaming of gender)란 정책이나 프로그램이 어떻게 여성과 남성에게 다르게 영향을 미치는가를 검토하고 성별 관점을 통합하도록 하는 기술적·정책적 접근이다. 마지막으로 주류의 전환(transforming the mainstreaming)이란 주류 자체의 특성과 제도의 근본적인 전환으로 주류의 성별 구성을 바꾸는 과정을 의미한다. 이와 같은 성 주류화 전략을 위해서는 정책 기구의 정비와 예산의 확충, 성 인지적 통계의 구축, 정책과 프로그램 담당자의 성 인지력 향상, 정책과 프로그램의 성별 분석 등 총체적인 정책의 변화가 필요하다.

그런데 이러한 성 주류화 정책이 그간의 여성정책이나 평등정책을 모두 대체하는 것은 아니다. 전통적인 평등정책이 성 불평등의 문제를 해결하기 위한 정책개발에 관심을 갖는 전략이라면, 성 주류화 정책은 정책 결정 과정에 참여하는 사람들이 성인지적 관점에 입각해 정책을 결정함으로써 미래의 정책 효과가 성에 따라 차별적으로 나타나지 않도록 정책 과정 자체를 바꾸는 전략이다. 그러므로 기존의 성평등정책이 성 불평등을 개선하기 위한 사후 교정 장치라면, 성 주류화 정책은 모든 정책에 성인식을 우선적으로 반영함으로써 성 불평등적 정책을 근본적으로 봉쇄하려는 사전 예방장치로 볼 수 있다. 따라서 여성의 지위와 권리를 증진하기 위한 여성정책을 수립하기 위해서는 이 두 전략을 상호보완적 관계 속에서 병행하여 추진해야 한다.

한국의 여성정책과 여성기구의 진전

유엔 여성정책 패러다임은 전 세계, 특히 제3세계 국가정책에 영향을 미치면서 여성정책의 방향을 주도해왔다. 한국 역시 1980년대에 들어오면서 유엔의 여성 전략이 국내에 영향을 미쳤고, 여성문제에 접근하는 데 변화가 나타나기 시작했다. 남녀평등을 명시한 여성정책이 도입되었으며, 여성의 평등권과 삶의 질 향상이 그 자체로서 독자적인 가치로 인정받기 시작했다. 특히 1985년에 채택된 '여성발전기본계획'과 '남녀차별개선지침'은 한국의 여성정책에서 매우 중요한 의미를 갖는다. 이는 여성의 지위 향상과 여성 차별 개선이 정부 차원에서 처음으로 도입된 정책으로, 이때부터 정부정책에서 '여성정책'이라는 용어가 사용되기 시작했다. 그동안의 여성정책은 해방 이후 복지 차원에서 요보호 여성을 대상으로 한 시혜적 정책과 여성근로자 보호정책 정도였는데, 여기서 벗어나 일반 여성 전체를 대상으로 하는 정부 차원의 독립적인 여성정책이 처음으로 등장한 것이다. 그러나 당시에는 중앙행정기구로 보건사회부의 가정복지국과 노동부 근로기준국 산하의 부녀소년과 정도만 존재했을 뿐, 여성문제를 전담하는 실질적인 기구가 없었기 때문에 범정부 차원에서 여성정책을 일관적으로 추진하기 어려웠다.

1980년대 후반 이후 한국의 여성정책은 민주화와 연계되면서 제도적으로 커다란 변화를 보였다. 여성정책에 남녀평등이나 여성 차별 금지, 모성보호, 여성의 사회참여 확대와 같은 새로운 정책의제가 도입되기 시작했고, 이와 더불어 여성의 권익 향상을 위한 입법 활동도 활발히 전개되었다. '모자보건법' 전문개정(1986년), '남녀고용평등법' 제정(1987년)과 개정(1989년), '모자복지법' 제정(1989년)은 여성의 평등한 노동권과 모성보호를 규정한 중요한 법들로 여성의 권익 증진을 위한 정책적 기반을 마련했다. 이 시기에는 여성정책 관련 정부기구의 가시적인 성장이 급격히 이루어지기도 했다. 1983년 국무총리 산하 여성정책심의위원회에서 출발한 여성정책추진기구는 1988년에 정무장관 제2실이 발족됨으로써 중앙기구가 신설되었고, 전국 각 시도에서는 인구수에 비례해 기존의 부녀과를 가정복지국으로, 부녀계를 가정복지과로 승격시키는 등 지방관제에서도 급격히 변화했다.

그러나 또 한편으로는 여성 권익의 향상과 국가발전이 조화를 이루지 못한 시기이기도 했다. 1980년대까지 여성의 사회참여는 여성 자신을 위한 것이라기보다 국가발전이나 지역사회 활성화를 위해 필요한 것으로 이해되었으며, 정부는 여성을 다분히 도구적으로 인식했다. 고용평등, 모성보호, 성평등정책이 적어도 법이나 제도적으로는 활발하게 구체화된 시기였지만 실질적으로는 국가발전에 여성을 어떻게 동원할지, 가정을 지키는 현모양처의 여성상이 얼마나 중요한지를 강조함으로써 여성정책에 대한 정부의 의지보다는 여성 인력을 활용하려는 의도가 내재되어 있었다.

1990년대에 들어오면서 여성정책은 구체적으로 확대되었다. 여성정책을 뒷받침하는 법률이 대량으로 제·개정되었고 체계화된 법률에 입각해 여성정책이 입안, 집행되기 시작했다. 특히 이 시기의 여성정책은 남녀평등 실현을 위한 성차별적인 사회제도의 개선, 여성의 정치세력화와 젠더 이슈 등이 중점적으로 다루어졌다. 이 중 유엔의 여성정책 전략인 성주류화 개념을 수용해 제정한 '여성발전기본법'(1995년)은 여성정책 기본계획의 수립, 여성발전기금의 조성과 함께 1980년대보다 진일보한 체계적인 여성정책을 제도적으로 마련하는 기반이 되었다. 1998년부터는 '여성발전기본법'을 근거로 여성정책에 대한 종합적인 계획이 제1차 여성정책 기본계획(1998~2002년)으로 수립·추진됨으로써 여성의 사회참여가 확대되고 여성의 지위가 실질적으로 향상되었으며, 불완전하지만 여성 복지도 어느 정도 성과를 이루었다.

이와 함께 이 시기에는 가정폭력, 성폭력 및 성매매 방지와 관련된 여성인권 관련 법들이 지속적으로 제도화되면서 여성인권에 대한 사회적 인식을 바꾸는 데 큰 역할을 했다. '성폭력범죄의 처벌 및 피해자 보호 등에 관한 법률' 제정(1994년), '윤락행위 등 방지법' 개정(1995년), '가정폭력 방지 및 피해자 보호 등에 관한 법률' 제정(1997년) 등이 그 정책 사례들이다. 경제 분야에서도 '남녀고용평등법' 개정(1995년), '남녀차별금지 및 구제에 관한 법률' 제정(1999년)이 이루어졌다. 이들은 여성고용의 장애물을 제거하려는

> ## 여성발전기본법
>
> '여성발전기본법'은 '헌법'의 남녀평등 이념과 유엔의 여성차별철폐협약 및 베이징 제4차 세계여성회의의 행동강령을 반영한 법으로 1995년에 제정되었다. 여성정책을 국가 기본정책의 일환으로 체계화한 이 법은 여성의 참여가 현저히 부진한 분야는 관계법령이 정하는 바에 의해 여성에게 잠정적인 우대조치를 취할 수 있도록 하고, 사회 모든 영역에서 남녀평등을 촉진한다. 여성의 발전을 도모하기 위한 제도적 장치를 마련한 근거법인 동시에 여성정책 추진을 위한 기본법이다. '여성발전기본법'의 이념은 첫째, 개인의 존엄을 기초로 한 남녀평등의 촉진 및 모성의 보호, 둘째, 성차별적 의식 해소 및 여성 능력 개발을 통한 건강한 가정의 구현, 셋째, 국가 및 사회발전에 남녀 공동의 참여와 책임 분담 등을 통해 남녀 공동 참여의 건전한 사회건설을 구현하는 것으로, 여성정책을 넘어 일반정책까지도 남녀평등을 지향하는 성 주류화를 목표로 한다.

정책적 시도들로, 여성의 평등과 복지 증진을 위한 작업이라고 볼 수 있다. 또한 공무원 여성채용목표제(1996년)와 공기업 여성고용인센티브제 역시 공직 영역에서 여성 참여를 위해 할당제를 최초로 도입했다는 점에서 성 주류화 전략의 의미를 부여할 수 있다. 이 시기에는 여성정책 전담 기구도 확장되었는데 대통령 직속 여성특별위원회(1998년)와 6개 부처의 여성정책담당관실 설치가 그것이다.

2000년대에 들어와 추진된 여성정책의 가장 큰 변화는 국가정책에 '성 주류화'를 정착시키기 위한 법적 근거들이 만들어진 것이다. 제2차 여성정

책기본계획(2003~2007년)과 제3차 여성정책기본계획(2008~2012년)의 추진 하에 '여성의 주류화'를 위한 적극적 조치가 분야별로 도입될 수 있도록 개별 법률이 제·개정되었으며 이에 따라 예산 확보도 가능해졌다. 성평등, 여성인권, 성 주류화 등의 가치가 주요 정책의제로 등장했으며, '젠더 의제의 제도화'는 상당한 진전을 이루었다. 2001년 독립적인 정부부처로 설립된 여성부는 여성가족부(2005년)로 전환되었다가 다시 여성부(2008년)로, 그리고 이후 여성가족부(2010년)로 재개편되는 부침을 보이고 있으나 여성의제가 국가정책 영역에서 핵심 분야로 다루어지도록 포괄적이고 전문적인 기능을 수행하고 있다.

남녀평등 및 성 주류화와 관련해 이 시기에 이루어진 성과는 무엇보다도 제도화된 할당제의 도입과 호주제의 폐지, 성인지예산의 도입 등을 들 수 있다. 이 중 적극적 조치로서의 할당제 도입은 기존의 불평등한 정치적 구조를 보완하고, 여성의 정치 진입과 정치적 대표성을 제고하고 있다. 가족정책도 호주제 폐지를 주요 내용으로 하는 '민법' 개정(2005년)과 '가족관계의 등록 등에 관한 법률' 제정(2007년)을 통해 남녀평등한 가족문화가 확산하기 위한 제도적 기반을 조성했다. 한편 성 주류화 관점이 국가정책에 도입되면서 정책 수립 및 시행에서 남녀평등의 관점이 반영될 수 있도록 성별영향평가제(2002년)가 법적으로 제도화되었고, 국가예산이 수립되고 집행되는 과정에서 여성과 남성이 동등하게 영향을 받고, 나아가 예산집행을 통해 성차별을 개선할 수 있도록 성인지예산제도(2010년)가 시행되었다.

이 밖에도 여성 공무원 채용목표제에 이어 남녀평등 채용목표제(2003~2007년)를 적극적 조치로 도입함으로써 정책 결정 과정에 여성의 참여를 확대했고, '성매매 알선 등 행위의 처벌에 관한 법률'(2004년)과 '성매매 방지 및 피해자 보호 등에 관한 법률'(2004년)의 제정으로 여성인권 보호의 기반을 강화했다. 그리고 남녀고용평등을 강화하기 위해 사업주의 적극적 고용개선조치(2005년)를 의무화하고 여성에 대한 차별적 고용 관행을 개선했으며, '경력단절여성 등의 경제활동촉진법'의 제정(2008년)이 이루어졌다. 그뿐만 아니라 노동 3법을 개정해 출산휴가를 90일로 확대하고 육아휴직 급여를 지급하도록 규정(2001년)했으며, 산전후 휴가 급여의 지원을 확대하고 유산·사산 시 보호휴가를 사용(2005년)하도록 했다.

2014년에는 기존 여성정책과 연속성을 유지하면서 여성과 남성의 동등한 권리, 책임, 참여 기회를 보장해 양성평등 사회를 실현하기 위한 목적으로 '여성발전기본법'을 '양성평등기본법'으로 전면 개정하고, 일과 가정의 양립, 양성평등을 위해 '모성보호'뿐만 아니라 '부성보호'까지 포함하는 정책으로 확대하고 있다.

이렇게 볼 때 여성정책 의제들은 1980년대 이후 많은 진전을 이루었고, 최근으로 올수록 단순한 여성문제에서 다양한 분야의 법과 정책에까지 성인지적 관점이 반영되고 있다. 즉, 한국의 여성정책은 요보호 여성을 지원하기 위한 시혜적인 복지의 관점에서 출발했지만, 현재는 남녀평등을 지향하고 여성이 공적 영역에 참여할 수 있도록 촉진하는 정책으로 그 범위와 대상이 확대되었다.

그러나 많은 부분에서 제도화가 이루어졌다고 해도 실제로는 여전히 법·제도와 현실 사이에 괴리가 존재한다. 한국의 여성정책은 제도화의 측면에서는 진전을 이루었지만 현실에서 실질적 평등을 내실화해야 하는 과제가 여전히 남아 있는 것이다. 아직도 많은 여성정책이 '가시적', '선언적'인 성격을 띠고 있을 뿐 실질적 집행이 미약하다는 비판을 받는다. 또 여성정책담당기구의 규모나 인력 수준도 다른 정부기구에 비해 낮은 수준이어서 여성문제가 국가정책의 우선순위에서 밀려 주변화되고 있다. 성별영향평가제와 성인지예산제도의 경우 성별분리통계를 비롯해 국가 주요 정책에 성인지적 관점을 전면 도입할 수 있는 시스템 역시 아직 미흡한 것이 이를 뒷받침한다.

따라서 앞으로 여성 관련 정책 속에 혼재하는 성 불평등적인 부분을 개선하고, 선언적인 법 규정에 그치고 있는 조항들이 실효성을 갖도록 보완하는 작업이 이루어져야 한다. 제1차 양성평등정책기본계획(2015~2017년)에 명시되어 있듯이 한국은 지속 가능한 성평등 사회를 위해, 성별격차 해소, 일과 가정의 조화, 차이와 인권존중 등 더욱 적극적이고 다각적인 여성정책의 방향과 위상을 정립해야 할 것이다.

공공정책의 역할과 여성의 미래

지금까지 살펴본 바와 같이 공공정책은 성인지적인가, 또는 몰성인지적인가에 따라 여성의 지위와 권리의 향상에 긍정적 또는 부정적으로 영향력을 행사해왔다. 성 중립적으로 보이는 공공정책들조차 실제로는 여성에게 사회적으로 불평등한 관계를 형성해 부정적인 영향을 미쳐왔다. 반면 최근의 성인지적 여성정책 및 양성평등정책은 불완전하기는 하지만 여성의 지위와 복지를 향상시키고 있다.

여성의 사회참여가 실제적으로 증가한 현대사회에서도 여성은 여전히 이중 역할의 부담 속에 놓여 있다. 게다가 여성에 대한 '유리천장(glass ceiling)'은 여전해서 대부분의 정책은 남성 중심으로 결정, 집행된다. 이를 해소하기 위해서는 여성들이 여성 자신의 문제에 적극적으로 관심을 기울이고 참여해, 양성평등을 이룰 수 있는 성인지적 공공정책의 틀과 제도를 구축해야 한다. 여성의 사회진출이 남성에 비해 상대적으로 저조한 현재 상황에서는 '적극적 조치'나 '적극적 차별조치' 등을 우선적으로 강조함으로써 결과적으로 양성 간의 형평성을 달성할 수 있을 것이다.

여성의 의식과 요구를 고려하지 않는 공공정책은 결과적으로는 여성은 물론이고 남성과 사회 전체의 발전에 장애로 작용할 수밖에 없다. 여성의 대표성을 확보하고 성평등정책을 제도화하는 것은 비단 여성들만이 아니라 민주사회 전체의 질적 발전을 위해서도 필요하다. 아울러 정책 수요자로서의 여성은 남성과 차별되는 요구와 관심, 삶의 경험 등이 있음을 적극적으로 감안해 남성과 여성, 양성에 모두 긍정적인 영향을 미

> ## 유리천장(glass-ceiling)과 유리천장 지수(glass-ceiling index)
>
> ≪월스트리트저널≫이 1970년 만들어낸 신조어로 유리천장처럼 눈에 보이지 않는 암묵적인 차별과 편견을 뜻한다. 기업이나 조직에 뿌리 깊게 존재하는 성차별, 인종차별 의식으로 인해 여성이나 소수민족 출신이 일정 수준 이상 승진하거나 고위 경영진에 합류하는 것을 가로막는 한계를 나타내며, 남성 중심의 문화에서 여성의 사회적 진출을 가로막는 보이지 않는 여성 차별의 벽을 의미한다.
>
> 영국 주간지 ≪이코노미스트≫는 2015년 고등교육과 남녀 임금격차, 기업 인원과 여성 국회의원 비율 등을 종합해 '유리천장 지수'를 발표했는데, 1위는 핀란드, 공동2위는 노르웨이와 스웨덴으로 나타났고, 한국은 조사대상국 가운데 최하위인 28위를 기록했다.

칠 수 있는 정책을 수립하고 집행해야 한다. 여성정책 역시 단순히 남성을 배제한, 여성만을 위한 정책이 아니라 양성을 모두 고려하고 배려함으로써 양성의 권익을 지향하고 궁극적으로 양성평등을 이루는 정책이 되어야 한다. '여성'으로만 특화되던 '여성 이슈'를 '보편적 이슈'화함으로써 여성 문제가 모든 국민의 문제로 전환되고 사회의 주류에서 배제되었던 주변부의 평등, 평화, 인권, 복지로 나아가는 정책 패러다임으로 확장될 때, 남녀의 권익을 모두 지향하는 성평등 사회로 나아갈 수 있을 것이다.

생각해볼 문제

1 공공정책은 여성의 삶에 어떠한 영향을 미치는가?

2 각 국가에서 여성의 지위는 어떠했으며, 어떤 정책적 변화가 이루어졌는가?

3 각 국가의 여성 관련 정책은 어떤 유사점과 차이점을 갖는가?

4 여성정책의 패러다임은 그동안 어떻게 변화되어왔는가?

5 성인지적 공공정책에는 어떤 것들이 포함되는가?

더 읽을거리

1 **한국여성정책연구회. 2002.『한국의 여성정책』. 서울: 지식마당.**

한국의 여성정책들을 체계적이고 포괄적으로 탐구한 연구서이다. 국가와 정치, 복지정책, 고용정책, 가족정책, 성 관련 정책 등 다양한 분야에서 여성정책을 선정해 이론과 현실을 쉽게 설명하고 여성주의적 시각에서 검토했다. 동시에 여성정책의 미래에 대해 제안하고 있다.

2 **테레사 쿨라빅(Teresa Kulawik) 외 지음. 2000.『복지국가와 여성정책』. 한국여성연구회 옮김. 서울: 새물결.**

정치, 가족, 고용, 연금제도, 세금제도 등, 복지국가의 정책이 여성과 어떻게 연관되어 있는지에 관한 논문들을 소개했다. 특히 각국에서 성역할과 여성관, 시장의 영향력, 계층구조, 국가의 개입 정도에 따라 사회보험, 공적 부조, 모성정책, 여성노동정책의 형성과 결과가 다르게 나타날 수 있음을 설명하며, 국가와 사회정책에 대한 여성주의적 패러다임의 모색을 활성화시키는 기회를 제공해준다.

3 **김선욱. 2005.『지구화시대 여성과 공공정책의 변화』. 서울: 푸른사상.**

이 책은 한편으로 획일화와 동조화를, 다른 한편으로 다양한 가능성의 장을 열어놓는 지구화 속에서 국가 공공정책의 변화 방향을 성 주류화 정책의 관점을 중심으로 여성 관련 분야에서 다양하게 살펴본다.

4 **Amy G. Mazur. 2002. *Theorizing Feminist Policy*. London: Oxford University Press.**

이 책은 여성정책의 형성과 구체적인 여성정책에 대해 비교 분석했다. 성인지적 관점 및 몰성인지적 관점에서 정부 행위의 주요 영역으로서의 여성정책을 관찰하기 위해 13개국 여성정책의 하위 영역들을 논의하고 관찰했다.

참고문헌

강경희. 2005. 「공공정책과 여성 II: 고용정책」. 김민정 외. 『여성정치학 입문』. 서울: 들녘.

고용노동부. 각년도. 『고용노동통계』. http://laborstat.molab.go.kr

국가지표체계. 각년도. http://www.index.go.kr

김경희. 2002. 「국가와 여성정책」. 한국여성정책연구회. 『한국의 여성정책』. 서울: 지식마당.

랜달, 비키(Vicky Randall). 2000. 『여성과 정치』. 김민정 외 옮김. 서울: 풀빛.

모저, 캐롤라인(Caroline Moser). 2000. 『여성정책의 이론과 실천』. 장미경·김기선미·오정진 옮
　　김. 서울: 문원출판.

박영란. 2002. 「여성빈곤정책」. 한국여성정책연구회. 『한국의 여성정책』. 서울: 지식마당.

석재은. 2001. 「여성의 노후소득 보장을 위한 연금제도 개선방안: 장기적인 측면과 단기적인 측
　　면」. 한국여성단체연합. 남녀평등한 노후보장을 위한 연금제도 개선방안 심포지엄.

앤더슨, 마거릿(Margaret L. Anderson). 1987. 『성의 사회학』. 이동원·김미숙 옮김. 서울: 이화여
　　자대학교 출판부.

여성가족부. 『제3차 여성정책 기본계획』. http://www.mogef.go.kr

여성가족부. 『제1차 양성평등정책 기본계획』. http://www.mogef.go.kr

여성평우회 엮음. 1985. 『제3세계 여성노동』. 서울: 창작과 비평사.

원시연. 2007. 「한국 여성정책의 변천에 관한 제도주의 연구」. ≪한국정치연구≫, 16집 1호.

이영애. 1999. 『국가와 성』. 서울: 법문사.

이은영. 1999. 「여성의 복지, 여성정책」. 한국여성연구소 지음. 『새 여성학강의』. 서울: 동녘.

이혜경. 1998. 「빈곤의 여성화: 한국 여성빈곤의 원인과 결과」. 『빈곤퇴치: 한국의 경험과 교훈』.
　　UNDP한국대표부.

장미혜 외. 2013. 『여성노인의 노후빈곤 현황 및 대응정책』. 한국보건사회연구원 연구보고서
　　2013-31-21.

쿨라빅, 테레사(Teresa Kulawik) 외. 2000. 『복지국가와 여성정책』. 한국여성연구회 옮김. 서울:
　　새물결.

한국여성연구소 엮음. 1985. 『한국 여성과 일』. 서울: 이화여자대학교 출판부.

한국여성정책연구회. 2002. 『한국의 여성정책』. 서울: 지식마당.

Pearce, D. 1978. "The Feminization of Poverty: Women, Work, and Welfare." *Urban and
　　Social Change Review*, Vol. 11(1).

Tinker, I., M. Bramsen and M. Buvinic(eds.). 1976. *Women and World Development*. New York: Praeger.

UNDP. 2000. "Overcoming Human Poverty." *Poverty Report*. June, 2000.

08

여성과 성정책

유진숙

이 장에서는 여성의 성(sexuality)과 성정책을 여성주의적 접근과 논쟁의 관점에서 고찰하고자 한다. 이때 성은 섹슈얼리티, 즉 성성(性性)이라는 개념으로서 젠더(gender)와 성(性, sex)을 포함하는 포괄적 의미로 사용되며, 성적 실천과 정체성 그리고 더 나아가 성적 욕망의 행동과 정치를 만들어내는 사회적 담론으로 규정될 수 있다.

여성의 성은 오랫동안 금기시되어왔지만 동시에 일상적으로 중요하게 다루어져 온 주제이다. 이 모순된 두 가지 현상은 성담론의 이중성과 복합성을 반영한다.

특히 한국의 경우 한편으로는 유교적 규범에 근거한 성적 금욕주의가, 다른 한편으로는 광범위한 성적 일탈이 존재하는 이중적인 성담론이 형성되어 있었다. 더욱이 이러한 이중성은 남성과 여성에게 다르게 적용되어왔다. 남성의 경우 노래방 도우미부터 성매매 접대에 이르기까지 다양한 성적 일탈에 노출되어 상당한 성적 자유를 누려왔지만, 여성에게는 금욕과 정절의 도덕이 강조되어왔다.

최근 들어 이러한 이중적 질서는 빠르게 붕괴되고 있으며 다양한 규범이 충돌하고 있다. 걸그룹의 노출이 점점 더 과감해지고 있으며 영화를 비롯한 대중매체에서는 동성애와 혼외정사 등 과거에는 금기시되었던 주제가 흔히 다루어지고 있다. 그러나 동시에 여성에 대한 성폭력과 성희롱을 다룬 기사들이 여전히 신문지면을 장식하고 있다. 급변하는 성 질서 속에서 최근에는 2016~2017년 낙태죄 폐지운동, 2016년 여성혐오에 기인한 강남역살인사건 추모운동, 2018년 미투운동 등 가부장적인 성적 억압에 대한 여성들의 저항이 한국 사회에서도 본격화되기 시작했다.

그렇다면 성의 이중적 질서는 어떻게 형성되어왔는가? 여성의 성은 어떻게 규정되어왔는가? 여성의 성에 대한 사회적 규범은 어떻게 성정책을 통해 구체적으로 표출되어왔는가? 여성주의는 여성의 성에 대해 어떻게 접근해왔는가?

이 장에서는 성에 대한 이론적 논의들과 몇 가지 핵심적인 성정책을 고찰함으로써 이 복잡한 질문들에 접근해보고자 한다. 성에 대한 이론적 논의로 먼저 사회생물학적 접근을 설명하고, 이에 대한 비판으로서 푸코와 급진주의 페미니즘 등 구성주의적 관점을 간략히 고찰할 것이다. 이어서 성매매, 포르노그래피, 성희롱과 낙태 등 핵심적인 성정책의 성격과 변화를 살펴볼 것이다. 성정책의 분석에서는 특히 어떻게 국가가 여성의 성을 규정하고 있으며 개입하고 통제해왔는지, 어떻게 사회의 변화와 페미니스트 운동에 근거한 법의 변화가 동시에 이루어져 왔는지에 주목하고자 한다. 마지막으로 최근 전개되고 있는 성 논쟁에 근거해 기존 성정책의 한계를 논의하고 새로운 방향을 모색해볼 것이다.

성과 여성

성에 대한 이론은 크게 사회생물학과 구성주의의 두 가지 맥락으로 전개되어왔다.

19세기 이후 일반적인 성담론을 장악해온 이론은 사회생물학적 접근이다. 사회생물학은 모든 사회적 행동의 기초를 생물학적 근거에서 찾음으로써 사회학과 생물학을 연계하는 학문으로, 성 역시 생물학적 관점에서 설명한다. 즉, 성은 역사와 사회를 초월해 고정불변하는 생물학적 속성이라는 것이다. 전통적인 사회생물학적 접근은 남성과 여성의 성이 근본적으로 다르며 변화될 수 없다는 전제에서 출발했다. 남성의 성은 충동적이고 능동적인 반면 여성의 성은 수동적이고 반응적이라는 것이다. 이 접근에 따르면 여성은 성적 욕구가 없으며 여성의 성적 활동은 생식과 재생산에 제한된다. 여성은 임신과 출산을 위해서만 성적 관계를 맺으며, 따라서 안전한 일부일처제를 지향한다는 것이다. 반면 남성의 성적 욕구의 표출은 자연스러운 생물학적 현상일 뿐 아니라 긍정적인 것으로 해석해왔다. 다양성과 번식의 성공을 위해서 남성은 '본능적으로 씨를 많이 뿌리고자 한다'는 주장이다.

여성과 남성에 대한 이런 차별적인 성담론은 여성의 성은 생식과 재생산의 경우에만 중요하다는 인식을 형성했다. 동시에 여성만을 통제하고 남성에게는 관대하게 적용되는 이중적 성정책을 정당화해왔다. 일례로 한국의 간통죄는 초기 단계에 여성에게만 적용되었다. 남성의 자유분방한 성적 욕구의 표출은 생물학적으로 자연스러운 반면에 여성의 경우는 반자연적이며 반사회적이라는 사회적 인식이 그 배경이었다.

사회생물학적 접근은 일반 사회의 성 규범과 법체계에 광범위하게 뿌리내렸다. 여성과 남성 간의 이중적이고 위계적인 성 질서를 비판하는 입장에서도 자주 생물학적 근거를 들어 전통적인 주장을 비판하곤 한다. 호르몬 이론을 통해 이성애의 절대성을 비판하며, 동성애 역시 생물학적으로 자연스러운 현상이라고 주장하는 경우가 대표적인 예이다.

이러한 사회생물학적인 접근에 대한 비판과 성이 갖고 있는 사회성과 정치성에 대한 문제제기는 1920~1930년대에 이르러 비로소 시작되었으며, 이때 성정책(sexual politics)과 같은 개념도 처음으로 등장했다. 그러나 성 이슈가 사회 전면으로 등장한 것은 1960년대의 급진적 사회변동기였다. 1960년대 서구 사회에서는 성이 종교적인 제약과 구속에서 벗어나고 가족 형태가 변화함에 따라 급진적인 성정책의 변화가 이루어졌다. 포르노그래피와 같은 성의 시장화가 급속히 진행되었으며 낙태, 혼전 성교, 미혼 남녀의 동거와 별거, 이혼, 동성애 등에 대한 사회적 인식이 다양화·개방화되었다. 동시에 독신, 비결혼 동거, 무자녀가족, 편부모가족, 동성애

가족 등이 등장함으로써 가족 형태 역시 다양화되었다. 이에 국가가 사적 영역에서 개인의 권리에 함부로 개입할 수 없다는 자유주의적 전통에 근거해 성정책 개혁이 광범위하게 진행되었다. 예를 들어 1960년대 영국은 성정책 개혁 이후에 합법적 낙태와 이혼율이 급증했으며, 출판물 및 공연에서의 검열이 완화되어 성에 대한 보다 자유로운 표현이 확대되었다.

이러한 사회적 변화를 배경으로 성의 사회정치적 맥락을 강조하는 이론이 등장했다. 이 이론적 흐름은 성이 생물학적으로 고정불변한 속성이 아니라 사회적으로 '구성(construction)'되는, 즉 사회적으로 만들어지고 유동적으로 변화한다고 파악한다. 이러한 구성주의적 접근에서 성을 조명한 대표적인 학자로는 미셸 푸코(Michel Foucault)가 있다. 푸코는 성담론이 어떻게 국가 및 다양한 행위자 간의 권력관계를 통해 만들어져 왔는가를 보여준다. 푸코는 근대국가가 인구 통제와 노동시장 통제를 위해 개인의 성에 개입하고 통제해왔다고 논증한다. 18세기에 들어 가족은 성의 장치를 구성하는 네 가지 요소, 즉 여성의 육체, 어린이의 성, 출산의 조절, 성도착자의 명시를 통해 성의 기본 단위로 정착해왔다. 어린이의 성이 금기시되고, 비정상적 성이 병으로 규정되었으며, 동시에 근대적 일부일처제가 성의 올바른 유형으로 규정됨으로써 성이 가족의 틀 안에서 정돈되기 시작했다는 것이다. 따라서 푸코에 따르면 근대의 가족은 성이 무조건 규제되고 통제된 공간이기보다 오히려 성의 매체로서 본격적으로 작동하기 시작한 공간이다.

그러나 푸코는 성담론의 분석에서 여성과 남성 간의 차이 및 남녀 간 권력관계에 그다지 주목하지 않았다. 성담론에 젠더적 관점을 부각시킨 것은 급진적 페미니스트들이다. 이들 역시 구성주의적 관점으로 성을 바라보았으며, 특히 여성 억압의 가장 핵심적인 요인으로 여성과 남성 간의 불평등한 권력관계에 주목했다. 즉, 여성의 성이 어떠하며 어떤 것이 바람직한지에 대한 규범과 제도는 남성 권력의 산물이라는 것이다. 급진적 페미니즘은 여성의 성이 남성에 대한 사회적·경제적 종속, 결혼이라는 제약, 그리고 반여성적인 폭력에 의해 종속되어 있다고 본다. 이들은 낙태, 성폭력, 성희롱, 성매매 등에 나타난 성적 억압을 거부하고 여성의 자기결정권을 주장했다. 급진적 페미니스트들의 비판은 성폭력과 성매매 등에 관련한 사회적 인식을 개선하고 성정책을 변화시키는 데 큰 기여를 해왔다. 이때부터 그동안 가정과 사회에서 광범위하게, 암암리에 행해졌던 직간접적인 성폭력과 억압이 비로소 범죄로 규정되기 시작했다. 일례로 그동안 법적 개입이 거의 불가능했던 부부간의 성폭력이나 다양한 형태의 미묘한 성희롱을 법적으로 처벌할 수 있게 되었다.

한편 여성에 대한 성적 억압을 비판하는 과정에서 급진적 페미니즘은 여성의 능동적인 성에 주목하기보다 금욕주의적 입장을 고수했다. 예를 들어 에이드리엔 리치(Adrienne Rich)와 같은 일부 급진적 페미니스트들은 이성애 자체가 남녀 간의 종속 관계를 내포하고 있으며 여성 통제의 핵심 기제이기 때문에 이성애를 거부해야 한다고 주장하기도 했다. 한국의 주류 페미니스트들 역시 성폭력, 포르노그래피와 성매매 등 성의 상품화 현상에 근거해 남성 중심적인 성 규범과 가부장적 불평등을 비판해왔으며, 특히 성매매특별법 입법에 중요한 역할을 한 바 있다. 이러한 일련의 사회운동과 성과는 성에 대한 이중적 잣대를 수정하고 남녀평등 의식을 고양하는 데 기여했다고 평가받는다. 그러나 이러한 긍정적인 평가에도 불구하고 최근 페미니즘의 금욕주의와 도덕주의가 오히려 여성의 성을 억압하고 있다는 비판도 제기되고 있다.

성정책

낙태

낙태는 자연분만 전에 태아를 인공적으로 제거하는 행위를 의미한다. 낙태는 특히 기독교 전통이 강한 서구 국가에서 20세기 중반까지 종교적인 이유로 엄격하게 금지·통제되어왔다. 그러나 실제로는 다양한 경제적·사회적 원인으로 불법적인 낙태가 광범위하게 행해져 왔으며 이는 심리적 고통과, 심지어 사망에까지 이르는 여성의 다양한 희생을 동반했다.

20세기 중반에는 성에 대한 종교의 개입이 약해지고 여성의 사회진출이 활발해졌다. 무엇보다도 낙태 금지에 반대하는 급진적 페미니즘운동이 파급되면서 상당수의 국가가 낙태를 합법화했다. 이 과정에서 특히 자유주의적 전통에 근거한 여성의 자기결정권이 주요하게 작용했다. 여성은 자신의 몸에 대한 결정권, 즉 스스로 임신을 유지할 것인지 결정할 권리가 있다는 것이다.

현재 56개국이 일정 기간까지의 낙태는 합법으로 규정하고 있으며 그 외에도 13개국이 사회적·경제적인 이유에 한해 낙태를 허용한다. 영국은 1968년 성정책 개혁 이후 임신 24주까지는 낙태를 허용하고, 스위스는 임신 10주까지, 독일, 덴마크, 이탈리아, 스페인 등에서는 임신 12주까지 낙태를 허용하고 있다. 일본, 중국, 싱가포르 등 다수의 아시아 국가들의 경우 사회적·경제적 이유로 인한 낙태를 허용한다. 미혼인 경우, 혼외임신인 경우, 이미 자녀가 많은 경우, 그리고 출산을 하면 경제적으로 어려워지는 경우 등이 이러한 사회적·경제적 이유에 해당한다.

낙태를 둘러싼 논쟁은 합법화된 나라의 경우에도 치열하게 계속되고 있다. 미국의 경우 1973년 대법원 판례 이후 임신 3개월까지는 낙태가 가능하나 전통적인 기독교 윤리에 근거한 태아의 생명권 논리와 여성의 자기결정권 간에 치열한 논쟁이 전개되고 있다. 특히 1980년대 이후 가톨릭과 기독교 근본주의자들 간의 보수적 우파동맹을 중심으로 광범위한 낙태 반대운동이 벌어지고 있으며, 낙태는 민주당과 공화당 사이의 핵심 선거이슈 중 하나이다.

한국을 포함한 일부 국가는 산모의 생명 문제나 건강상 이유를 제외하고는 낙태를 금지하고 있다. 유럽에서는 예외적으로 아일랜드가, 그리고 라틴아메리카에서는 브라질, 아르헨티나, 니카라과와 같은 국가들이 낙태를 금지하고 있다. 이 나라들은 가톨릭이 강하다는 공통점이 있다. 한국의 경우 '형법' 제27장에 근거해 낙태를 전면적으로 금지하고 있으며 낙태를 한 여성은 1년 이하 징역 또는 200만 원 이하의 벌금, 시술 의료인은 2년 이하의 징역에 처하도록 되어 있다. 1973년 제정된 '모자보건법'은 극히 제한적인 경우에만 낙태를 허용한다. '유전학적 정신장애, 신체장애가 있거나 전염성 질환이 있는 경우, 강간에 의한 임신, 친족이나 혈족에 의한 임신, 그리고 모체에 대한 심각한 보건의학적 위험이 있는 경우'에는 28주 내에 낙태가 허용된다. 그러나 한국에서는 OECD 국가 중 최고일 정도로 불법 낙태가 광범위하게 시행되고 있다. 매년 34만 건의 낙태 시술이 행해지며 이 중 약 95%가 불법 낙태로 집계된다.

한국 정부는 최근까지 인구감소정책의 일환으로 낙태를 암암리에 허용했다. 인구 증가가 심각한 문제로 인식되던 1970~1980년대에는 "아들딸 구별 말고 하나만 낳아 잘 기르자"라는 표어가 유행했으며 국가는 저출산을 적극적으로 장려했다. 따라서 불법 낙태는 통제되지 않았을 뿐 아니라 암암리에 권장되었다고 해도 과언이 아니다. 그러나 최근 출생률의 급격한 저하로 인구 문제가 심각해지자 한국 정부는 낙태를 적극적으로 통제하기 시작했고 이와 함께 낙태법을 둘러싼 논쟁이 촉발되었다.

낙태 논쟁은 낙태를 반대하는 프로라이프(Pro-life, 생명존중)의사회가 2009년 가을, 낙태 시술을 한 산부인과 의사 여덟 명을 고발하면서 시작되었다. 낙태 반대론자들은 태아가 임산부의 부속물이 아니라 독립적인 생명체임을 강조하며 태아의 생명권을 주장했다. 보건복지부가 불법 낙태 근절을 주장한 낙태 반대론자 입장에 동조하면서 산부인과의 낙태 시술은 급격히 감소했다. 반면 여성계는 이러한 일방적 낙태 금지가 여성의 자기결정권을 침해할 뿐 아니라 여성과 노동자 및 10대 청소년을 희생양으로 만든다며 낙태 금지에 반대한다. 국가가 출산과 양육을 책임질 수 없는 상황에서 개인의 의지와 무관하게 출산을 강요할 수 없다는 것이다. 실제로 미혼모가 되거나 학교 중퇴 및 직장 사퇴 등, 원하지 않는 임신의 대가는 대부분 여성이 치르는 것이 현실이다. 따라서 이들은 서구 국가와 같이 사회적·경제적인 요인에 근거한 낙태 허용을 주장한다. 여성 자신이 스스로의 결정에 의거해 임신의 지속 여부를 결정할 수 있어야 한다는 것이다. 2010년대 중반부터 한국에서도 젊은 여성들을 중심으로 하는 낙태금지 반대운동이 본격화되기 시작했으며, 2012년도 헌법재판소는 합헌과 위헌판결이 4:4로 팽팽하게 맞서는 가운데 낙태죄 합헌판결을 내린 바 있다. 2017년 9월에는 낙태죄 폐지와 자연유산유도제의 합법화를 요구하는 청와대 국민청원이 시작되어 총 23만 5372명이 동참하기도 했다. 이에 한국 정부는 낙태실태조사 시행을 비롯해 낙태죄에 대한 본격적인 재검토에 들어간다는 입장을 밝혀 향후 낙태죄 폐지 가능성을 열었다.

낙태 관련 법 조항

형법

제269조(낙태)
① 부녀가 약물 기타 방법으로 낙태한 때에는 1년 이하의 징역 또는 200만원 이하의 벌금에 처한다.
② 부녀의 촉탁 또는 승낙을 받아 낙태하게 한 자도 제1항의 형과 같다.

제270조(의사 등의 낙태, 부동의낙태)
① 의사, 한의사, 조산사, 약제사 또는 약종상이 부녀의 촉탁 또는 승낙을 받아 낙태하게 한 때에는 2년 이하의 징역에 처한다.

모자보건법

제14조(인공임신중절수술의 허용한계)
① 의사는 다음 각 호의 어느 하나에 해당되는 경우에만 본인과 배우자(사실상의 혼인관계에 있는 사람을 포함한다. 이하 같다)의 동의를 받아 인공임신중절수술을 할 수 있다.
1. 본인이나 배우자가 대통령령으로 정하는 우생학적(優生學的) 또는 유전학적 정신장애나 신체질환이 있는 경우
2. 본인이나 배우자가 대통령령으로 정하는 전염성 질환이 있는 경우
3. 강간 또는 준강간(準强姦)에 의하여 임신된 경우
4. 법률상 혼인할 수 없는 혈족 또는 인척 간에 임신된 경우
5. 임신의 지속이 보건의학적 이유로 모체의 건강을 심각하게 해치고 있거나 해칠 우려가 있는 경우
② 제1항의 경우에 배우자의 사망·실종·행방불명, 그 밖에 부득이한 사유로 동의를 받을 수 없으면 본인의 동의만으로 그 수술을 할 수 있다.
③ 제1항의 경우 본인이나 배우자가 심신장애로 의사표시를 할 수 없을 때에는 그 친권자나 후견인의 동의로, 친권자나 후견인이 없을 때에는 부양의무자의 동의로 각각 그 동의를 갈음할 수 있다.

제28조('형법'의 적용 배제)
이 법에 따른 인공임신중절수술을 받은 자와 수술을 한 자는 '형법' 제269조 제1항·제2항 및 제270조 제1항에도 불구하고 처벌하지 아니한다.

모자보건법 시행령

제15조(인공임신중절수술의 허용한계)
① 법 제14조에 따른 인공임신중절수술은 임신 24주일 이내인 사람만 할 수 있다.
② 법 제14조 제1항 제1호에 따라 인공임신중절수술을 할 수 있는 우생학적 또는 유전학적 정신장애나 신체질환은 연골무형성증, 낭성섬유증 및 그 밖의 유전성 질환으로서 그 질환이 태아에 미치는 위험성이 높은 질환으로 한다.
③ 법 제14조 제1항 제2호에 따라 인공임신중절수술을 할 수 있는 전염성 질환은 풍진, 톡소플라즈마증 및 그 밖에 의학적으로 태아에 미치는 위험성이 높은 전염성 질환으로 한다.

포르노그래피

포르노그래피는 영상매체나 기록물을 통해 상품화되는 성적 이미지를 의미한다. 현재 중국, 베트남 등 아시아 국가와 말레이시아, 이란 등 이슬람 국가는 대부분 포르노그래피의 제작과 유포를 법적으로 금지하고 있다. 반면 일본과 다수 서구 국가들은 포르노그래피를 합법화했다.

한국 역시 '형법' 243조와 244조 및 '정보통신망 이용 촉진 및 정보 보호 등에 관한 법률' 44조 7항에 근거해 '음란한 부호·문언·음향·화상 또는 영상을 배포·판매·임대하거나 공공연하게 전시', '음란한 문서, 도화, 필름 기타 물건을 반포, 판매 또는 임대하거나 공연히 전시 또는 상영', '음란한 물건을 제조, 소지, 수입 또는 수출'하는 행위를 범죄로 규정하고 처벌하고 있다. 그러나 현실적으로 포르노그래피는 국경을 넘어 전 세계적으로 유통되고 있으며, 한국에도 다량의 일본 포르노그래피가 유통되고 있다.

포르노그래피의 문제는 영상이나 기록매체를 통해 다루어지는 성적 이미지가 무엇보다도 '여성의' 성적 이미지라는 데 있다. 즉, 포르노그래피에서 상품화되는 성은 상호적인 성이 아니라 남성에게 일방적으로 억압되는 여성의 성적 이미지이다. 포르노그래피 속에서 여성은 일방적으로 남성의 성적 놀이의 대상이 되거나 심지어는 구타당하고 학대당하면서도 저항하기는커녕 순종하는 존재이다. 즉, 여성이 남성과 동등한 인격적 존재이기보다는 동물에 가까울 정도로 무기력하고 열등한 존재로 묘사된다는 점에서 포르노그래피는 여성에 대한 성적 억압과 착취를 상징하는 대표적인 기제라고 볼 수 있다.

포르노그래피에 대한 페미니즘적 문제제기는 1970~1980년대 안드레아 드워킨(Andrea Dworkin)과 캐서린 매키넌(Catharine MacKinnon) 등 미국의 페미니스트들에 의해 이루어졌다. 이들은 포르노그래피가 여성에 대한 남성의 지배를 정당화하는 문화적 기제라고 비판했을 뿐 아니라 포르노그래피가 폭력과 억압을 에로틱화함으로써 사랑에 대한 관념을 왜곡시킨다고 비판했다. 이들은 포르노그래피 규제법의 제정을 위해 적극적인 안티 포르노그래피 운동을 전개했다.

그러나 흥미로운 점은 포르노그래피 문제를 둘러싸고 전개된 급진사회운동 내부의 분열이다. 급진사회운동 내부에 낙태 합법화에 대해서는 비교적 광범위한 동의가 형성되었지만 포르노그래피에 대해서는 상당한 입장 차이가 존재했다. 급진주의 페미니스트들은 포르노그래피를 도덕적 타락으로 비판한 반면 일부 페미니스트들은 이러한 급진적 페미니즘이 결국 보수주의자와 동일하다고 비판했다. 즉, '여성은 성적 욕구가 없으며 수동적'이라는 보수적이고 가부장적인 관념을 수용하고 있다는 것이다. 소위 '친포르노파'라고 불리는 일부 페미니스트들은 포르노를 규제하는 것만이 해답이 아니며 여성 역시 성적 쾌락과 욕망을 적극적으로 표현해야 한다고 주장한다. 여성 역시 포르노의 잠재적인 고객이 될 수 있으며, 그렇기 때문에 포르노를 금지하기보다는 여성의 성적 욕구까지 표현할 수 있는 방식으로 포르노를 변화·확대시켜야 한다는 것이다.

한국에서도 페미니즘 내부에서 포르노그래피에 대한 논쟁이 진행되고 있다. 주류 페미니스트들은 포르노그래피를 반대하면서 도덕적이고 금욕주의적인 입장을 견지한다. 반면 일부 페미니스트들은 이러한 여성계의 입장은 보수주의자들과의 '야합'이며, 결국 '여성주의자들 역시 여성의 성을 소리 내어 말하지 못하며 가부장제의 눈치를 보는 전통적 한국 여성의 한계를 보이고 있을 뿐'이라고 비판한다.

성매매

성매매는 성을 매개로 이윤을 추구하는 성 상품화의 가장 직접적인 형태이다. 성매매는 세계 100개국 중 50개국(50%)에서 합법으로, 10개국(10%)에서는 제한적으로 합법, 그리고 40개국(40%)에서는 불법으로 규정되어 있다. 아프가니스탄, 이집트, 요르단 등 대다수의 이슬람 국가와 아프리카의 국가들이 성매매를 불법으로 규정하고 있으며 독일, 프랑스, 스위스 등 대다수의 유럽과 라틴아메리카 국가들은 성매매를 합법화했다. 성매매에 대한 법적 규정이 없는 경우(스페인), 주별로 정책이 상이한 경우(오스트레일리아와 미국), 금지의 범위가 직접적인 '성교'에만 제한되어 있으며 다른 종류의 성매매는 허용되는 경우(일본), 판매는 합법이지만 구매는 불법인 경우(스웨덴) 등은 제한적으로 합법화된 나라로 분류된다. 그러나 성매매를 합법화한 대다수의 국가에서도 개인의 성매매는 인정하되 사창가의 운영이나 포주 행위는 불법으로 규정한다. 개인의 성매매, 사창가의 운영과 포주 행위까지 전면 합법화한 국가는 네덜란드, 뉴질랜드, 니카라과, 인도네시아 등 극소수이다. 한국은 광복 직후 성매매를 금지했다가 유신정부 하에서 합법화했으나, 지난 2004년 여성계의 주도로 다시 금지했다.

급진적 페미니즘은 성매매가 여성에 대한 남성의 지배와 성적 착취를 가장 적나라하게 보여준다는 측면에서 성매매를 비판하고 거부한다. 성매매 구조 속에서 여성은 감정과 인격을 가진 동등한 인간이기보다 돈을 주고 구매한, 따라서 마음대로 할 수 있는 상품이자 성적 대상으로 취급당한다는 것이다. 더 나아가 이는 남성에게 여성의 성을 마음대로 사고팔 수 있는 것으로 인식하게 만듦으로써 남녀 간의 지배 관계를 더욱 강화한다고 본다.

포르노그래피와 마찬가지로 매매의 대상이 되는 것은 극히 예외적인 상황을 제외하고는 여성이다. 유엔에 따르면 전 세계적으로 900만 명의 여성과 아동이 윤락중개 및 아동밀매 조직에 속해 있다고 한다. 즉, 경제적·사회적 약자인 여성과 아동이 성매매의 대상이 되는 것이다. 심지어 방글라데시의 경우 여성의 성매매는 합법적인 반면 남성의 성매매는 불법으로 규정하고 있다.

위와 같은 인식에서 한국의 급진주의 페미니스트들 역시 성매매 금지를 주장해왔으며, 2004년 9월 23일부터 시행되고 있는 성매매특별법 통과에 결정적으로 기여했다. 현재 한국의 성매매특별법은 '성매매 알선 등 행위의 처벌에 관한 법률'과 '성매매방지 및 피해자 보호 등에 관한 법률'로 구성된다. 두 법은 성매매 업주에 대한 처벌을 강화하고 성매매 피해 여성의 인권을 보호한다는 목적으로 도입되었다. 성매매로 벌어들인 금품이나 재산은 몰수하는 등 성매매를 강요한 업주에 대한 처벌과 통제는 중형 수준으로 강화되었다. 또한 성매매와 관련된 채권은 "계약의 형식이나 명목에 관계없이 이를 무효로 한다"라고 규정하고, "성매매 피해자는 처벌하지 않는다"라는 규정을 도입해 성매매 여성을 보호하고 있다. 즉, 성매매특별법에 의하면 성을 구매한 남성은 처벌의 대상이며 성을 판매한 여성은 희생자로서 구제 대상이 된다. 성매매특별법은 그동안 당연한 것처럼 여겨져 왔던 남성의 성적 일탈에 대한 사회적 인식을 환기시키고 성에 대한 이중 잣대를 수정하는 데 기여했다.

그러나 성매매특별법 통과 이후 페미니스트 내부에서조차 성매매에 대한 심각한 논쟁이 전개되고 있다. 논쟁의 시발점은 성매매 여성들의 반란이었다. 페미니스트들이 성적 억압의 희생자이자 구제 대상으로 지목했던 성매매 여성들이 오히려 노동권을 주장하며 전면적으로 성매매특별법에 저항하기 시작했던 것이다. 2004년 10월, 3400여 명의 성매매 여성들은 모자와 마스크를 쓴 채 국회의사당 앞에서 생존권 요구 연좌시위를 벌

성매매 알선 등 행위의 처벌에 관한 법률
[시행 2011.1.1] [법률 제10261호, 2010.4.15, 타법개정]

제1장 총칙

제1조(목적)
이 법은 성매매·성매매 알선 등 행위 및 성매매 목적의 인신매매를 근절하고, 성매매 피해자의 인권을 보호함을 목적으로 한다.

제2조(정의)
① 이 법에서 사용하는 용어의 정의는 다음과 같다.

1. '성매매'라 함은 불특정인을 상대로 금품, 그 밖의 재산상의 이익을 수수·약속하고 다음 각 목의 어느 하나에 해당하는 행위를 하거나 그 상대방이 되는 것을 말한다.
　가. 성교행위
　나. 구강·항문 등 신체의 일부 또는 도구를 이용한 유사성교행위
2. '성매매 알선 등 행위'라 함은 다음 각 목의 어느 하나에 해당하는 행위를 하는 것을 말한다.
　가. 성매매를 알선·권유·유인 또는 강요하는 행위
　나. 성매매의 장소를 제공하는 행위
　다. 성매매에 제공되는 사실을 알면서 자금·토지 또는 건물을 제공하는 행위
……
4. '성매매 피해자'라 함은 다음 각 목의 어느 하나에 해당하는 자를 말한다.
　가. 위계·위력 그 밖에 이에 준하는 방법으로 성매매를 강요당한 자
　나. 업무·고용 그 밖의 관계로 인하여 보호 또는 감독하는 자에 의하여 '마약류 관리에 관한 법률' 제2조의 규정에 의한 마약·향정신성의약품 또는 대마(이하 '마약 등'이라 한다)에 중독되어 성매매를 한 자
　다. 청소년, 사물을 변별하거나 의사를 결정할 능력이 없거나 미약한 자 또는 대통령령이 정하는 중대한 장애가 있는 자로서 성매매를 하도록 알선·유인된 자
　라. 성매매 목적의 인신매매를 당한 자
……

제3조(국가 등의 책무)
① 국가 및 지방자치단체는 성매매, 성매매 알선 등 행위 및 성매매 목적의 인신매매의 예방과 근절을 위한 교육 및 홍보 등에 관하여 법적·제도적 대책을 마련하고, 필요한 재원을 조달하여야 한다.
② 국가는 성매매 목적의 인신매매 방지를 위한 국제협력의 증진과 형사사법의 공조의 강화에 노력하여야 한다.

제4조(금지행위)
누구든지 다음 각 호의 어느 하나에 해당하는 행위를 하여서는 아니된다.

1. 성매매
2. 성매매 알선 등 행위
3. 성매매 목적의 인신매매
4. 성을 파는 행위를 하게 할 목적으로 타인을 고용·모집하거나 성매매가 행하여진다는 사실을 알고 직업을 소개·알선하는 행위
5. 제1호·제2호 및 제4호의 행위 및 그 행위가 행하여지는 업소에 대한 광고행위

였다. 성매매 여성들은 2005년 세계여성학대회에서 성매매 역시 노동이며 자신들이 노동자임을 공식적으로 선포했고, 2005년 올림픽공원에서는 2000여 명의 성매매 여성들이 '성노동자대회'를 개최해 노동조합을 결성했다. 성매매 여성들은 오히려 자신들을 성적 착취의 희생자이자 구제 대상으로 보는 페미니스트들이야말로 자신들을 인격적으로 모독하고 있다고 비판했다. 이에 페미니스트 내부에서도 성매매특별법을 비판적으로 검토해야 한다는 의견이 강하게 대두되었다. 성매매특별법은 가부장적인 금욕주의를 강화함으로써 여성의 성을 억압할 뿐 아니라 소위 '정숙한 여성'과 '타락한 여성'의 여성 간 계급 분열을 강화하고 있다는 것이다. 더 나아가 성매매특별법은 오히려 국가 규제를 강화하고 남성 중심적인 전통적 가족주의 담론에 흡수됨으로써 근본적이고 실질적인 성매매 폐지 효과를 낳지 못했다고 비판하고 있다. 젊은 페미니스트 세대는 또한 성매매를 개인의 자유로운 선택의 영역으로 간주하며 국가가 법적 강제를 통해 개인적 삶을 규제하는 것을 비판한다. 성을 판매하는 것도 구매하는 것도 침해될 수 없는 개인의 권리라는 것이다. 특히 2015년 8월에 국제엠네스티가 성노동자 인권 보호를 위해 성매매 비범죄화 정책을 권고하는 결의안을 채택하면서 한국에서도 반대론자와 찬성론자 간의 논쟁이 더욱 치열해지고 있다.

성폭력

성폭력은 성을 매개로 하는 여성에 대한 유형·무형의 폭력을 의미하며 강간, 강제추행, 인신매매, 음란물 제조 판매, 성적 희롱, 음란행위, 성기 노출 등 협의의 성폭력 외에도 아내와 자녀에 대한 가정폭력까지 포함하는 개념이다. 한국에서도 성폭력은 '형법'과 1994년 제정된 '성폭력범죄의 처벌 및 피해자 보호 등에 관한 법률', 2010년에 제정된 '성폭력범죄의 처벌 등에 관한 특례법', 2011년에 제정된 '성폭력방지 및 피해자 보호 등에 관한 법률' 등에 의거해 처벌하고 있다. 특히 성폭력특별법이라고 부르는 '성폭력범죄의 처벌 및 피해자 보호 등에 관한 법률'은 그동안 형법에서 다루어지지 않은 경우를 포함하기 위해 제정되었다. 일례로 친족관계에 의한 강간죄나 장애인에 대한 간음죄 등을 포함하고 있다.

그러나 이러한 법적 여건에도 불구하고 성폭력 문제는 나날이 심화되고 있다. 2006년에는 성폭력특별법이 제정되었던 1994년보다 성폭력 발생 건수가 거의 두 배 가까이 증가했다. 이는 성폭력 자체가 실제로 증가한 결과일 수도 있지만 그동안 암묵적으로 용인되던 가족 내 성폭력이나 미성년, 장애자에 대한 성폭력이 비로소 범죄로 인식된 결과일 수도 있다. 사실상 가족이나 친족 내에서 발생하는 성폭력은 피해 여성의 수치심이나 사회적 방조로 인해 상당수 묵과되어왔다. 일례로 부부간의 성폭력은 현행법상 범죄로 규정될 수 있으며 처벌할 수 있지만 실질적으로 처벌받은 경우는 없다. 보수적인 대다수의 법 집행자들은 성관계는 부부의 의무라고 보며 부부간의 성관계는 강제적일지라도 성폭력으로 보지 않는다.

성폭력이 증가하는 이유는 또한 법적 기준이 실질적으로는 상당히 관대하게 적용되어 왔다는 데 있다. 일례로 '음주로 인한 심신미약'에 근거한 형벌 감경은 상당히 일반적이었다. 즉, 취한 상태에서 행해진 성폭력은 관대하게 이해해줘야 한다는 것이다. 그러나 조두순 사건, 김길태 사건 등을 비롯해 여성과 미성년자에 대한 성폭력이 심각한 사회문제가 되면서 성폭력에 대한 처벌을 강화해야 한다는 요구가 커졌다. 이 일환으로 2007년 4월에는 '특정 범죄자에 대한 위치추적전자장치 부착 등에 관한 법률'이 제정되었으며, 유기징역형의 상한선을 30년으로 강화하고 심신미약 판정의 경우 전문가 감정을 의무화하거나 죄질에 따라서는 형벌 감량을 적용하지 않기로 하는 등의 법 개정이 논의되었다. 2017년에 개정된 '성폭력범죄의 처벌 등에 관한 특례법'은 '음주 또는 약물로 인한 심신장애 상태에서 성범죄를 한 경우 형법상 감경규정을 적용하지 않을 수 있다'라고 규정했다.

성폭력 문제의 심각성은 특히 대부분의 성폭력이 친인척, 지인, 남자친구 또는 부부관계에서, 그리고 성폭력인지 성관계인지 명확하지 않은 회색지대에서 발생한다는 점에 있다. 일례로 데이트폭력의 경우 피해자가 적극적으로 저항하거나 법적으로 대응하지 못하는 대표적인 애매한 사례이다. 그리고 피해자의 수동적 반응은 암묵적인 동의로 간주되어 가해자들이 무죄판결을 받는 근거로 활용되곤 한다. 2016년 여성가족부 발표에 따르면 성폭력 피해 중 신고 비율은 겨우 1.9%에 지나지 않으며, 그중 기소되는 비율은 절반 이하이다. 2014~2016년에 이루어진 성폭력범죄 1심 판결에서 유기징역으로 처벌받은 경우는 단 22%였으며, 74%는 집행유예나 벌금형으로 처리되었다. 피해자가 오히려 2차 피해에 노출되는 성폭력범죄의 특수성으로 인해 대부분의 피해자들은 신고를 꺼리며 도움을 요청하는 경우에도 공적 기관을 통한 법적 해결보다는 사적 지원에 호소한다. 결론적으로 대다수의 한국 여성들은 법적 보호 없이 광범위한 성폭력의 위험에 노출되어 있는 것이다.

성폭력 문제는 비단 한국만의 문제는 아니다. 2017년 10월에는 미국에서 미투운동(Me Too movement, #MeToo)이 시작되어 전 세계로 확산되었다. 미투운동은 미국의 영화제작자 하비 와인스틴(Harvey Weinstein)의 성폭력 및 성희롱 행위를 비판하기 위해 해시태그를 다는 운동이다. 한국에서도 2018년 1월 9일 서지현 검사가 JTBC에서 검찰 내 성폭력을 폭로하면서 미투운동이 시작되었고, 연극연출가 이윤택, 배우 조민기와 조재현, 영화감독 김기덕, 정치가 안희정, 정봉주, 민병두 등 20여 명에 달하는 사회 각계각층의 유명 인사들이 성폭력 혐의를 받고 있다. 그 외에도 2018

그림 8-1

성차별·성폭력 끝장집회 포스터

자료 제공: #미투와함께하는광주전남시민행동, 대구경북여성단체연합.

년 5월 전국의 초·중·고등학교와 대학교, 의료계, 스포츠계 등 다양한 영역에서 봇물 터지듯이 미투운동이 확산되고 있으나 아직은 개인적·파편적 형태에 머물러 있다. 광범위하게 퍼져 있는 한국 사회의 성폭력 문제가 실질적으로 해결되기 위해서는 미투운동에 대한 보다 체계적이고 조직적인 여성운동의 참여와 지원이 요구된다고 보인다.

성희롱

성희롱은 성폭력과 달리 고용관계를 전제로 하는 개념이며, 1973년 메리로(Mary Rowe)가 미국 MIT 대학의 교사-학생 간의 문제를 다룬 보고서에서 이 단어를 처음 사용했다. 성희롱은 일반적으로 직장이나 교육기관에서 하급자를 상대로 하는 상급자의 성적 권력행사를 의미한다. 성희롱은 크게 조건형 성희롱과 환경악화형 성희롱으로 구분된다. 조건형 성희롱의 경우 피해자가 성적 서비스를 제공하는가의 여부에 따라 가해자가 업무, 학업평가, 고용 등에서 불이익을 가하는 경우로, 흔히 상사와 부하 직원 같은 위계적 관계에서 발생한다. 반면 환경악화형 성희롱은 피해자에게 성적 굴욕감을 불러일으킴으로써 학업이나 업무 환경을 악화시키는 경우이며, 동료 간에도 흔히 발생한다. 성희롱은 성폭력의 경우와 같이 직접적이고 노골적이지는 않지만 피해자의 성적 굴욕감을 자극하는 광범위한 경우를 포괄한다. 그렇기 때문에 성희롱 판정에서는 피해자가 주관적으로 어떻게 느꼈는가가 중요하다.

한국에서는 특히 서울대 우 모 조교 사건 이후 성희롱 문제에 대한 사회적 인식이 형성되기 시작했다. 서울대 우 모 조교는 신 모 교수의 과도한 신체적 접촉을 거부했으며, 이에 신 모 교수는 우 모 조교의 예정되었던 재임용을 취소했다. 우 모 조교는 1994년 서울지법에 해당 교수, 서울대, 대한민국을 상대로 5000만 원의 손해배상을 요구하는 소송을 제기했다. 이 재판은 승소와 패소를 거듭하며 6년을 끌었고, 결국 서울고법은 500만 원의 손해배상 지급을 명령함으로써 성희롱에 대한 사회적 관심이 촉발되었다.

2005년 한국 정부는 '남녀차별금지 및 구제에 관한 법률', '남녀고용평등법', '여성발전기본법' 등을 통해 성희롱을 금지했다. '남녀차별금지 및 구제에 관한 법률' 제2조는 성희롱을 "업무, 고용 기타 관계에서 공공기관의 종사자, 사용자 또는 근로자가 그 지위를 이용하거나 업무 등과 관련해 성적 언동 등으로 성적 굴욕감 또는 혐오감을 느끼게 하거나 성적 언동 기타 요구 등에 대한 불응을 이유로 고용상의 불이익을 주는 것을 말한다"라고 규정했다. 남녀차별금지기준 제17조는 성적 언동의 대표적인 유형으로 육체적 성적 언동, 언어적 성적 언동, 시각적 성적 언동 등을 구체적으로 예시했다. 예를 들어 육체적 성적 언동의 대표적인 유형은 "입맞춤이나 포옹, 뒤에서 껴안기 등의 신체적 접촉, 가슴, 엉덩이 등 특정 신체부위를 만지는 행위, 안마나 애무를 강요하는 행위"를 포함한다. 언어적 성적 언동은 "음란한 농담이나 음담패설, 외모에 대한 성적인 비유나 평가, 성적 사실관계를 묻거나 성적인 내용의 정보를 의도적으로 유포하는 행위, 성적 관계를 강요하거나 회유하는 행위, 음란한 내용의 전화 통화, 회식 자리 등에서 술을 따르도록 강요하는 행위 등"을 포함한다. 시각적 성적 언동의 유형은 "외설적인 사진, 그림, 낙서, 음란출판물 등을 게시하거나 보여주는 행위, 직접 또는 팩스나 컴퓨터 등을 통하여 음란한 편지, 사진, 그림을 보내는 행위, 그리고 성과 관련된 자신의 특정 신체 부위를 고의적으로 노출하거나 만지는 행위"로 규정되었다. 위와 같은 성희롱이 발생할 경우 희생자는 직장 또는 학교 안의 고충처리기관에 신고해 구제를 요청할 수 있도록 했으며, 그 선에서 해결이 되지 않을 경우 노동부 또는 국가인권위원회에 진정할 수 있도록 했다.

그러나 성희롱은 여전히 학교와 직장에서 다양한 형태로 행해지고 있으며, 수치심과 불이익 때문에 적극적으로 이에 대처하지 못하는 여성이 대다수이다. 일례로 회식에서 남성 상사, 남성 교사 등이 여직원이나 여학생에게 술을 따르게 하거나 과도한 신체적 접촉을 시도하는 것은 최근까지 한국에 널리 퍼져 있는 관행이며, 상당수의 남성들이 여성의 비판을 '과민 반응'으로 치부한다. 대학가 MT에 자주 등장하는 여장남자 쇼와 대학 축제 주점들의 음란 아이템, 간호사들에게 노출과 선정적 춤을 강요하는 대학병원 사례, 유명 대학 남학생들의 단체카톡방 성희롱 사건 등은 한국 사회가 성희롱 문제에 얼마나 무감각한지 보여주는 사례들이다. 2018년

초 시작된 한국의 미투운동은 성희롱에 대해서도 사회적 경각심을 일깨우고 있으며 한국 사회의 공감과 변화를 촉구하고 있다.

성정책을 둘러싼 논쟁과 대안의 모색: 자기성결정권의 확보

위에서 고찰한 바와 같이 남성과 여성 간의 가부장적 권력관계는 다양한 종류의 성적 영역을 통해 표출된다. 여성과 남성의 성에 대한 이중 잣대와 여성의 성적 대상화는 성매매와 성폭력, 성희롱 등 여성을 대상으로 하는 다양한 범죄의 뿌리 깊은 사회문화적 배경이다. 급진적 페미니즘은 이러한 보이지 않는 권력관계 속에서의 성적 억압과 착취를 비판하면서 성정책의 변화에 적극적으로 참여해왔다. 다수의 서구 국가는 낙태를 광범위하게 합법화하거나 최소한 사회경제적 원인으로 인한 낙태를 허용하고 성매매와 성폭력, 성희롱에 대한 법적 처벌을 강화했다. 이러한 정책의 변화는 여성에 대한 보호를 의미할 뿐 아니라 여성과 남성의 더욱 평등한 관계를 가능하게 했다.

그러나 성정책에 대한 기여와 역사적 의미에도 불구하고 급진적 페미니즘은 최근 여성의 성 자체를 부인한다는 비판에 직면했다. 일부 페미니스트들은 여성을 단순히 성적 착취의 피해자이자 희생자로 부각시키는 것 역시 여성의 성에 대한 왜곡과 억압이라고 주장한다. 여성은 단순히 성의 소극적인 희생자가 아니며 성적 착취를 거부하기 위해 여성의 성 자체를 부인할 것이 아니라 여성을 성적 주체로 인정하고 성의 자유로운 표출을 추구해야 한다는 것이다. 이러한 주장은 '성의 민주주의', 즉 성적 억압과 불평등에서 벗어나 자유롭게 자신을 표출할 수 있는 성 민주화의 과정으로 묘사되기도 한다. 혹자는 집단으로서의 여성을 강조했던 기존의 급진적 페미니즘을 넘어서 포스트모던 시대에는 '개인성을 강조하는 여성주의'로 나가야 한다고 주장한다. 일례로 젊은 페미니스트 세대는 여성의 노출을 스스로의 몸에 대한 건강하고 자신감 있는 표현이며 성매매 역시 직업에 대한 선택의 자유라고 생각한다.

그러나 또 다른 급진적 페미니스트들은 여성의 자기결정권과 개인적 자유의 한계를 지적한다. 예를 들어 여성은 (남성에게 잘 보이기 위해) '자발적'으로 여아를 낙태하고 '자발적'으로 다이어트를 하며 '자발적'으로 매춘을 한다는 것이다. 그러나 이들은 이러한 자발성을 여성이 궁극적으로는 남성 중심적인 가부장적 이데올로기에 무의식중에 지배당하고 있기 때문이라고 설명한다. 여성의 성 해방은 사실상 남성을 위한 성 해방이라는 것이다.

위와 같은 페미니즘 내부의 논쟁과 함께 여성의 성에 대해 새롭게 접근해야 할 필요성이 제기된다. 성적 억압과 착취는 어떤 관점에서 비판되어야 하는가? 여성의 성적 주체성을 인정한다는 것은 단순히 성 개방을 의미하는가? 성 도덕의 강조는 여성의 성적 주체성을 억압하는 논리인가? 여성의 성을 보호하기 위해 도덕주의를 택할 것인가, 아니면 여성의 능동적인 성을 주장하기 위해 성 개방을 지지해야 하는가?

최근 주목받고 있는 '자기성결정권' 개념은 위와 같은 이분법적 논쟁에 중요한 해결의 실마리를 제공해준다. 자기성결정권이란 개인이 자신의 성행위 여부와 그 상대에 대해 스스로 자유롭게 결정하고 그 결정에 따라 행동할 수 있는 권리를 말한다. 즉, 여성의 성은 도덕주의냐 능동적 성 개방이냐 사이의 양자택일이 아니라 여성 자신의 자유로운 결정과 행동에 대한 권리를 보장한다는 지점에서 출발해야 한다. 여성에 대한 성적 억압은 무엇보다도 여성의 자기성결정권에 대한 침해로서 비판받아야 하며 성 정책은 여성이 자기성결정권을 올바르게, 그리고 전적으로 발휘할 수 있도록 수립되어야 한다. 가부장적인 사회구조가 여전히 유지되고 있는 한 성 도덕의 급속한 이완과 성 개방은 결국 다수 여성의 피해로 귀결되고 있다. 특히 아직 성 도덕이 확립되지 않고 자기성결정권을 충분히 발휘하지 못하는 젊은 여성들은 자유롭고 개방된 성 문화라는 미명하에 수많은 회색지대의 성범죄에 노출되어 있다. 이럴 때일수록 사회적·문화적·심리적 차원에서 여성의 자기성결정 능력을 강화하고 사회적으로 보호하는 것이 중요할 것이다.

생각해볼 문제

1 여성의 성은 사회생물학적으로 불변하는 속성이 있는가? 아니면 사회적·정치적으로 구성된 것인가?

2 낙태 문제에서 여성의 자기결정권이 우선인가? 태아의 생명권이 우선인가?

3 성매매특별법은 여성을 성적 착취로부터 보호하는가? 아니면 오히려 여성의 성을 억압하는가?

4 성폭력을 근절하기 위해 어떤 제도적 변화와 사회문화적 변화가 필요한가?

5 포르노그래피는 금지되어야 하는가? 아니면 여성도 감상할 수 있는 포르노그래피가 생산되어야 하는가?

6 노출은 여성의 자유로운 자기표현인가? 아니면 남성 중심적 이데올로기에 종속된 행동인가?

7 여성의 자기성결정권은 어떻게 확보될 수 있는가?

더 읽을거리

1 **변혜정 엮음. 2006. 『섹슈얼리티 강의 두 번째』. 서울: 동녘.**
한국성폭력상담소에서 기획·출판한 이 책은 여성주의적 관점에서 섹슈얼리티의 광범위한 주제를 다룬다. 1부는 성경험, 임신, 자위, 미혼모 등의 섹슈얼리티 경험을 다루었으며 2부는 성매매, 성적 자기결정권, 레즈비언 섹슈얼리티, 포르노그래피 등의 주제를 중심으로 섹슈얼리티 이론과 정치학을 다루었다.

2 **송명희. 2000. 『섹슈얼리티, 젠더, 페미니즘』. 서울: 푸른사상.**
문학평론가로 활동하고 있는 저자는 여성주의의 관점에서 한국 문화의 성 담론을 분석한다. 특히 〈산부인과〉, 〈301·302〉 등의 영화와 이문열의 『선택』, 신경숙의 「배드민턴 치는 여자」 등 현대소설의 성담론 분석은 남성 중심 사회의 성정치와 억압된 여성의 섹슈얼리티를 생생하게 보여준다.

3 **이성숙. 2009. 『여성, 섹슈얼리티, 국가』. 서울: 책세상.**
저자는 19세기 영국에서 '성병방지법'이 도입되었던 역사를 분석한다. 그리고 어떻게 국가권력이 성매매에 관여하게 되었는지, 페미니스트들은 어떻게 반응했는지, 이를 통해 어떻게 여성의 성이 억압당했는지 분석한다. 결론적으로 저자는 매매춘을 금지하는 것이 여성인권을 위한 것인지 반문하며 한국의 성매매 금지 담론을 비판한다. 이 책은 한국의 성매매 금지를 둘러싼 논쟁을 이해하는 데 중요한 시사점을 제공한다.

4   **이재인 엮음. 2006. 『성매매의 정치학: 성매매특별법 제정 1년의 시점에서』. 파주: 한울.**

이 책은 5회에 걸쳐 개최된 서울대학교 여성연구소의 성매매특별법 집중집담회 기록이다. 성매매특별법을 둘러싼 치열한 논쟁의 현장을 그대로 보여준다는 점에서 흥미롭다. 또한 2부에는 성매매특별법 전문, 관련 연표 및 성매매특별법 관련 성명서 등 중요한 1차 자료가 수록되어 있어서 성매매 문제 연구의 좋은 참고문헌이다.

5   **미셸 푸코(Michel Foucault). 2004. 『성의 역사 1: 앎의 의지』. 이규현 옮김. 서울: 나남.**

미셸 푸코는 이 책에서 17세기 이래 근대사회에서 어떤 성담론이 존재했는지 보여준다. 그는 질문한다. "왜 성을 말했을까, 성에 관해 무엇을 말했을까, 성에 관해 말한 것에 의해 유발된 권력 효과는 무엇이었을까. 그러한 담론, 그러한 권력 효과, 그것에 의해 둘러싸인 쾌락 사이에 무슨 관계가 있었을까, 거기로부터 어떤 인식이 형성되었을까?" 이 책은 성담론, 성과 권력의 관계를 보여줌으로써 성을 '생물학적인 것'이 아니라 '사회적인 것'으로 인식하는 것이 무엇인지 가르쳐준다.

참고문헌

김민정. 2010. 「미국 낙태 관련 정책에 영향을 미치는 요인」. ≪한국정치학회보≫, 4호.

민가영. 2006. 「성매매, 누구와 누구 혹은 무엇과 무엇 사이의 문제인가」. 변혜정 엮음. 『섹슈얼리티 강의 두 번째』. 서울: 동녘.

박선영·윤덕경·박복순·이성은·한지영. 2007. 『여성인권 보장 및 차별 해소를 위한 관련 법제정비 연구(1): 성폭력, 가정폭력, 성매매 관련 법제 정비방안』. 서울: 한국여성정책연구원.

송명희. 2000. 『성, 젠더, 페미니즘』. 서울: 푸른사상.

윅스, 제프리(Jeffrey Weeks). 1997. 『성: 성의 정치』. 서동진·채규형 옮김. 서울: 현실문화연구.

유진숙. 2015. 「자유주의적 성교육과 자기성결정권 개념에 대한 비판적 고찰」. ≪아시아여성연구≫, 54권 1호.

이나영. 2006. 「포르노그래피, 억압과 해방의 이분법을 넘어」. 변혜정 엮음. 『섹슈얼리티 강의 두 번째』. 서울: 동녘.

_____. 2009. 「성매매 '근절주의' 운동의 역사적 형성과 변화의 의미: 일제강점기와 미군정 시기 폐창운동을 중심으로」. ≪한국여성학≫, 1호.

이성숙. 2009. 『여성, 섹슈얼리티, 국가』. 서울: 책세상.

이재인 엮음. 2006. 『성매매의 정치학: 성매매특별법 제정 1년의 시점에서』. 파주: 한울.

정희진. 2006. 「성적 자기결정권을 넘어서」. 변혜정 엮음. 『섹슈얼리티 강의 두 번째』. 서울: 동녘.

푸코, 미셸(Michel Foucault). 2004. 『성의 역사 1: 앎의 의지』. 이규현 옮김. 서울: 나남.

청와대 홈페이지. 2017.10.30. "낙태죄 폐지와 자연유산 유도약(미프진) 합법화 및 도입을 부탁드립니다". http://www1.president.go.kr/petitions/18278 (검색일: 2018.7.3)

Guttmacher Institute. 2011.1.1. "An Overview of Abortion Laws." http://www.guttmacher.org/statecenter/spibs/spib_OAL.pdf

Parker, Richard, Rosalind Petchesky and Robert Sember. 2001. "Sex Politics. Reports from the Front Lines." http://www.kartiniasia.org/documents/resources/1235723908.pdf

ProCon.org. 2010. "100 Countries and Their Prostitution Policies." Retrieved April 8, 2010, http://pro stitution.procon.org/view.resource.php?resourceID=000772

09

제3세계 발전과 여성

강경희

발전이란 인간 삶의 가치를 향상시키기 위해 필요한 능력의 강화를 의미한다. 현실에서 발전은 국가별로 상이한 정치, 경제, 사회, 문화적 규범과 관습을 반영한다. 국내외 여러 행위자들은 발전 과정에서 서로 다른 이해관계를 두고 대립하기도 한다. 정치학에서의 발전은 서구화, 산업화, 문자해독률 증가 등 사회경제적 발전, 규칙적 정권교체, 자유로운 선거, 다당제 등 서구식 민주주의의 확산, 정치구조의 분화, 전문화, 세속화 등 정치문화의 발전을 의미한다.

제2차 세계대전 이후 서구와 제3세계의 많은 정치이론가와 정책입안자들은 제3세계 발전 문제에 주목하기 시작했다. 이와 관련된 이론으로는 서구 중심적 관점의 근대화이론과 비(非)서구 국가의 입장을 반영한 종속이론이 대표적이다. 페미니스트 학자들은 여성의 역사적·사회문화적 경험이 제3세계 발전과 어떠한 관련성을 갖는지를 고찰하며 발전이론에 페미니스트 관점을 넣기 위해 노력했다.

근대화이론은 제3세계 여성을 발전의 희생자이며, 가부장제하에서 수탈당하는 약하고 수동적인 존재로 묘사한다. 따라서 근대화이론은 선진국과 국제원조기구들이 마련한 각종 프로그램을 통해 제3세계 여성들이 계몽되어 발전의 능동적 주체가 되어야 한다고 주장한다. 이와 관련해 페미니스트 발전이론은 제3세계 여성을 억압과 착취의 대상이 아니라 발전을 위해 투쟁하는 주체적인 존재로 바라봐야 한다고 주장한다. 이 장에서는 제3세계 발전을 페미니스트 관점에서 이해하기 위해 제3세계라는 용어의 의미를 명확히 하고, 근대화이론과 종속이론을 설명한 후, 두 이론이 여성문제를 어떻게 이해했는가를 살펴볼 것이다. 다음으로 페미니스트 발전이론의 내용과 특징을 언급하고 유엔 차원에서 전개된 여성발전 전략들의 성과와 한계에 대해 지적할 것이다.

제3세계의 의미

제3세계는 후진국, 발전도상국, 주변부, 남(The South), 저발전국 등과 함께 세계의 빈곤한 국가군을 의미한다. 세계를 몇 개의 국가군으로 분류하는 것은 발전 수준과 사회문화적 특징이 유사한 국가들을 하나의 대상으로 표현하고자 할 때 유용하다. 세계의 빈곤한 국가군을 의미하는 여러 용어들은 각각 다른 관점과 내용을 포함한다.

후진국은 사회경제적 단계 및 문화적 수준에서 아직 선진국에 도달하지 못한 국가군, 즉 선진국 이전 단계의 국가들을 말한다. 발전도상국은 경제발전 수준이 저발전 상태를 벗어났으나 발전 수준에는 아직 도달하지 못한 국가들을 지칭한다. 따라서 발전도상국의 개념에는 교육, 보건, 기대수명과 같은 사회발전 수준이 포함되지 않는다.

세계체제론에서 주로 사용되는 개념인 주변부(periphery)는 세계체제의 가장 하위에 속하며, 중심부(center)와 준주변부(semi-periphery)의 수탈을 당하는 국가군을 말한다. 주변부라는 개념은 1940년대 형성된 초기 종속이론에서도 사용되었다. 초기 종속이론은 국제 노동분업의 위치에 따라 세계경제가 중심부와 주변부 국가로 구분되지만, 주변부 경제 안에서도 중심부와 주변부가 존재한다고 주장했다.

남이라는 개념은 남반구와 북반구라는 두 개의 지리적 구분에 내포된 발전의 특징을 반영한다. 하지만 남반구의 호주, 뉴질랜드 등은 발전된 국가에 속하고 라틴아메리카와 중앙아시아의 일부 북반구 국가들은 저발전 상태에 있다. 따라서 남이라는 개념은 지리적 의미보다는 '남북관계'라는 용어처럼 북반구와 남반구의 불평등한 지역 관계를 언급할 때 주로 사용된다.

저발전(underdevelopment)은 발전이 되지 못한 상태를 뜻하는 미발전

(undevelopment)과는 다른 의미이다. 미발전이 발전 이전의 상태인 반면, 저발전은 중심부와 주변부로 구조화된 세계질서에서 중심부의 힘의 논리에 의해 착취당하는 '다른 형태의 발전'을 의미한다. 저발전 국가들은 식민통치 경험이라는 역사적 공통점 이외에도 빈부격차, 과중한 외채 부담, 과학과 기술 결핍, 의료와 교육시스템 부족, 전쟁과 같은 정치 불안, 부정부패, 가부장적 전통문화 존속 등 다양한 특징을 공유한다.

냉전 시대 이념 대립의 산물인 제3세계(Third World) 개념은 제1세계(자본주의)와 제2세계(사회주의)에 속하지 않으며 비동맹노선을 추구하는 저발전국 또는 발전도상국을 의미한다. 주로 중동, 남아시아, 라틴아메리카, 아프리카, 오세아니아 지역에 분포되어 있는 국가들이 제3세계에 속한다. 제3세계 개념은 프랑스 인구통계학자 알프레드 소비(Alfred Sauvy)가 1952년 ≪롭세르바퇴르(L'Observateur)≫지의 글에서 냉전기 공산주의 소비에트 진영과 자본주의 NATO 진영에 속하지 않은 국가들을 지칭하게 위해 사용하면서 알려졌다. 소비는 프랑스대혁명 당시 제1신분(성직자)과 제2신분(귀족)에 저항했던 제3신분(평민)에서 제3세계라는 용어를 착안했다. 제3신분과 제3세계는 모두 착취당하는 동시에 혁명적 변화를 추구한다는 특징이 있다는 것이다.

제3세계 개념을 경제발전 수준에 따라 규정하는 경우도 있다. 이 경우 제1세계는 미국과 소련의 초강대국을, 제2세계는 유럽과 일본 등 강대국을, 제3세계는 중국과 인도 등 국제적 영향력이 큰 발전도상국과 풍부한 자원을 보유한 국가를 의미한다. 중국의 마오쩌둥이 1974년 잠비아공화국 대통령과의 회담에서 이 분류법을 사용했다. 1974년 유엔자원특별총회에서는 경제발전으로 인해 사회발전이 약간 진전되었으나 유력한 자원이 없는 후발 발전도상국을 제4세계로, 가장 극빈한 상태의 국가를 제5세계로 부르기도 했다.

현실세계에서 제3세계라는 용어가 널리 확산된 계기는 냉전기 유고슬라비아, 인도, 이집트 등이 제1세계와 제2세계 어느 쪽에도 속하기를 거부하며 비동맹운동을 시작하면서부터이다. 제2차 세계대전 직후 미국과 소련은 신생 독립국에 대한 영향력을 두고 경쟁하고 있었다. 이 상황에서 유고슬라비아, 인도, 이집트 등은 자본주의와 공산주의 진영의 모든 국가들과 호혜적 관계를 유지할 수 있다고 보았다. 또한 이 국가들은 자본주의와 사회주의의 길이 아닌 제3의 길을 통해 발전에 이를 수 있다고 보았다.

제3세계 정치운동이 구체화된 것은 1955년 반둥회의 이후이다. 이 회의에 참석한 29개국 대표들은 상호 연대와 협력을 통해 미국과 소련 주도의 세계질서에 대응할 것을 강조하며 1960년대까지 비동맹운동을 이끌었다. 제3세계 국가들은 남남협력(南南協力, south-south cooperation)을 통해 경제적 자립을 달성하고자 했지만, 1970년대 들어 이 국가들 간 불균등 발전이 심화되면서 제3세계 내부의 이념적·정치적 결속력이 약화되었다.

탈냉전 이후로 제2세계가 실제의 역사 무대에서 사라지자 제1세계와 제3세계의 의미에 근본적인 수정을 가할 필요가 있었다. 제1세계는 모든 발전된 국가를 총칭하는 의미로 확장되었고, 제3세계는 발전에 이르지 못한 모든 주변부 국가군, 최하위의 경제발전 단계 및 인간발전지수(Human Development Index: HDI)를 보이는 국가군, 또는 저발전국과 발전도상국을 총칭하는 의미 등으로 사용되어왔다. 이와 함께 제3세계라는 용어의 학술적 의미는 퇴색되었다. 그러나 사하라 이남의 아프리카, 서남아시아, 중앙아시아, 동유럽, 라틴아메리카 등의 지역에 분포된 경제발전 수준이 매우 낮은 최소발전국(least developed countries)을 지칭할 때나, 산업이 거의 부재하고 농업이나 광업에 크게 의존하며 빈곤의 악순환, 높은 출산율, 경제의 대외종속이 특징적인 최빈국을 일컬을 때에 제3세계라는 용어의 사용 빈도는 여전히 높다. 냉전 시대에 자원을 보유하지 못한 후발 발전도상국을 지칭하던 제4세계라는 용어는 최근 들어 제1세계에 거주하는 20%의 빈곤한 계층이나 제3세계에 사는 극빈한 상태의 소외 계층이라는 새로운 의미로 사용되고 있다.

전통적 발전이론과 여성

근대화이론

전통 정치학에서 발전이론은 제3세계 국가를 연구 대상으로 한다. 발전이론의 출현은 제2차 세계대전 직후로서, 당시 국제무대에 등장한 수많은 신생 독립국의 발전에 관한 학문적 관심이 커지고 있었다. 당시 발전이론의 목적은 오랜 식민통치를 경험한 아프리카, 아시아, 라틴아메리카 국가들의 정치경제적 후진성의 원인을 분석하고 향후 정치발전을 위한 사회경제적 조건을 고찰하는 것이었다.

미국과 라틴아메리카 정치학자들은 각각 근대화이론과 종속이론으로 제3세계 발전이론을 체계화했다. 제3세계 발전을 위한 대안으로 근대화이론은 서구 자본주의 발전의 길을, 종속이론은 사회주의 또는 민족주의 발전의 길을 제시한다는 점에서 보면 두 이론은 냉전적 양극체제의 시대적 산물이라 할 수 있다. 이념 대립이 첨예한 정치발전 연구의 공간 속에 페미니스트 시각이 들어갈 틈은 거의 없었다.

자유주의 정치경제학의 영향을 받은 근대화이론은 신생 독립국들이 공산주의가 아닌 자본주의를 선택해야 하는 이론적 근거를 제공했다. 근대화는 곧 경제성장이며 서구 자본주의 국가들이 걸었던 길을 그대로 따라가면 근대화, 산업화, 도시화를 달성할 수 있다는 것이다. 근대화이론은 제3세계 국가들이 빈곤과 후진적 상태에 있는 것은 아직 근대화에 도달하지 못했기 때문일 뿐이며, 이 국가들도 점진적 과정을 거쳐 전통사회에서 근대사회로의 발전에 이를 수 있다고 설명한다. 근대화이론에 따르면 제3세계 발전은 단계적 과정, 동질화 과정, 서구화 과정, 역행할 수 없는 과정이며 그 밖의 다른 발전의 길은 인정되지 않는다.

미국의 경제사학자 월트 로스토(Walt Whitman Rostow)는 모든 국가는 전통사회(traditional society), 도약을 위한 준비(preconditions for take-off), 도약(take-off), 성숙을 향한 추진(drive to maturity), 고도의 대중소비(high mass consumption)라는 다섯 단계를 거쳐야만 근대화를 이룰 수 있다고 주장했다. 특히, 그는 제3세계 국가들이 근대적 발전을 이루기 위해 세 번째의 도약 단계를 반드시 거쳐야 한다고 보았다. 그런데 이 도약 단계를 지나기 위해서는 선진국의 기술과 자금 지원이 반드시 필요하다. 이에 따라 그는 제3세계 국가들이 선진국의 자본과 기술을 적극적으로 도입해야 근대화에 이를 수 있다는 결론을 내린다. 로스토의 이러한 인식은 1980년대 이후 IMF와 세계은행이 제3세계 국가들에 대해 신자유주의 구조조정을 강요할 수 있는 이론적 근거로 활용되었다.

근대화이론은 1950년대와 1960년대 선진국과 국제원조기구들의 초기 여성지원 프로그램을 공식화하고 실행에 옮기는 데 긍정적으로 기여했다. 그러나 이 여성지원 프로그램의 기본 관점은 제3세계 여성이 후진 사회의 후진적 구성원이라는 전통적 인식에 머물러 있었다. 근대화이론은 제3세계 여성이 취약 계층이고 복지의 대상이며, 발전의 능동적 참여자이기보다는 수동적 수혜자이고 부차적 소득 창출자로서 사회적 지원이 필요한 계층이라고 인식했던 것이다. 또한 근대화이론은 제3세계 발전 과정에서 나타난 성 불평등의 측면을 이해하는 데 큰 관심을 두지 않았다. 발전 과정에서의 불평등한 여성 참여는 남성이 걸어간 길을 따라가면 자연스럽게 해결될 수 있는 문제라고 이해했다.

　　1970년대 초 근대화이론은 위기를 맞게 되었다. 서구의 자본과 기술을 활용해 제3세계 경제는 급속히 성장했지만, 소득 재분배나 복지 효과로 이어지지 않았고 빈곤과 실업 문제는 오히려 심화되었다. 근대화이론이 서구 중심적 낙관주의에 빠져 신생국의 현실을 제대로 바라보지 못했다는 비판이 일었다. 1980년대 이후 근대화이론과 같은 논리로 진행된 신자유주의 구조조정도 고용 기회 및 소득 감소, 의료비 지출 삭감, 보건시스템 악화와 같은 부정적 결과를 가져왔다. 이에 제3세계 빈곤층은 더욱 열악한 상황에 놓이게 되었다. 제3세계에서는 빈곤층의 70%가 여성이었다. 이 여성들은 경제 분야의 성 불평등이 지속되는 불리한 여건 속에서 신자유주의 구조조정이 시행됨으로 인해 더욱 곤궁한 상태에 빠졌다.

　　근대화이론은 발전 과정에서 악화되는 여성의 삶에 대해 관심을 기울이지 않았다. 또한 근대화이론은 교육, 의료, 보건 부문의 신자유주의 구조조정이 결국 가족 부양을 담당하는 여성에게 더욱 과중한 책임을 부과한다는 점에 대해서도 주목하지 않았다.

종속이론

종속이론은 제3세계 국가의 저발전 원인이 중심부와 주변부 국가 사이에 불평등하게 구조화된 세계경제에 있다고 가정한다. 이러한 가정을 근거로 제3세계 발전의 대안이 세계경제로의 통합인가 또는 이탈인가에 관한 논의가 시작되었다. 구조주의·개혁주의 종속이론은 제3세계 국가가 적절한 발전 전략을 추진하고 자본과 기술, 수출시장을 확보한다면 발전할 수 있다고 보았다. 반면 마르크스주의 종속이론은 세계경제로부터의 단절만이 제3세계 국가가 발전할 수 있는 유일한 길이라고 보았다.

구조주의·개혁주의 종속이론은 1940년대에 유엔 라틴아메리카경제
위원회(The United Nations Economic Commission for Latin America: ECLA)
의 구조주의 경제학자들에 의해 체계화되었다. 유엔은 제3세계 국가의 발
전 전략을 지원하기 위해 ECLA를 구성했다. 아르헨티나 경제학자 라울 프
레비시(Raúl Prebisch)는 라틴아메리카 저발전의 핵심 원인이 세계경제의
중심-주변 구조에 있다고 보았다. 주변부는 1차 산업을 담당하고 중심부
는 고부가가치 산업을 담당하는 세계경제의 구조는 주변부의 교역 조건을
악화시키는 경향이 있다는 것이다. 프레비시는 제3세계 발전을 위한 해결
책으로 국가 주도의 수입대체산업화 전략을 제안했다. 그는 라틴아메리카
국가들이 고율의 관세장벽을 이용해 신생 산업과 국내시장을 보호한다면
국내 경제의 발전과 중산층의 형성이 가능하리라고 보았다. 그는 라틴아
메리카의 협소한 국내시장 문제는 규모의 경제를 통해, 다시 말하면 라틴
아메리카 공동시장의 창설을 통해 해결할 수 있으리라 보았다.

　　1940~1970년대 아르헨티나, 칠레, 우루과이, 브라질, 멕시코 등이 추
진한 수입대체산업화는 구조주의·개혁주의 종속이론의 주장을 실제 정책
에 적용한 것이었다. 그러나 라틴아메리카의 수입대체산업화는 1차 산품
수출소득에 의존한 수입대체화였다는 점, 자본집약적 부문에 집중해 수입
대체화가 진행되었다는 점, 협소한 국내시장 문제를 해결할 수 없었다는
점, 도농 간 불균형의 심화와 실업 증가 및 소득격차 확대라는 결과를 초
래했다는 점 등의 문제를 안고 있었다.

　　이러한 ECLA 수입대체산업화 모델의 문제점은 1960년대 말에 마르
크스주의 종속이론이 등장하는 데 단초를 제공했다. 마르크스주의 종속이
론은 제3세계 저발전이 세계자본주의 팽창과 제국주의 침탈에 따른 결과
라고 주장했다. 자본주의체제에서 이탈하지 않는 한 제3세계 국가의 발전
은 불가능하다는 것이다. 마르크스주의 종속이론가 안드레 군더 프랑크

(Andre Gunder Frank)는 월트 로스토의 발전 개념을 비판하며 '저발전의 발전(development of under-development)'이라는 용어를 고안했다. 프랑크는 세계경제가 선진 산업에 기반을 둔 '발전된 중심부'와 1차 산품 생산과 수출에 의존하는 '저발전된 주변부'로 양분되어 있다는 프레비시의 주장을 받아들인다. 16세기 이후 세계경제는 자본주의 경제이며, 경제 잉여가 주변부에서 중심부로 유출된 결과 중심부는 발전의 길을, 주변부는 저발전의 길을 걷게 되었다는 것이다. 프랑크는 자본주의가 침투하기 이전 라틴아메리카는 미발전 상태였고, 중심부 자본주의가 침투하면서 저발전 상황이 전개되었다고 주장했다. 그는 저발전의 악순환에서 벗어날 수 있는 유일한 해결책이 세계자본주의와의 고리를 끊고 쿠바처럼 사회주의 길을 선택하는 것이라는 점을 명확히 했다.

프랑크의 '저발전의 발전' 개념은 제3세계 발전이 정체(stagnation)되어 있다는 비현실적 가정 때문에 많은 비판을 받았다. 페르난두 엔히크 카르도주(Fernando Henrique Cardoso)와 엔소 팔레토(Enzo Faletto), 사미르 아민(Samir Amin)은 프랑크의 '저발전의 발전' 개념을 수정해 '종속적 발전' 개념을 제안했다. 종속적 발전은 국제자본, 국내자본, 주변부 국가의 동맹을 통해 제3세계가 제한적 발전 수준에 도달하는 것을 말한다. 세계체제론자 이매뉴얼 월러스틴(Immanuel Wallerstein)의 '반주변부'와 마르크스주의 종속이론가 후이 마우루 마리니(Ruy Mauro Marini)의 '하위제국주의'는 제한적 수준의 발전을 이룬 소수 주변부 국가들을 지칭하기 위해 고안된 개념이다. 그러나 종속적 발전도 저발전의 발전과 마찬가지로 세계자본주의 체제로부터의 이탈만이 제3세계 국가들이 발전에 이를 수 있는 유일한 해결책이라고 보았다.

1980년대 이후 구조주의·개혁주의 종속이론은 신자유주의 경제정책을 비판하며 국가가 주도하는 산업화 프로젝트가 여전히 유효한 전략이라는 입장을 견지하고 있다. 마르크스주의 종속이론은 1990년대 이후 사회주의 진영의 붕괴를 계기로 시민운동론에서 반세계화론에 이르기까지 다양한 변신을 모색하고 있다.

종속이론은 페미니스트 발전이론을 정립하는 데에 긍정적으로 기여했다. 서구 자본주의의 침투로 제3세계의 경제가 시장 지향적인 근대산업부문과 생존을 위한 전통적인 농업부문으로 양분된다는 종속이론의 이중경제(dual economy) 개념은 전통적 농업부문에

마리니의 하위제국주의

마리니는 다른 라틴아메리카 국가들과 근본적인 차이를 보이는 브라질의 자본주의 발전에 대해 하위제국주의(subimperialism)라는 개념으로 설명했다. 브라질 출신이며 마르크스주의 종속이론가인 마리니는 임금노동의 초과 착취(superexploitation)가 브라질 등 주변부 자본주의 발전의 보편적 특징이라는 점을 지적한다. 그렇지만 브라질, 한국 등 극히 일부 주변부 국가는 군사정권, 국내 부르주아, 제국주의(국제자본주의)의 연계를 통해 하위제국주의가 되는 데 성공했다고 설명한다. 『비교정치학 이론』에서 칠코트(Ronald.H. Chilcote)는 종속에 관한 접근법을 공부할 때 마리니의 하위제국주의 개념을 반드시 검토해야 한다고 강조한다.

서 일하는 여성의 삶이 어떻게 왜곡되는가를 잘 설명해준다. 국제적 차원과 국내적 차원의 중심-주변 구조를 강조한 종속이론은 '내부 식민주의'하에서, 즉 제3세계 국가 내 저발전 지역에서 주민들이 이중적 차별을 겪고 있으며 여성의 경우 삼중의 차별을 겪을 수 있음을 추론할 수 있게 한다.

그러나 종속이론은 여성문제를 계급이나 착취 문제로 환원하고 자본주의가 사라지면 여성 억압 문제도 자동적으로 해결될 것이라는 전통적 마르크스주의의 인식을 공유했다. 여성의 가사노동은 마르크스주의뿐 아니라 종속이론에서도 노동임금을 인하하고 여성노동을 부차적 노동으로 만드는 요인으로 저평가된다. 생산노동과 재생산노동을 분리하는 전통적 마르크스주의의 사고와 마찬가지로 종속이론은 여성이 수행하는 재생산노동의 가치를 인정하지 않는다. 또한 종속이론은 근대화이론처럼, 많은

제3세계 여성이 전통 농업사회에서 사회적 가치를 인정받지 못한 채 과중한 무임금노동을 수행하고 있으며, 근대산업부문에서도 열악한 조건 속에서 저임금노동에 종사하거나 개별 가정의 가사노동자로 일하지만, 여성 노동력의 가치는 제대로 인정받지 못하고 있다는 문제에 대해 큰 관심을 기울이지 않았다.

페미니스트 발전이론

페미니스트 발전이론은 제3세계 경제성장이 여성의 경제적 역할과 정치적·사회적 지위에 어떠한 영향을 미쳤는가에 관해 고찰한다. 서구에서 산업화는 직업의 분화와 전문화를 촉진하고 직업의 수를 늘려 여성의 취업기회를 넓히는 데 기여했다. 또한 남녀평등권에 대한 법적 보장도 서구 여성의 경제적 권리를 확대시켰다.

페미니스트 발전이론에 따르면 제3세계 여성들은 근대사회보다 식민통치 이전의 전통사회에서 더 많은 자율성과 평등을 누렸다. 전통사회에서 가정은 생산노동과 재생산노동의 기본 단위였고, 성별 노동분업은 상호 보완적이고 수평적이었다. 여성의 경제적 비중이 높았기 때문에 사회적 지위도 양호했다. 그러나 제3세계에서 산업화가 시작되고 가정의 기능이 사회화되자 여성의 일상적 삶도 변화 과정에 놓이게 되었다. 여성의 전통적 지식은 비과학적이라고 평가되었고, 생산부문에서 통제력을 상실한 여성은 정책 결정 과정에서 권한이 약화되었다.

페미니스트 발전이론은 제3세계 경제의 주요 특징 중 하나로 근대화된 자본주의 산업부문과 생존을 위한 전통적이고 초보적인 농업부문이 공존하는 이중구조를 들었다. 제3세계 여성은 경작, 파종, 수확, 제초, 곡류

정제, 채집, 목축, 건초 제조와 같은 노동에 주로 참여한다. 그러나 여성의 이러한 노동은 공식 노동시장에서 합당한 가치를 인정받지 못하는 무임금 노동이다. 도시 산업부문에서도 제3세계 여성은 가격경쟁력을 높이려는 기업 저임금 정책의 대상이다. 이에 따라 여성들은 대체로 임금 수준이 낮은 후진적 산업부문에서 일하고, 남성들은 보수가 높은 기술산업부문에서 일한다. 도시 여성노동은 비공식적인 서비스부문이나 개별 가정의 가사업무에 활용되는 경향이 강하다. 케이트 영(Kate Young)은 멕시코의 사례를 분석하며 성장 위주의 발전 과정이 부유층 여성에게는 독립적인 지위 상실로, 저소득층 여성에게는 사회적 노동과 가사노동이라는 이중적 노동 부담 심화로 이어졌다고 주장한다. 제3세계 국가에 대한 선진국과 국제원조기구들의 신용 제공 및 기술 지원은 가족의 수장인 남성에게 더 많은 혜택을 제공한다. 이에 따라 성역할 분리는 고착화되고 가부장적 권력은 유지 및 재생산되는 것이다. 제3세계 여성은 발전 과정에서 소외됨으로써 경제부문에서 능력이 약화되고 정치·사회·문화 부문에서의 실질적 참여도 저하되는 상황에 직면한다.

페미니스트 발전이론은 국제 노동분업과 성별 노동분업의 구조에 따라 제3세계 여성이 세 가지 투쟁 상태에 놓이게 된다고 지적했다. 가부장제하 여성으로서의 투쟁, 저발전국 여성으로서의 투쟁, 국내의 빈곤한 농촌 지역 여성으로서의 투쟁이 그것이다. 제3세계 여성은 육아와 노동력 유지라는 재생산노동을 담당할 뿐 아니라 소득 창출을 위한 생산노동에도 참여하고 식수, 의료, 주택과 같은 공동체관리 노동도 수행해야 하는 막중한 책임을 떠맡고 있다. 이 가운데 재생산노동과 공동체관리 노동은 여성이 담당하는 사적 노동이자 무임금노동이라는 편견 때문에 정당한 가치를 인정받지 못한다. 이러한 점으로 미루어보아 제3세계 여성은 발전 비용은 감당하지만 발전의 혜택에서는 배제된다. 전통적 발전이론의 주장과 달리

제3세계 여성은 발전 과정에 참여가 부족하기 때문이 아니라 오히려 참여의 과잉으로 고통을 받는 것이다.

에스테르 보세루프(Ester Boserup)는 아시아와 아프리카 여성들이 전통사회에서 남성보다 더 활발하게 경제활동에 참여했고 더 우월한 사회경제적 지위를 누렸으나 근대화 과정에 적응하지 못한 결과 기존의 지위와 역할을 상실했다고 주장한다. 남성이 근대화 주역으로서 도시 산업부문에 진출한 것과는 달리 여성은 도시의 새로운 경제구조 안에서 부차적 노동자로 전락하거나 역동성을 상실한 전근대적 농업부문을 담당하게 되었다는 것이다. 보세루프는 근대화가 남녀의 불평등 상황을 악화시켜 여성에게 부정적 영향을 미치는 과정을 상세히 고찰하며 제3세계 발전이론에 여성의 생산노동을 포함시켜야 한다고 주장했다. 보세루프는 제3세계 여성이 공식적 가치를 인정받는 노동자로서 다양한 생산부문에 더 많이 참여해야 한다는 인식하에 자유주의 페미니즘의 관점을 받아들였다. 남녀의 불평등한 교육 기회가 여성 저발전의 원인이며, 여성에게 체계적인 교육 기회를 제공하고 여성을 남성과 동일하게 발전 과정에 통합시키는 것이 그 해결책이라고 주장했다. 보세루프의 페미니스트 발전이론은 유엔에 의해 추진된 1970년대 중반 여성발전 프로그램의 확립에 크게 기여했다.

나디아 유세프(Nadia Haggag Youssef)는 라틴아메리카와 중동 지역 여성의 경제활동 분석을 통해 제3세계 여성의 취업이 사회문화적 환경에 영향을 받는다는 것을 입증하고자 했다. 유세프는 동일한 경제발전 수준의 국가들이 여성의 경제활동 참여 면에서는 다른 결과를 보인다는 점에 주목했다. 그 이유로 유세프는 제3세계 여성의 경제활동 참여가 경제발전의 정도보다는 사회문화적 특징에 의해 좌우된다는 점을 들었다. 예컨대 중동 지역에서는 여성이 경제활동에 참여하는 일이 여성 자신뿐 아니라 남편이나 가족의 명예를 훼손하는 행위로 인식된다. 라틴아메리카의 경우 여성의 경제활동 참여는 주로 빈곤층 여성들을 중심으로 이루어진다. 유세프는 중동과 라틴아메리카 사례의 분석을 통해 여성의 경제활동 참여와 사회적 지위 향상이 반드시 정비례하는 것이 아니라는 점을 강조했다.

유엔의 제3세계 여성발전 프로그램

1950년대와 1960년대 다수의 제3세계 국가들은 서구식 모델을 통한 산업화와 경제발전 전략을 추진했다. 그러나 제3세계 저소득층 여성이 성장 위주 발전 과정에서 소외되어 열악한 상황을 극복하지 못하고 있다는 인식이 확산되었다. 유엔을 비롯한 국제사회와 페미니스트 발전이론가들은 제3세계 국가의 경제성장이 저소득층 여성의 생활 여건 개선으로 이어지지 못하는 이유가 무엇인가를 두고 고심하기 시작했다.

이에 대해서는 두 가지의 상이한 입장이 존재한다. 하나는 제3세계 여성의 열악한 상황은 성장 위주 발전 전략 자체보다 발전 과정에 여성이 제대로 통합되지 못했기 때문이라는 관점이다. 보세루프가 이론적 근거를 제공한 이 관점은 유엔 차원에서 진행된 발전 속의 여성(Women in Development: WID) 프로그램에 반영되었다. 또 다른 관점은 성별로 구조화된 사회적 역할 분리가 제3세계 여성의 삶을 어렵게 했다는 것이다. 그 해결책은 여성들의 권력화(empowerment)를 통해 남성 위주로 구조화된 권력의 배분과 통제 방식을 시정하는 것이다. 이 관점은 WID 프로그램 이후 유엔 차원에서 진행된 젠더와 발전(Gender and Development: GAD) 프로그램에 반영되었다. WID와 GAD는 제3세계 발전과 여성이라는 의제를 제도화한 유엔의 대표적 정책들이다.

WID는 1950년대와 1960년대 제3세계 국가에서 경제발전의 혜택이 여성에게 공정하게 분배되지 않아 여성의 소외가 발생했다는 점을 지적하며 등장한 유엔 최초의 포괄적인 여성발전 프로그램이다. 자유주의 페미니즘에 기초한 WID는 제3세계 여성을 복지의 수동적 대상이 아닌 경제발전의 적극적인 참여자로 인정한다. 그간 과소평가되어온 여성노동이라는 경제 자원을 발전 전략에 적극 활용함으로써 여성발전과 성평등의 목표를 달성할 수 있다는 것이다.

1960년대까지 제3세계 근대화 전략은 발전을 국가적 목표로 두었다. 그러나 발전 과정에서 여성에 대한 고려는 미흡했고, 여성은 발전의 수동적인 수혜자라고 인식되었다. 식민지 시대 후진적 사회의 후진적 구성원이라는 제3세계 여성에 대한 편견은 독립 이후에도 오랫동안 지속되었다. 1950년대 들어 미국은 근대화이론을 근거로 제3세계 원조정책을 시행했지만, 여성에 대한 관심은 식량정책과 인구정책의 두 영역에 머물러 있었다. 또한 제3세계 여성은 발전의 수동적 수혜자이고, 모성은 여성의 가장 중요한 사회적 특성이며, 육아는 경제발전을 위한 효과적인 여성의 역할로 간주되었다. 이에 따라 여성은 장애인이나 병약자처럼 원조나 지원이 필요한 취약 계층으로 인식되어 복지의 대상이 된 것이다.

그러나 1970년대 들어 서구 페미니스트 운동의 성과에 힘입어 유엔을 비롯한 국제원조기구들은 여성과 발전 문제에 큰 관심을 기울이기 시작했다. 유엔은 1975년을 세계여성의 해로, 1976~1985년을 유엔 여성 10년으로 선포하는 한편 여성의 평등, 발전, 평화의 달성을 주요 목표로 설정했다. 또한 제3세계 여성발전을 장려하기 위해 WID를 도입했다. WID는 공식 통계로는 잡히지 않지만 제3세계 여성이 농촌사회에서 생산의 주요 담당자라는 사실을 인정한다. 그리고 이 여성들의 실질적 발전을 위해서는 이들을 경제발전의 가용 자원으로 활용해 공식적인 발전 과정에서 여성참여를 증대시키고 성평등을 달성하는 것이 중요하다고 보았다. WID의 기본 전제는 시장의 효율성과 기회의 평등에 대한 확신이었다. 다만 제3세계 여성은 국가의 성장 위주 발전 과정에서 가장 하위에 편입되었기 때문에 저발전의 상황에 놓이게 되었다는 것이다. 만일 발전 과정에서 소외된 여성이 남성과 동등하게 발전 과정에 참여하게 된다면 발전의 효율성도 증대될 것이다.

1970년대와 1980년대 WID는 가족계획, 요보호 여성의 복지, 영양, 보건, 소득 창출이라는 제3세계 여성의 실질적 요구를 충족시키는 데 기여했다. 그러나 1980년대 초 심각한 경제위기가 발생하고 신자유주의 구조조정이 실시되어 제3세계 여성의 저발전 상황이 오히려 악화되자 WID의 적실성에 대한 의문이 제기되었다. 페미니스트 학자들은 WID가 성별로 구조화된 불평등한 사회적 관계를 문제 삼지 않고 주어진 사회경제구조의 틀 안에서만 여성 집단의 지위 개선을 모색한다고 비판했다. WID에 대한 가장 핵심적인 비판은 '발전'의 의미를 '경제성장 및 경제발전'과 동의어로 사용한다는 점이다. 이러한 점으로 보아 WID의 발전 개념은 근대화이론에서 주장하는 발전 개념과 일맥상통하는 측면이 있다. WID에 대한 또 다른 비판은 제3세계 여성을 동질적 이해관계를 가진 집단이라고 규정한다는 것이다. WID는 국가별로 상이한 사회경제적 배경, 자본축적 과정에서 발생한 젠더 불평등의 다양성, 여성 내부의 계층화 등에 관해서는 효과적으로 설명하지 못했다.

GAD는 성 불평등 문제를 WID처럼 여성만의 문제로 보지 않고, 성별 권력관계를 통해 사회적으로 구조화되는 방식과 불균등한 자원배분이 만들어낸 젠더관계의 문제로 바라본다. 따라서 제3세계의 여성발전 전략은 여성을 주류 발전 과정에 '끼워 넣기'보다는 가부장적 사회의 젠더관계 틀 자체를 변화시키는 데 초점을 맞추어야 한다고 주장했다. 1985년 나이로비에서 열린 유엔 제3차 세계여성대회에서는 WID에 대한 비판적 평가와 함께 제3세계 발전의 평등한 젠더관계를 강조하는 GAD가 논의되기 시작했다.

GAD는 WID가 제3세계 여성을 발전프로그램의 수혜자로 인식한다고 비판하며 이 여성들을 독자적으로 조직할 수 있는 능동적 행위자로 간주해야 한다고 주장했다. 여성이 남성과 동일하게 정책 결정 과정에 참여하고 정치권력을 공유할 때 여성의 지속 가능한 발전이 이루어진다고 본 것이다. 사회주의 페미니즘에 영향을 받은 GAD는 제3세계 여성이 발전 과정에 통합되지 못했기 때문에 저발전 상황에 놓이게 되었다는 WID의 주장을 비판한다. 또한 현재의 사회경제구조를 유지한 채 여성에게 참여할 기회를 부여하는 WID의 전략은 제3세계 여성발전의 근본적인 해결책이 될 수 없으며, 제3세계 국가에 만연한 가부장제와 남성우월주의를 타파하려는 노력이 선행되어야 한다는 것이다. 이러한 주장에 따라 GAD프로그램은 WID가 강조하는 여성에 대한 교육, 훈련, 신용 제공보다 여성에게 남성과 동등한 역할과 권한을 부여해 남성 위주의 권력 배분과 통제 방식을 시정하는 것에 초점을 맞추고 있다.

이와 같이 GAD는 여성과 발전 문제에 대해 WID와 다른 입장을 취하지만 실제로 GAD의 단기 정책은 WID와 마찬가지로 교육, 훈련, 신용 제공, 법체계 개선 등에서 벗어나지 못했다. 다만 GAD는 제3세계 여성들의 권력화를 통해 젠더관계를 구조화하는 제도 및 이념에 대항한다는 장기적 실행계획을 제시했다. GAD는 기존의 발전 전략이 성차별적이라는 점을 밝히고, 모든 부문의 발전계획에 젠더 관점을 통합해야 한다고 주장했다.

이러한 주장은 1995년 베이징에서 개최된 제4차 세계여성대회에서 채택한 성 주류화 전략에 적극 반영되었다. 성 주류화 전략은 빈곤, 교육, 건강, 여성폭력을 비롯한 25개 영역에서 젠더 관점의 주류화를 주장한다. 이 전략은 사회의 모든 부문에서 여성의 질적 참여를 증대시키고, 모든 정책 결정 과정에 젠더 관점을 도입해 남성 주도의 사회경제구조를 시정하려 한다는 점에서 GAD의 문제의식을 반영한 것이다.

성 주류화 전략은 제3세계 여성뿐 아니라 제1세계 여성의 불평등을 해소하기 위한 제도 변화를 포함한다는 점에서 GAD와 차이가 있다. 성 주류화 전략을 옹호하는 입장에서는 성 주류화가 제3세계 정부를 효율적이고 민주적으로 만듦으로써 제3세계 여성발전에 기여할 수 있을 것이라고 주장한다. 그러나 사회주의 페미니스트들은 성 주류화 전략이 성평등 쟁점을 제도화함으로써 이 쟁점이 탈정치화될 수 있다는 점을 우려했다. 또한 제3세계 페미니스트들은 성 주류화 전략이 제3세계 여성문제에 대한 국제적 관심을 떨어뜨릴 가능성이 있다는 점을 우려했다.

탈냉전 시대에 들어 제3세계 발전에 대한 연구는 이념적 해결책을 제시하기보다 내전, 테러, 학살, 인종 분규, 종교분쟁의 빈번한 발생과 신자유주의 세계화로 빈곤의 악순환에서 벗어나지 못하는 제3세계 국가들의 저발전 문제에 관해 다양한 해석과 해결책을 제공하고 있다. 이와 관련해 제3세계 여성이 저발전 국가의 노동자인 동시에 가부장제하의 여성이라는 이중 차별을 겪으면서 제1세계 여성이나 제3세계 남성과 다른 차원의 빈곤화를 경험한다는 점이 지적되어야 할 것이다. 또한 제3세계 국가, 국가 내 빈곤 지역, 그 지역 안에서 생활하는 빈곤층 여성의 저발전은 제3세계 남성 및 제1세계 여성의 발전과 밀접히 관련되어 있다는 점도 주목해야 한다. 그런데 제3세계 여성발전에 관한 WID의 자유주의적 시각과 GAD의 사회

> **제3세계 페미니즘**
>
> 제3세계 페미니즘은 서구 페미니즘과 대립되는 이념이며 백인 페미니스트들이 유럽중심주의적 관점으로 제3세계 여성문제를 인식하는 데에 비판적 입장을 견지한다. 또한 서구 페미니스트들이 강조하는 젠더관계와 계급문제만으로는 제3세계 여성문제를 제대로 이해할 수 없으므로 인종문제, 문화적 차이, 식민 통치의 역사 등도 함께 고려해야 한다고 주장한다.

주의적 시각은 모두 제1세계가 제3세계 여성발전을 관리해야 한다는 관점을 가지고 있다. 이러한 점에서 두 시각은 제3세계 여성이 하나의 동질적 집단이 아니며, 그 내부에도 수많은 차이가 존재하는 다양한 집단으로 구성되어 있다는 점을 간과한다고 비판받는다.

제3세계 여성발전에 관한 대안적 접근은 국제사회나 제3세계 정부가 거대 프로젝트를 일방적으로 제공하는 것이 아니라, 제3세계 여성의 관점을 근간으로 하여 아래로부터 발전 전략을 확립하고 실행하는 것이다. 이를 위해 국제사회의 여성발전 프로그램은 제3세계 여성들이 자신의 일상적 실천과 이해관계를 바탕으로 스스로 발전 전략을 구상하고 추진할 수 있도록 지원하는 방향으로 재구성되어야 할 것이다.

생각해볼 문제

1 제3세계 국가들이 저발전 상태에 빠지게 된 원인은 무엇이며, 어떠한 경로를 통해 발전의 길을 걸을 수 있을지 논의해보자.

2 페미니스트의 관점에서 근대화이론과 종속이론의 한계가 무엇인지 설명해보자.

3 페미니스트 발전이론이 전통사회와 근대사회에서 여성의 역할과 지위에 대해 어떻게 설명하는지 논의해보자.

4 제3세계의 경제성장이 여성의 경제적 역할이나 정치적·사회적 지위에 어떠한 영향을 미쳤는지 설명해보자.

5 제3세계 여성발전을 위한 유엔 프로그램이 어떻게 전개되었는지 논의해보자.

더 읽을거리

1 **제프 헤인스(Jeff Haynes). 2003. 『위기의 제3세계 정치론』. 장성호 옮김. 서울: 학문사.**

탈냉전 시대 이후 라틴아메리카와 카리브해 지역, 남부아시아, 동남아시아, 중동과 북부 아프리카, 사하라 이남 아프리카 등 다섯 지역의 제3세계 정치 상황을 비교정치학의 관점에서 설명한다. 6장의 '인권'과 7장의 '여성과 권력'은 제3세계 발전과 여성이라는 주제를 깊이 이해하는 데 유용할 것이다.

2 **김명혜 편역. 2004. 『여성과 민주화운동』. 서울: 경인문화사.**

민주주의와 인권문제가 그동안 성 중립적 시각에서 다루어졌다는 점을 반성하며 민주화운동에서 여성이 차지하는 위치를 인도네시아, 필리핀, 독일, 캄보디아, 일본, 멕시코, 한국 등의 사례를 통해 분석했다.

3 **앨런 길버트(Alan Gilbert). 1994. 『라틴아메리카』. 성장환 옮김. 서울: 학문사.**

스페인과 포르투갈의 지배가 시작된 16세기부터 현재까지 라틴아메리카의 발전 과정에 대해 구체적 사례를 분석해 설명했다. 이 책이 다루는 문제는 라틴아메리카를 이해하는 것뿐 아니라 식민통치를 경험한 제3세계 국가들의 발전을 이해하는 데에도 도움을 준다.

참고문헌

김웅진 외 편역. 1992. 『비교정치론 강의 2』. 서울: 한울.

김호진 편역. 1984. 『제3세계의 정치경제학』. 서울: 한울.

럭스브로우, 아이안[럭스버러, 이언(Ian Roxborough)]. 1986. 『종속이론이란 무엇인가』. 박종수 옮김. 서울: 청아출판사.

레웬학, 실라(Sheila Lewenhak). 1995. 『여성노동의 역사』. 김주숙 옮김. 서울: 이화여자대학교 출판부.

모저, 캐롤라인(Caroline Moser). 2000. 『여성정책의 이론과 실천』. 장미경 외 옮김. 서울: 문원출판.

부산대학교 여성연구소 엮음. 2006. 『여성과 여성학』. 부산: 부산대학교 출판부.

신정현 편역. 1992. 『제3세계론: 자유주의 대 급진주의』. 서울: 일신사.

심영희 외. 2006. 『한국 젠더정치와 여성정책』. 파주: 나남.

여성평우회 편역. 1985. 『제3세계 여성노동』. 서울: 창작과 비평사.

이범준 외. 2000. 『21세기 정치와 여성』. 서울: 나남.

이화여자대학교 한국여성연구소. 1994. 『여성학』. 서울: 이화여자대학교 출판부.

콜라빅, 테레사(Kulawik Teresa) 외. 2000. 『복지국가와 여성정책』. 한국여성연구회 옮김. 서울: 새물결.

한국여성정책연구회. 2002. 『한국의 여성정책』. 서울: 미래인력연구원·지식마당.

헤인스, 제프(Jeff Haynes). 2003. 『위기의 제3세계 정치론』. 장성호 옮김. 서울: 학문사.

10

국제이주와 여성

김성진

이 장에서는 국제이주의 확대 과정에서 나타나고 있는 여성화 현상을 중심으로 그 배경을 살펴보고 이주의 여성화(feminization of migration)를 둘러싼 주요 쟁점과 의미를 분석하고자 한다.

2017년 국제이주자는 2억 5800만 명이며, 이는 지난 50년 전과 비교해 약 3배 증가한 것이다. 국제이주는 세계화에 따른 저임금 노동수요의 증가, 탈냉전 이후 무력분쟁과 내전 증가, 그리고 환경문제 악화 등 다양한 요인으로 인해 과거에 추산했던 것보다 빠르게 증가하고 있다. 2010년의 추산에 따르면 2050년 국제이주자는 약 4억 500만 명에 달할 것으로 전망되었으며, 이러한 전망은 2003년에 추산했던 수치보다 두 배 가까이 증가한 것이다.

국제이주는 이주자의 증가에 따라 국제이주 요인, 유출국과 유입국 내 국가경제 및 사회에 미치는 영향, 개별 국가의 국제이주 관련 정책, 이주자의 인권문제와 보호 등 다양한 차원에서 다루어져왔다. 국제이주는 개인과 가계 차원에서 소득을 증대하고 삶의 질을 개선할 수 있는 기회가 되기도 하며, 이주자의 송금은 유출국 경제발전에 필요한 자본의 안정적 유입원이 되기도 한다. 또한 국제이주는 유입국 경제에도 긍정적인 기여를 하는 것으로 평가되기도 한다.

국제이주는 혼합이주 증가, 남남이주를 포함한 도착지의 다변화, 송금의 중요성 증가 등과 함께 이주의 여성화 현상이 특징으로 설명되고 있다. 이러한 변화는 국제이주를 둘러싼 사회적 인식과 정책 변화, 이주자의 권리 보호, 송금의 효율성 제고를 위한 방안 등 다양한 차원에서의 연구로 이어지고 있다. 특히 국제이주의 여성화 현상은 1970년대까지 남성이주자의 배우자나 부양가족이라는 수동적 존재로서만 파악했던 여성이주자에 대해 새로운 접근을 요구하게 되었다. 즉, 여성이주는 이주 요인과 과정에서의 차이, 이주 과정에서 야기되는 위험과 보호, 그리고 이주 결과로 나타날 수 있는 여성의 사회적 지위 향상과 같은 사회 변화 가능성 등으로 인해 남성 중심의 이주 분석과는 다른 관점을 요구했다. 여성이주는 여성 자신의 삶의 질을 개선하는 것은 물론, 여성 임파워먼트의 기회가 될 수 있다. 그러나 여성이주는 다른 한편으로 남성이주와는 다른 차원의 위해 가능성이나 위험이 제기되기도 하고, 유출입국의 문화나 사회규범에 따라서는 사회적 차별로 이어질 수 있다.

국제이주의 여성화의 배경과 요인은 무엇인가? 여성이주자는 어떠한 형태로 이주하는가? 여성이주 증가는 사회적·경제적으로 어떠한 의미를 가지는가? 이 글에서는 이러한 문제에 답하기 위해 여성의 국제이주 현황을 간략하게 살펴보고, 여성이주의 요인, 유형, 그리고 여성이주자 유출국을 중심으로 여성이주의 사회적·경제적 의미를 알아보고자 한다.

국제이주의 여성화

1970년 약 8840만 명이었던 국제이주민 수는 1990년 1억 5200만 명으로 1.7배 넘게 증가했으며, 2000년에는 1억 7200만 명으로 증가했다. 이러한 수치는 2010년 2억 2170만 명, 그리고 2015년 2억 4370만 명으로 증가했다. 2015년의 국제이주민 수는 세계 인구의 약 3.3%에 달하는 규모이며, 1970년의 국제이주민 수가 세계 인구의 약 2.3%였다는 점을 고려할 때 비중이 1% 정도 증가한 것이다.

국제이주의 이러한 변화와 관련해 스티븐 캐슬스(Stephen Castles) 등은 이주의 글로벌화, 이주의 가속화, 이주의 차별화, 이주의 여성화, 이주의 정치화, 그리고 이주자 유출입국의 전환 등의 변화가 나타나고 있다고 지적한다. 무엇보다 이주는 더 이상 특정 국가의 문제가 아니다. 국제이주

표 10-1
이주자 수의 변화(1970~2015)

단위: 명, %

연도	국제이주민 수	세계 인구 대비 비율	지난 5년간 증가 수
1970	84,460,125	2.3	—
1975	90,368,010	2.2	5,907,885
1980	101,983,149	2.3	11,615,139
1985	113,206,691	2.3	11,223,542
1990	152,563,212	2.9	39,356,521
1995	160,801,752	2.8	8,238,540
2000	172,703,309	2.8	11,901,557
2005	191,269,100	2.9	18,565,791
2010	221,714,243	3.2	30,445,143
2015	243,700,236	3.3	21,985,993

자료: IOM(2017: 15)에 기초해 작성함.

는 저발전국가에서 선진국으로 이주하는 남북이주뿐만 아니라, 저발전국에서 저발전국으로 이주하는 남남이주와 선진국에서 저발전국가로 이주하는 북남이주도 활성화되고 있다. 또한 국제이주는 양적 팽창 속도가 점차 빨라지고 있으며, 이주의 팽창과 이주 방향의 전환은 이주자 유출입국의 전환으로 이어지고 있다. 과거 이주자 유출국은 새로운 도착지가 되거나 경로국이 되기도 한다. 국제이주에서 나타나고 있는 또 다른 특징은 혼합이주(mixed migration)라는 단어가 보여주듯이 다양한 이주 유형이 섞여서 나타나고 있으며, 이러한 양상은 이주 유형에 특화된 정책 시행에 한계를 노정하고 있다. 이주의 양적 팽창과 다양한 유형의 혼재 등의 복합성 증가는 이주문제의 정치 쟁점화를 초래했다. 이주문제는 한편으로는 안보에 대한 우려, 그리고 다른 한편으로는 지중해 난민사태에서 나타나는 것

혼합이주

혼합이주 흐름의 주요 특징은 이러한 흐름을 추동하는 요인들이 다양하고 법에 준하지 않는 속성을 가지고 있으며, 서로 다른 인구사회학적 배경을 가진 개인들이 자신들의 다양한 필요에 의해서 이러한 흐름에 개입되어 있다는 점이다. 혼합이주는 '난민, 망명신청자, 경제이주자, 그리고 다른 이주자를 포함하는 복합적인 인구이동'으로 정의되어왔다. 그리고 이들과 함께 보호자를 동반하지 않은 아동, 환경이주자, 밀입국자, 인신매매 희생자, 중도에 이주시도가 좌절된 이민자(stranded migrants) 등도 이러한 혼합적인 흐름의 일부가 되기도 한다.

국제이주기구(International Organization of Migration: IOM)는 향후 혼합이주가 증가할 것이라고 전망하고 있다. 이러한 양상에 대응하기 위해 IOM은 '5축의 전략(5-pillar Strategy)'으로, 이주자에 대한 직접적인 긴급 지원, 정책프로그램 개발, 이주 업무와 관련된 경찰과 공무원 등 관계자 훈련, 법에 준하지 않는 이주(irregular migration)의 위험성에 대한 홍보, 혼합이주 지역위원회(Regional Committee on Mixed Migration) 조직·지원을 통한 이주자의 필요에 대한 대응을 제시하고 있다.

처럼 인권보호의 시급성을 제기하면서 국제협력을 촉발하고 있다.

국제이주에서 주목할 또 다른 특징은 이주의 여성화 현상이다. 여성의 국제이주는 1960년대 이후 증가하기 시작했으며, 북아메리카의 경우 이미 1970년대에는 국제이주자 가운데 여성의 비율이 50% 이상을 차지했다. 여성의 국제이주가 증가하면서 국제이주의 여성화는 국제이주의 주요특징 가운데 하나로 지적되었다.

그러나 이와 관련하여 이견도 제시된다. 예를 들어 캐서린 도나토 (Katharine Donato)와 도나 가바치아(Donna Gabaccia)는 여성의 국제이주가 1960년부터 2015년 사이에 두 배 증가했으나, 같은 시기 세계 인구와 남성이주도 급증했다고 지적한다. 이들은 여성이주는 오랜 기간 적지 않은 규모로 항상 존재해왔으며, 오히려 국제이주에서 차지하는 여성의 비율은 1960년 46.6%에서 2015년 48%로 미미한 증가를 보이고 있을 뿐이라고 분석했다. 이들에 따르면 미국의 경우 1850년부터 2010년의 시기를 분석할 경우 1960년대 이후를 분석할 때와는 다른 몇 가지 특징이 발견된다. 먼저 여성이주는 오히려 1930년대 이전에 보다 활발하게 이루어졌다. 또한 1960년 이전에는 이주자가 감소하면 여성이주자 비율이 상대적으로 증가하고, 1960년 이후에는 이주자가 증가하면 여성이주자의 비율도 상대적으로 증가한 것으로 분석되었다. 또한 1970년대 이후에는 여성 비율의 변화가 적고 대체로 남녀 비율이 균형적이었다고 평가되었다. 이러한 분석에 기초해 도나토와 가바치아는 보다 긴 시기를 대상으로 분석할 경우 나타나는 가장 두드러진 특징은 이주자 수의 변화에 따른 남녀 비율의 변화라고 지적한다.

이와 함께 도나토와 가바치아는 국제이주의 여성화가 최근 동향이 아니라 이미 1984년에 미국 노동부에서 발간한 ≪국제이주리뷰(International-al Migration Review: IMR)≫에서 미국 이주자의 52.3%가 여성임을 지적하는 과정에서 제기되었고, 이후 약 10년이 지난 후에 캐슬스와 마크 밀러(Mark Miller)에 의해 국제이주의 여성화 논의가 확산되기 시작했다고 지적한다. 이러한 분석을 기초로 이들은 오히려 1960년대 이후에 나타나고 있는 현상은 젠더균형(gender balance)으로 이해할 수 있으며, 젠더균형이 문화와 민족에 따라 다른 배경과 그 결과를 이해하는 것이 중요하다고 강조한다.

이러한 주장에도 불구하고 국제이주의 여성화는 지역적으로 많은 편차를 보여주고 있으며, 대체로 일시적인 현상에 머문 경우도 적지 않다. 예를 들어 도나토와 가바치아의 분석에서 제시되는 것처럼 1961년 네덜란드의 여성이주는 61%에 달했다. 이는 네덜란드의 식민지 해체 과정에서 인도네시아와 수리남으로부터 네덜란드인의 귀환이주가 증가했는데 이들의 다수가 현지 신부와 귀환하면서 나타난 현상이었다. 도나토와 가바치아가 지적하는 것처럼 여성이주는 문화나 민족에 따라 상당한 차이가 있

표 10-2
주요 지역별 국제이주 중 여성 비율

단위: %

주요 지역	1960년	1970년	1980년	1990년	2000년	2015년*
세계 평균	46.6	47.2	47.4	49.9	48.8	48.2
발전국가군 평균	47.9	48.2	49.4	51.1	50.9	51.9
저발전국가군 평균	45.7	46.3	45.5	46.6	45.7	43.3
유럽	48.5	48.0	48.5	51.3	52.4	52.4
북아메리카	49.8	51.1	52.6	51.1	51.0	51.2
오세아니아	44.4	46.5	47.9	49.1	50.5	50.6
북아프리카	49.5	47.7	45.8	47.2	42.8	46.1
사하라 이남	40.6	42.1	43.8	—	47.2	—
남아시아	46.3	46.9	45.9	45.5	44.4	45.4
동아시아/태평양	46.1	47.6	47.0	49.3	50.1	52.9
서아시아	45.2	46.6	47.2	41.5	48.3	35.6
카리브해 연안국	45.3	46.1	46.5	48.0	48.9	48.7
남아메리카	44.7	46.9	48.4	49.8	50.5	50.4

* 2015년 수치는 UN migration data에 기초해 작성함.
자료: Hania Zlotnik(2003.3.1).

다. 문제는 이러한 차이와 함께 보다 구조적으로 진행되는 여성이주의 증가 현상에 대한 이해가 필요하다는 점이다.

　이러한 지적에도 불구하고 1960년 이후의 변화는 국제이주의 여성화가 보다 많은 지역으로 확대되고 있음을 보여주고 있다. 서부유럽의 여성이주자 비율은 1990년 47.6%에서 2015년 51.8%로 증가했으며, 라틴아메리카의 경우도 카리브해(Caribbean Sea) 지역을 제외한 하위 지역들 모두 여성이주 비율이 50%를 상회하게 되었다. 아시아의 경우, 동아시아 지역의 여성이주 비율은 1990년 49.3%에서 2015년 52.9%로 증가했다. 다만

표 10-3

노동연령대별 남녀 국제이주(2015)

1: 이주자 중 경제활동인구 소계(100만 명)
2: 전 연령대의 이주자 합계(100만 명)
3: 발전지역으로의 이주자 소계(100만 명)
4: 1990년 대비 변화(%)

		15~19세	20대	30대	40대	50대	60~64세	소계[1]	합계[2]
합계	여성	5.5	18.6	22.8	19.6	15.6	6.2	88.2	117.6
	남성	5.9	21.7	27.8	22.7	16.0	5.7	99.8	126.1
발전지역[3]	여성	2.8	10.5	14.0	13.3	11.3	4.5	56.3	72.9
	남성	3.0	10.7	13.8	12.8	10.1	3.9	54.2	67.6
증가율[4]	여성	121	150	171	189	216	195	176	173
	남성	122	143	162	182	208	206	168	168

자료: UN Population Division(2017)을 바탕으로 산정.

서아시아의 여성이주자 비율은 1990년 41.5%에서 2015년 35.6%로 크게
하락했다.

무엇보다 여성이주는 1990년 약 7480만 명 수준에서 2015년 1억
1760만 명 수준으로 약 1.6배 증가했다. 물론 이러한 변화는 남성이주에
서도 유사하게 나타나고 있다. 그러나 여성이주의 변화는 경제활동인구인
15세 이상 65세 미만 연령대의 이주를 보면 보다 뚜렷하게 나타난다. 전체
적으로 15세에서 64세까지의 이주자 비율은 여성의 경우 여성 전체이주자
의 약 75.0%, 남성의 경우는 79.1% 수준이며, 남녀이주자 합계를 보면
2015년 여성 약 1억 1760만 명, 남성 약 1억 2610만 명으로 남성이 약 850
만 명 정도 많다. 그러나 유엔 기준에 따른 발전된 국가들로의 이주만 고
려한다면 여성 약 7290만 명, 남성 6760만 명으로 여성이 약 530만 명 정

도 더 많다. 이러한 현상은 경제활동인구를 고려할 때에도 유사하게 나타나며, 전체적으로는 남성이주자가 많지만 발전된 국가로의 이주만을 고려할 때는 여성이주자의 수가 더 많다. 특히 1990년 대비 증가율을 보면 15~19세와 60~64세의 연령대를 제외한 전 연령대에서 여성의 증가율이 더 높게 나타나고 있다. 이는 이 시기동안 여성이주의 증가가 더 두드러지게 나타났음을 보여준다.

이러한 결과는 2013년 유엔 인구 보고서에서도 유사하게 언급되고 있다. 2013년 유엔 보고서는 저개발국의 65세 미만의 연령대에서는 남성이주가 많고, 발전된 국가로의 이주는 29세 이상의 전 연령대에서 여성이주가 많은 것으로 분석하고 있다. 이러한 현상은 여성이주의 방향이 상대적으로 발전된 국가를 목적지로 하는 경우가 많음을 보여주고 있으며, 이주의 유형이나 동인이 다를 수 있음을 시사하고 있다.

여성의 국제이주 요인

여성의 국제이주 요인에 대한 분석은 1970년 이전에는 남성 중심의 이주에 대한 분석과 같은 맥락에서 이루어졌으며, 여성의 국제이주는 가족재결합 차원에서 다루어지거나 독자적인 이주의 경우에도 남성이주과 유사한 경향을 보이는 것으로 간주되었다. 그러나 1970년대 이후 여성의 이주와 관련한 몰젠더적 가설들을 해체하기 위한 연구들이 나타나기 시작했다.

국제이주의 요인에 대한 논의는 기능주의적 접근, 구조주의적 접근, 통합론적 접근 등으로 구분할 수 있으며, 개인·가계 수준부터 국제체제 수준에서 정치·경제·사회·문화·역사·지리 등 다양한 변수들이 국제이주에 영향을 주는 것으로 분석된다. 첫째 기능주의적 접근은 국제이주를 개인

그림 10-1

여성이주의 요인과 효과

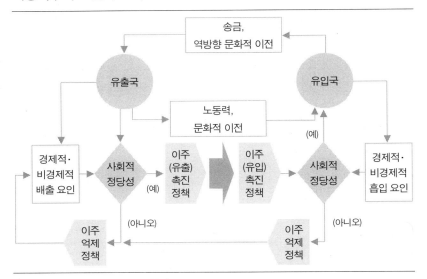

자료: 김성진(2014: 63)을 바탕으로 재구성.

의 효율성 증대를 위한 합리적 결정으로 이해하고 있으며, 노동 수요와 공급의 격차에 초점을 맞춘 신고전주의 거시경제적 접근과 실질적 고용 가능성과 소득에 대한 기대에 초점을 맞춘 신고전주의 미시경제적 접근이 이에 속한다. 둘째, 구조주의적 접근은 세계자본의 확산과 이에 따른 국제 노동분업에 주목하고 있으며, 신마르크스주의 종속이론, 세계체제이론, 생산모델이론 등이 이에 속한다. 셋째, 통합론적 접근은 신경제주의 접근, 이주체제 접근, 이주자 네트워크이론 등 이주에 대한 개인과 구조주의적 접근 사이에 통합을 시도하는 노력을 포함한다. 신경제주의적 접근은 개인 수준에서의 효율성 증대를 위한 노력의 핵심이 이윤의 극대화가 아닌 위험의 최소화에 기초하고 있음을 지적하고, 개인 수준뿐만 아니라 가계와 사회공동체 수준에서의 합리적 결정이 국제이주에 중요한 변수임은 보여준다. 이주체제론은 국제이주에 영향을 주는 정치적·경제적·사회적·문화적 관계의 영향과 함께 이주집단의 지리적 분포와 친인척관계 등 거시적·미시적 변수를 모두 분석 대상으로 하며, 이주자 네트워크이론은 이주 관련 네트워크에 초점을 맞추어 개인적 사회연결망이나 사회적 자산을 분석한다.

그러나 이러한 접근은 국제이주의 젠더적 성격을 간과하는 한계가 있다. 여성의 경우 이주는 단순히 경제적 효용만으로 설명하기 어려운 동인, 즉 가부장적 사회구조를 탈피하기 위한 젠더전략으로서의 이주, 유출입국의 여성이주에 대한 사회적 정당성(social legitimacy), 그리고 유입국 내 여성이주 네트워크 등 비경제적 요인이 강하게 작용하고 있다. 특히, 유출입국의 여성 및 여성의 사회참여에 대한 인식과 태도, 즉 젠더적 성격은 여성의 국제이주에 결정적인 변수로 작용하고 있다.

물론 이주에 대한 사회적 정당성은 해외이주노동 전반에 대한 태도와 정부의 정책을 결정하는 데 영향을 준다. 예를 들어 우즈베키스탄의 경우 노동이주 자체에 부정적인 태도를 가지고 있었으며, 정부 주도의 국가 간 합의에 기초한 노동이주를 제외한 국제이주를 제한하고자 했다. 이러한 현상은 여성이주의 경우 더욱 두드러지게 나타날 수 있으며, 경제발전 수준이 유사한 국가 간에도 여성의 사회참여에 대해 부정적 인식이 구조화되어 있는 경우 여성이주가 억제되는 현상이 두드러지게 나타난다.

필리핀은 해외거주 여성이주노동자를 '영웅'으로 대할 정도로 여성이주는 사회 전반에서 긍정적인 것으로 받아들여지고 있다. 필리핀의 경우 국제이주 여성은 2015년 약 292만 명으로 1990년 약 120만 명에 비해 2.4배 넘게 증가했으며, 국제이주 가운데 여성의 비율은 1990년 약 58.9%에서 2015년 약 54% 수준으로 낮아졌으나 여전히 과반을 넘는 수준이다. 이와 유사하게 상대적으로 양성평등 지수가 높은 스리랑카의 경우도 여성이주자 비율이 2000년 기준으로 56.3%에 달한다.

이와 달리 양성평등 지수가 상대적으로 낮은 방글라데시의 경우 여성의 국제이주 연령을 제한하거나 남성과 동행하는 경우에만 허용하는 등 억제정책을 취하고 있다. 방글라데시의 경우 이러한 조치들은 여성을 보호하기 위한 조치로 이해되는 경향이 있다. 이러한 접근에서는 여성이주자에 대한 인권침해를 '보호자'로서의 남성이나 국가 혹은 정치지도자의 무능이나 수치로 인식하는 경향이 있다. 이 경우 여성의 해외이주가 억제될 뿐만 아니라, 여성이주자들을 위한 정책적 지원이나 인권침해 위험으로부터의 보호를 기대하기 어렵다.

여성의 국제이주에 영향을 주는 비경제적 요인 가운데 주목할 만한 다른 요인은 이주 네트워크와 관련된 것이다. 이주 네트워크는 이주비용을 감소시켜주는 사회적 자산이기도 하다. 그러나 여성의 경우 이주 네트워크의 영향은 성차보다는 이주자의 교육 수준에 따라 그 영향이 달라지는 것으로 분석되며, 전문 영역의 노동자의 경우 이주 네트워크에 대한 의존도가 상대적으로 낮은 것으로 알려지고 있다. 이와 함께 미셸 벤(Michel Beine)과 사라 살로모네(Sara Salomone)의 연구는 여성이주 요인 가운데 지리적 인접성보다는 도착지의 안전과 여성에 대한 차별 여부가 더 중요한 영향을 주고 있음을 보여준다.

여성이주의 유형

여성의 국제이주가 증가하는 데에는 여러 가지 요인이 작용하고 있다. 앞에서 언급한 다양한 요인과 함께 산업의 발전 과정에서 나타나는 구조적 변화에 주목할 필요가 있다. 여성이주의 요인은 여성이주의 형태에 그대로 반영되고 있다. 유럽의 경우 1970년대 중반 무렵에는 대규모 노동이주가 중단되고 가족결합 형태의 여성이주가 증가했다. 그러나 1990년대 동유럽의 개방과 개혁정책에 따라 여성 실업이 증가했으며, 이들은 유럽 지역에서 이주와 귀국을 반복하는 순환이주 형태로 유럽 내 노동시장에 진입했다. 이들은 주로 가사노동, 돌봄, 청소, 소매업 등에 종사했으며, 그 결과 2000년대에 이르러 대부분의 유럽 국가에서 여성이 이주노동자의 50% 이상을 차지하게 되었다.

물론 이러한 이주의 여성화와 여성이주자의 특정 경제영역에의 편중 현상은 동유럽의 개방이라는 변수에 의한 것만은 아니다. 유럽을 포함한 선진 산업국가의 경우 여성의 사회참여 증가와 고령화에 따라 가사노동과 돌봄노동에 대한 수요가 증가했을 뿐만 아니라, 세계화와 신자유주의 경쟁의 강화에 따라 파트타임·저임금 노동에 대한 수요가 증가되었다. 이러한 필요에 따라 정책적으로도 이들 영역에 대한 정책 변화가 나타나게 되었다. 예를 들어 영국, 프랑스, 네덜란드, 오스트리아, 이탈리아 등은 돌봄노동에 대한 현금지원정책을 도입했으며, 이에 따라 돌봄서비스 영역에서 가사노동자를 고용할 수 있게 되었다. 그 결과 2000년 중반 가사노동, 요식업의 영역에서는 여성이주자의 고용이 유입국 여성의 고용보다 높은 비율을 차지하게 되었으며, 돌봄과 사회복지 영역에서 여성이주자의 고용이 증가했다. 예를 들어 스페인의 경우 2004년 외국인 여성 가운데 가사노동자의 비율은 36%인 반면, 스페인 여성 가운데 가사노동자의 비율은 4.6%에 불과했다. 또한 그리스의 경우는 외국인 여성 가운데 가사노동자의 비율이 42.4%에 달했으나, 그리스 여성 가운데 가사노동자의 비율은 1.3%에 그쳤다.

이러한 저임금 여성이주노동자에 대한 수요는 경제성장을 이룩한 신흥국가들을 중심으로 확대되었다. 홍콩은 1976년부터 외국인 가사노동자의 단기 체류를 허용했으며, 이에 따라 1970년대 수천 명에 불과했던 외국인 가사노동자는 2001년 23만 명 수준으로 증가했다. 싱가포르는 1978년 외국인 가사노동제도를 도입했으며, 대만 역시 1992년 돌봄노동을 위한 이주노동을 허용했다. 한국은 2002년 조선족에 한해 단기 가사노동을 허용했다.

물론 여성이주자의 노동이 비전문직에만 국한되는 것은 아니다. 유럽의 경우 여성이주자는 보건과 복지서비스, 그리고 교육 영역에도 활발하게 진출하고 있다. 그러나 전문직의 경우 가사노동이나 요식업 분야와는 달리 여전히 유입국 여성의 고용 비율이 더 높거나 유사한 수준을 보여주고 있다는 점에서 차이가 있다.

2013년 현재 가사노동에 종사하는 이주자 수는 약 1152만 명에 달하며, 이 가운데 845만 명이 여성이며, 남성은 약 307만 명이다. 이러한 가사노동 종사 이주자 수는 전체 가사노동자의 약 17%, 그리고 전체 이주노동자의 약 7%에 해당된다. 여성이주자에 의한 가사노동은 필리핀 여성이 다수를 차지하고 있다. 필리핀 여성들은 영어를 구사할 수 있다는 장점으로 이미 오랜 기간 해외에서 가사노동에 종사해왔으며, 필리핀 정부 역시 여성의 이주노동을 장려하고 이들을 보호하기 위한 정책을 도입하고 있다. 필리핀 여성들의 경우 세계 약 130여 개국에서 가사노동에 종사하고 있으며, 여성이주자의 3분의 2가 가사노동에 종사하고 있다. 필리핀 여성이주를 살펴보면 1990년 약 119만 명이었으며, 미국에 약 56만 명, 사우디아라비아에 약 12만 명, 홍콩에 약 6만 7000명, 캐나다에 약 6만 1000명, 오스트레일리아에 약 5만 8000명, 이탈리아에 약 5만 2000명이 이주했다. 이외에 필리핀 여성은 말레이시아, 쿠웨이트, 아랍에미리트, 일본, 중국, 독일, 영국 등 각국에 1만 명 이상 이주했다. 2017년에 이르러 필리핀 여성의 이주 규모는 약 300만 명으로 증가했다. 1만 명 이상 이주한 국가도 29

개국으로 증가했으며, 서아시아와 북유럽에서 증가세가 두드러졌다. 또한 필리핀 여성의 이주는 한국(약 2만 명), 일본(약 13만 2000명), 싱가포르(약 1만 3000명)에서도 적지 않게 진행되고 있다.

여성이주가 두드러진 또 다른 유형은 결혼이주이다. 결혼은 일반적으로 공간의 이동을 포함하는 개념으로 여겨지며, 국제이주뿐만 아니라 국내이주의 주요한 유형이기도 하다. 국제결혼 혹은 결혼이주는 오랜 역사를 가지고 있으나, 1980년대에 세계화와 함께, '주문한 신부(mail-order bride)'라는 새로운 문제로 부각되었다. 이러한 현상은 유럽과 아시아 등 지역을 가리지 않고 나타나고 있다.

영국의 경우 결혼이주는 2008년에 전체 이주자 가운데 39%, 2009년에 40%에 이를 정도로 단일 이주 유형으로는 가장 큰 규모이다. 영국의 결혼이주는 결혼이 이주 목적이 아님을 입증해야 했던 규정을 1997년 이후 폐지하면서 증가하기 시작했다. 1994년에 3만 190명이었던 결혼이주자는 2009년에는 여성 약 5만 명을 포함해 7만 7380명으로 증가했다. 결혼이주자는 국적별로 성비에 큰 차이를 보여주고 있다. 영국의 경우 태국(93%), 중국(84%)은 여성이 압도적으로 많았으며, 결혼이주 필리핀인 가운데 여성은 33%에 불과했다.

결혼이주는 동아시아에서도 활발하게 진행되고 있다. 아시아 결혼이주의 주요 도착지는 한국, 일본, 대만, 중국 등이며, 출발지는 베트남, 중국, 태국 등이다. 베트남의 경우 국제이주는 개방·개혁 과정에서 생활수준 향상을 위한 선택으로 인식되었으며, 국제적 수요에 따라 급속하게 증가했다. 일본의 경우 가사노동을 위한 비자가 발급되지 않아 배우자와 사별한 남성의 국제결혼 수요가 발생했으며, 한국과 중국의 경우 경제성장 과정에서 개인적 조건으로 인해 결혼하지 못한 남성들의 국제결혼 수요가 증가했다.

그림 10-2
한국인 남성과 결혼한 여성: 출신국별(2000~2017)

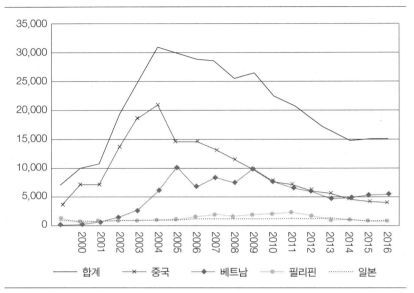

자료: 통계청, 인구동태통계연보.

　　한국의 경우 국제결혼은 2000년에 1만 1605건에서 2017년에 2만 835
건으로 증가했다. 이 가운데 한국인 남자와 결혼한 외국인 신부의 비율은
2000년에 총국제결혼 건수의 59.8%였으며, 이러한 비율은 2017년에
71.4%로 증가했다. 외국인 신부는 2000년 중국, 필리핀, 일본, 태국, 미국
순으로 많았으나, 2017년에는 베트남(5364명), 중국(3880명), 태국(1017명)
순으로 베트남 여성이 단일 국적으로 최대 규모가 되었다.

국제이주의 여성화는 어떠한 의미를 가지는가

이주노동은 개인과 가계에 대한 소득 증가는 물론, 유출입국 경제에 모두 기여하는 것으로 평가된다. 특히 이주자의 송금은 세계적인 경제위기에 따라 외국인 직접투자와 공적개발원조가 급감하는 와중에도 큰 변화 없이 지속되었다는 점에서 매우 안정적인 자본의 유입원으로 인식되고 있으며, 제3세계 국가들의 경제개발을 위한 중요한 재원이 될 수 있을 것으로 평가된다. 2016년 현재 송금의 규모가 GDP 대비 10~30%에 달하는 국가는 네팔(31.3%), 키르기스스탄(30.4%) 등을 포함해 30개국에 달하고, GDP 대비 송금 비율이 높을 때는 49%(2008년 타지키스탄)에 달하기도 했던 점을 고려하면 송금이 이들 국가 경제에 가지는 의미를 이해하기는 어렵지 않다.

물론 이러한 긍정적인 평가와 함께 부정적 효과에 대한 우려도 적지 않다. 중앙아시아 국가들의 경우 경제적 어려움에도 불구하고 송금의 유입으로 정치적·경제적 안정을 유지할 수 있었다. 그러나 이주노동의 송금은 유출국 내 소득 격차를 야기하고, 결혼이나 주택마련 비용으로 소비됨으로써 결혼 관련 산업의 기형적 비대를 초래하는 등 산업구조 왜곡과 물가 상승을 야기하기도 했다.

이러한 문제와 함께 장기 이주노동은 가족해체와 같은 사회문제를 야기하기도 한다. 장기간의 이주노동은 부모와 자녀 관계를 소원하게 하고, 어린 형제자매의 이주노동으로 이들이 서로 다른 문화 속에서 장기간 거주하게 됨으로써 '초국가적 가족'이 되기도 한다.

또한 송금으로 인한 가계소득 증대가 이주여성 자녀들의 교육기회 확대로 이어질 것이라는 기대에도 불구하고, 실제로는 오히려 교육기회의 제한을 초래하기도 한다. 이주자 가정의 자녀들은 이주 네트워크에 접근할 기회를 통해 이주노동에 대한 기대를 가지게 됨으로써 교육과정에서 이탈하기도 한다. 이와 함께 여성이주는 가족 내 어린 자녀가 여성이주자를 대신해 재생산노동을 감당해야 하는 상황을 야기함으로써 이들의 교육기회를 제한하는 요인이 되기도 한다.

여성의 이주노동에 대해서도 긍정적 평가와 함께 우려가 제기되고 있다. 여성의 이주노동은 여성의 경제활동 참여를 통해 스스로의 삶을 개척할 수 있는 기반을 제공하는 것은 물론, 송금을 통해 가족 내 여성의 지위에 변화를 초래할 수 있을 것으로 기대되었다. 이러한 평가는 다른 한편으로는 경제발전 과정에서 여성의 임파워먼트를 위해 경제활동에 참여할 것을 강조했던 '발전 속의 여성(WID)' 전략과 유사하다. 그러나 이러한 전략의 한계에서 나타나듯이 젠더관계에 변화가 없는 상태에서 저학력·미숙련 이주노동자로 이주노동에 참여하는 경우 여성이주노동자의 경제적 기여에도 불구하고 여성 임파워먼트를 기대하기는 쉽지 않다.

도착지에서의 여성이주노동에서도 여전히 성역할 분업의 특징이 강하게 나타나고 있다. 전문직의 경우도 대체로 보건과 교육 분야에 종사하는 비율이 높으며, 비전문직의 경우는 가사, 육아, 노인 돌봄 등 재생산노동에 종사하는 비율이 높다. 이러한 현상은 서유럽의 외국인 여성 고용 실태에서도 나타나고 있으며, 외국인 여성은 대체로 전문직(교육)에서의 고용률이 낮고, 가사노동과 보건·복지 서비스 영역에서의 고용률이 높다.

이러한 현상은 결혼이주에서도 발견된다. 무엇보다 '주문된 신부'의 경우는 출발지의 발전 과정에서 배제된 경우가 많다. 베트남의 결혼이주는 개혁·개방과 산업화와 도시화 과정에서 배제된 여성이 주변 선진국가의 주변부에 흡수되면서 전통적인 여성의 성역할을 담당하는 과정을 보여주고 있다. 결혼이주 여성의 경우, 고향의 가족에 대한 경제적 지원의 책임과 함께 도착지에서도 재생산노동에 종사하면서 문화적 통합 과정이라는 이중고를 겪게 되며, 이러한 문제는 유럽과 아시아 등 선진 산업국과 후발 산업국 모두에서 나타나고 있다.

무엇보다 여성들의 결혼이주 과정은 결혼이주가 가지고 있는 성역할 분업이라고 하는 구조적인 문제를 재생산하고 있다. 결혼이주는 출발지에 남아 있는 남성들의 결혼에도 영향을 미치게 된다. 이들은 결혼을 위해 자신보다 더 열악한 환경에 있는 주변부에서 신부를 '주문'해야 하는 상황에 놓이게 되며, 결국 구조적인 문제가 중심부에서 주변부로 연쇄적으로 확대되는 양상을 보여주고 있다.

여성은 국제이주의 수혜자인가

1970년대 이후 증가한 국제이주의 여성화에 대해서는 여성화라기보다는 젠더적 균형의 지속 과정이라고 주장되기도 한다. 이러한 과정은 그러나 결혼이주와 가족재결합 등으로 인해 여성이주가 증가하는 것과는 다른, 보다 근본적인 구조적 문제에서 출발하고 있다. 특히 1970년대 이후의 변화는 세계화와 무한경쟁에서 야기되는 저임금노동 수요, 경제적으로 발전된 국가 여성들의 경제·사회 활동 참여 증가에 따른 성역할 분업적 재생산노동에 대한 여성인력 수요, 인구고령화에서 비롯되는 돌봄수요 증가 등 이전의 여성이주 증가와는 구조적으로 차이가 있다.

무엇보다 여성의 국제이주는 유출입국의 여성이주에 대한 사회적 정당성에 따라 다른 정책과 과정을 겪게 되며 이러한 과정에서 여성이주에 대한 기대도 달라질 수밖에 없다. 발전 과정에서 양성평등과 여성의 임파워먼트를 위한 다양한 노력이 국제적으로 진행되고 있음에도 불구하고, 여성이주는 성역할 분업적 재생산노동과 저임금에 의한 착취와 차별이 경쟁과 효율이라는 명목에서 여전히 지속되고 있다.

성역할 분업적 노동

사회에서 일어나는 남녀불평등의 모습을 단적으로 보여주는 것이 성역할 분업노동 혹은 노동의 성적 분업이다. 문화적으로 남녀에게 일정한 사회적 역할을 부여하고 이 역할에 맞도록 노동할 것을 암묵적으로 강요하는 것을 말한다. 여성에게는 가사 영역, 남성에게는 사회적 역할을 담당하게 하고 여성이 경제활동 영역에 참여하더라도 일정한 역할만 맡기는 형태이다.

문화적 요인에 의한 성 불평등의 기원을 찾는 페미니스트들은 이 문제에 깊은 관심을 가지고, 불평등의 기원은 남녀의 역할 구분이며 남성의 역할은 중요하고 가치가 있는 일로, 여성의 일은 중요하지 않거나 혹은 가치 없는 일로 생각하게 만드는 문화구조라고 주장했다.

한국의 경우 여성 관련법이나 제도는 전통적인 성적 분업을 전제하며, 이는 여성의 사회경제적 권리를 원천적으로 제약하는 요소로 작용한다. 여성은 가정, 남성은 일, 또는 여성은 사적 영역, 남성은 공적 영역에 있다고 전제해 여성을 주부, 어머니, 출산, 양육, 가사 담당자, 남성에 대한 생계 의존자, 경제무능력자로 규정한다.

이러한 상황에서 남성 가장의 노동권은 곧 가족부양권을 의미한다. 여성의 역할이 가족 구성원과 노동력의 재생산에 있다면, 남성의 역할은 가족의 경제를 책임지는 노동을 전담하는 것으로 간주된다. 대표적인 예가 가족임금제인데 이는 여성을 가사 전담자로 전제하고 남성에게 경제적으로 의존하는 존재로 가정한다. 남성이 여성보다 높은 임금을 받는 차별적인 현실은 남성이 가족부양자라는 명분에 의해서 정당화된다. 따라서 여성은 자본주의의 노동시장에서 임금노동의 기회를 가질 수는 있지만 가족부양권을 지닌 남성에 비해 주변적인 노동자로 분류된다. 여성의 노동권은 여성 개인의 생존권이나 평생노동권의 차원에서 인정되기보다는 가계소득을 추가하는 부수적인 노동으로 평가절하된다[『젠더정치학』(2011), 237쪽].

여성이주자의 도착지가 가부장적 사회일 경우 이주여성은 보다 심각한 차별과 위험에 봉착할 수 있다. 종종 보도되는 가사노동종사 이주여성에게 가해지는 신체적 위해는 단순히 외부와 단절된 상태에 놓일 수 있는 가사노동의 특수성에 의해 야기되는 문제라고 보기 어렵다. 이러한 문제는 고용계약이 파기될 경우 보호받지 못하는 이주여성의 취약한 법적 지위와 같은 부적절한 제도, 그리고 보다 근본적으로는 여성이주자 유출입국 내의 성차별적인 인식이 만들어내는 구조적 문제이다.

결혼이주 역시 이러한 구조적 문제에서 자유롭지 못하다. 결혼이주 과정은 매매혼에 가까운 양상을 보이면서 이주여성의 임파워먼트에 대한 기대를 어렵게 하고 있다. 무엇보다 제3세계 여성의 결혼이주는 자발적 선택의 형식임에도 불구하고 구조적 강요의 결과이기도 하다. 제3세계 여성은 개인적 자산의 차이가 있을 수 있음에도 불구하고 경제발전 과정에서 진행되는 산업화와 도시화에서 배제됨으로써 보다 더 차별적인 상황에 처해지게 된다. 특히 사회주의 체제의 전환과 같은 사회적·경제적 개혁을 겪는 경우 국가에 의해 제공되었던 공공서비스가 시장으로 이전되면서 가계 부담이 증가하는 이중의 부담을 안게 된다. 이러한 상황에서 국제이주는 보다 나은 삶을 위한 선택이 아닌 필수적인 과정처럼 변하게 된다. 결혼이주 여성은 국제이주의 수혜자로 인식될 수도 있다. 그러나 이들은 많은 경우 고향의 가족들의 경제적 부담을 완화하는 역할을 담당하고, 도착지에서 성분업적 재생산노동을 담당하게 된다. 특히 도착지의 문화가 성차별적인 경우 이주자로서의 차별과 여성으로서의 차별을 감당해야 하는 이중, 삼중의 부담을 감당하게 된다.

또한 결혼이주는 상대적으로 낙후된 지역의 여성이 경제적으로 보다 나은 국가로 이동하면서 출발지 남성의 결혼을 어렵게 하고, 이로 인해 출발지 남성이 다시 보다 낙후된 주변부에 신부를 찾아야 하는 문제를 낳고 있다. 이러한 양상은 주변부의 여성이 중심부로 이동하면서 재생산노동을 담당하는 구조적 문제가 계속 확대되는 과정을 보여주고 있다.

국제이주는 분명 긍정적인 경제적 효과가 있다. 그러나 발전을 경제성장만으로 정의하는 것이 아니라면 국제이주가 가지고 있는 문제를 간과해서는 안 될 것이다. 특히 여성이주는 '중심부 중간계급 여성－중심부의 재생산노동 담당 이주여성－제3세계 빈곤여성'으로 이어지는 구조가 고착되는 양상을 보이고 있다. 성역할 분업적 관점에서 진행되는 재생산노동을 저발전국 여성으로 대체하는 것은 문제의 해결이 아니라 문제를 저발전국 여성들에게 전가하는 것에 불과하다. 지속 가능한 발전을 위해서라도 국제이주의 여성화에 대한 젠더적 접근과 이러한 접근에 기초한 당사국 간의 협력을 강화할 필요가 있을 것이다.

생각해볼 문제

1   노동시장과 사회복지정책은 밀접하게 연관되어 있다. 각국의 국제이주와 이주노동에 대한
    정책이 서로 다른 이유에 대해 논의해보자.
2   국제이주의 여성화 시점에 대해서는 이견이 있다. 1960년대 이후 진행되는 이주의 여성화
    현상과 이전의 '여성화' 현상은 어떠한 차이가 있는지 논의해보자.
3   근대화론과 페미니스트 발전이론으로 여성이주를 설명해보자.
4   국제이주가 제3세계 여성의 임파워먼트에 도움이 될 수 있기 위해서는 어떠한 제도적 보완이
    필요한지 논의해보자.

더 읽을거리

1   **나나 오이시(Nana Oishi). 2005.** *Women in Motion: Globalization, State Policies,*
    and Labor Migration in Asia. Stanford: Stanford University Press.
    이 책은 경제발전 과정에서 활발하게 나타나고 있는 여성이주문제를 아시아 국가들에 초점
    을 맞추어 분석하고 있다. 아시아의 여성이주는 유출국의 여성이주에 대한 사회적 정통성에
    따라 서로 다른 양상을 보여주고 있다. 또한 여성이주 전통에 따라 이주 관련 의사결정과정
    에 대한 여성의 자율성도 다르게 나타나고 있다. 특히 이 책은 아시아 여성이주자들이 임금
    체불이나 저임금 혹은 재정운용의 실패 등으로 이주를 반복하는 악순환 속에 있음을 지적하
    고 있다.
2   **라셀 파레냐스(Rhacel Parreñas). 2015.** *Servants of Globalization: Migration and*
    Domestic Work. Stanford: Stanford University Press.
    이 책은 2001년에 처음 출판되었으며, 세계화 과정에서 진행되고 있는 이주의 여성화, 이주
    여성의 재생산노동에의 참여가 가지는 구조적 특징과 이주여성이 안게 되는 모순을 필리핀
    여성의 이주를 통해 분석하고 있다. 이 책은 도착지의 재생산노동에 참여하는 이주여성들이
    자신의 사회적 지위를 낮추어 재생산노동에 참여하는 '계급적 모순', 여러 문화권에 흩어진
    가족들이 형성하는 '초국가적 가정'의 문제 등을 다루고 있다.

김민정. 2010. 「여성이민자는 이민의 수혜자인가?: 프랑스 내의 북아프리카 출신 여성이민자의 경우」. ≪유럽연구≫, 28권 2호.

김성진. 2014. 「중앙아시아 여성이주: 비경제적 요인의 영향을 중심으로」. ≪슬라브연구≫, 30권 1호.

이선주·김영혜. 2005. 『세계화와 아시아에서의 여성이주에 관한 연구』. 서울: 한국여성정책연구원.

이순주. 2011. 「라틴아메리카 여성의 역내이주: 칠레의 페루 이주여성을 중심으로」. ≪중남미연구≫, 30권 1호.

이지영. 2013. 「국제이주와 여성: 세계화와 이주의 여성화」. ≪세계정치≫, 19집.

Castles, Stephen, Hein de Hass and Mark Miller. 2013. *The Age of Migration: International Population Movements in the Modern World*. 5th ed. New York: The Guilford Press.

Donato, Katharine M. and Donna Gabaccia. 2015. *Gender and International Migration*. New York: Russell Sage Foundation.

Zlotnik, Hania. 2003.3.1. "The Global Dimensions of Female Migration." https://www.migrationpolicy.org/article/global-dimensions-female-migration

IOM. 2017. *World Migration Report 2018*. Geneva: IOM.

Oish, Nana. 2005. *Women in Motion: Globalization, State Policies, and Labor Migration in Asia*. Stanford: Stanford University Press.

Parreñas, Rhacel. 2015. *Servants of Globalization: Migration and Domestic Work*. Stanford: Stanford University Press.

Reilly, Karen O'. 2012. *International Migration & Social Theory*. Basingstoke: Palgrave Macmillan.

UN Population Division. 2017. *World Population Prospects, The 2017 Revision: Key Findings and Advance Tables*. New York: United Nations.

11

전쟁·평화·안보 그리고 여성

강윤희

인류 역사에서 전쟁은 폭력성과 파괴성에도 불구하고 국가 간 관계의 일상적 현상이었다. 따라서 어떻게 전쟁을 회피하고 평화를 증진해 더 나은 세계를 만들 것인가에 대한 연구는 국제정치학의 핵심적인 분야였다. 그러나 정치학의 다른 분야에서와 마찬가지로 전쟁과 평화에 대한 연구에서 여성이 가시화되고 페미니스트 시각에서 재조명이 이루어지기 시작한 것은 비교적 최근의 일이다. 기존의 국제정치학에서는 전쟁을 국가 간의 사업으로 간주했고 평화를 국가 간 전쟁이 없는 상태로 정의했기 때문에 국가는 안보 연구에서 중심적인 위치를 차지했다. 따라서 안보 연구에서 젠더에 대한 고려가 이루어질 여지는 거의 없었다. 이에 페미니스트 학자들은 기존 국제정치학의 국가중심성, 남성편향성을 비판하면서 전쟁과 평화 연구에 여성의 경험을 첨가하고 안보 연구에 젠더 관점을 도입하고자 노력해왔다. 이 장에서는 페미니스트 관점에서 전쟁과 평화, 그리고 안보의 문제를 재조명하고자 한다.

전쟁과 여성

흔히 남성들은 한 민족이나 사회집단의 대변자로서 다른 집단의 남성들과 싸우며 자기 집단의 여성을 보호하는 역할을 한다고 간주된다. 즉, 남성은 전쟁의 수행자이자 여성의 보호자라는 것이다. 이러한 인습적 견해는 '남성의 보호'에도 여성이 전쟁에서 남성과는 차별적인 방식으로 피해자가 된다는 사실과, 여성도 전쟁에서 적극적인 역할을 수행한다는 점을 과소평가하게 만든다.

일반적으로 전쟁과 관련해 일차적으로 떠오르는 여성의 모습은 피해자로서의 모습이다. 흔히 여성은 전투원이 아니기 때문에 전투원인 남성에 비해 전쟁에서 피해를 적게 받는다고 간주되었다. 효율적인 전쟁 기술이 발전하기 이전까지 이것은 사실이었다. 그러나 점점 전투원과 비전투원, 군인과 민간인의 구별이 없어져가는 현대전에서는 민간인 희생자의 수가 증가하고 있으며, 여성과 어린이는 자신을 직접 방어할 능력을 갖추지 못한 채 전쟁의 최대 피해자가 되고 있다. 20세기 초에는 전쟁 사망자의 약 90%가 군인이었던 반면에, 오늘날에는 약 90%가 민간인이며 이들 중 여성과 어린이가 압도적 다수를 차지한다. 예컨대 구 유고슬라비아 분쟁에서 사망자의 80%는 여성이었고, 1만 6000여 명의 어린이가 죽었다.

전쟁은 사람의 목숨을 앗아갈 뿐 아니라 일상생활과 정체성을 파괴함으로써 살아남은 사람에게도 지대한 영향을 미친다. 전쟁에서 여성은 무장하지 않았기 때문에 적의 폭력으로부터 가장 취약한 희생자가 된다. 전시에 발생하는 여성에 대한 강간과 성폭력은 전투 상황에서 빚어지는 피해만큼이나 여성을 위협한다. 전쟁의 한 부분으로서의 성폭력은 역사가 오래되었으며 광범위한 지역에서 자행되었다. 지난 세기에만도 제2차 세계대전의 대량강간 외에 카슈미르, 소말리아, 방글라데시, 르완다, 보스니아, 시에라리온 등의 분쟁 국가에서 전시강간이 발생했다. 특히 제2차 세계대전 당시 일본군 성노예로 강제 징집당한 약 10만~20만 명의 한국, 중국 및 동남아시아 여성들의 사례에서 볼 수 있듯이 국가가 체계적으로 강간·매춘을 강요하기도 했다. 근래에는 전쟁 난민의 대다수를 이루는 성인 여성과 어린 소녀에 대한 강간이 심각한 문제로 대두되었다.

흔히 전시의 강간은 승자의 '전리품'으로 간주되었고 전쟁으로 인해 억제되었던 남성의 성적 욕구를 해소하는 차원에서 이해되었다. 그러나 여성에 대한 대량강간은 그 이상의 의미가 있다. 전시강간은 전쟁무기이자 정치박해의 수단으로 이용되었다. 전시강간은 적군의 남성이 자기 집단의 여성을 '용감하게, 남자답게' 보호하지 못했다는 사실을 자각하게 만듦으로써 그들을 모욕하고자 하는 일종의 전쟁 전략인 것이다. 특히 민족 간의 갈등에서 전시강간이 발생하는 빈도가 높다. 여성은 출산을 통해 민족을 재생산하는 자일 뿐 아니라 양육을 통해 민족문화를 담보하고 전달하는 자이기 때문이다. 구 유고슬라비아에서 민족 분쟁이 발생했을 때 보스니아 내의 세르비아군은 강간 캠프(Rape camp)까지 설치하고 보스니아의 이슬람교도 여성을 체계적으로 강간했다.

전시강간을 당한 여성은 대부분 심한 육체적·정신적 충격에 빠지고 남성 기피증, 좌절감, 타인에 대한 불신 등에 시달린다. 그러나 이들 여성은 피해자가 아니라 '더럽혀진' 여성으로 간주되어 수치심 속에서 살아가야만 한다. 여성의 정조를 강조하는 동양 유교문화권이나 이슬람문화권에서는 더욱 그러하다. 이는 강간을 여성의 몸과 정신에 가해지는 폭력으로 간주하지 않고 남성과 공동체의 명예를 침해하는 것으로 간주하기 때문이다. 이에 대해 여성운동가들과 인권운동가들은 강간을 '명예에 반하는 범죄(crimes against honor)'로 볼 것이 아니라 '여성에 반하는 범죄(crimes against women)'로 보아야 한다고 주장한다. 또한 전시강간을 전쟁범죄로 규정하고 관련자를 전범으로 처리하도록 촉구하고 있다.

한편 여성은 남편이나 아들을 군대로 보내고 난 후 남겨진 가족의 생계를 담당하는 짐을 진다. 여성은 어린이와 노약자를 돌보고, 음식을 구하고, 자녀를 교육시켜야 한다. 즉, 확대가족 네트워크의 부양자가 되어야 하고, 의사결정권은 없으면서도 경제적으로 핵심적 역할을 해야 한다. 더욱이 군인인 남편이나 아들이 부상하거나 전사할 경우 정서적으로나 경제적으로 가족을 책임져야 할 몫은 여성에게 남는다.

가족을 부양해야 하는 여성은 전쟁으로 사회경제적 인프라 구조가 파괴되면 심각한 어려움에 처하게 된다. 특히 난민이 될 경우 탈출 과정이나 난민촌에서 생활하는 동안 죽임, 굶주림, 성폭력, 인신매매 등 여러 위험에 직면하게 된다(실제 난민의 75~80%가량이 여성과 어린이들이다). 이러한 상황에서 여성 매춘이 발생하는 것은 여성의 도덕심이 해이하기 때문이 아니라 생존과 가족 부양을 위해 경제적으로 필요하기 때문이다. 매춘 여성은 인권 유린을 경험할 뿐 아니라 HIV/AIDS(에이즈) 등 각종 질병에 노출되기 쉽다. 한편 국제적 여성매매단은 전쟁으로 황폐해진 지역의 여성을 인신매매의 대상으로 삼는다. 이들 지역에서는 성인 여성뿐 아니라 나이 어린 소녀들도 인신매매되었다. 예컨대 1990년대 구 유고슬라비아 지역의 분쟁에서 연간 20만 명의 발칸 여성이 인신매매의 희생자가 되었다.

난민이 되지 않은 경우에도 식량 생산자이자 가족을 보살피는 역할을 맡은 여성은 전쟁으로 각종 노동이 가중되는 것을 경험한다. 전쟁은 사회 경제적 인프라를 파괴할 뿐 아니라 자연환경을 훼손하기 때문이다. 제3세계 지역에서 주로 식량을 생산하는 자는 남성이 아니라 여성인데, 아프리카의 경우 여성이 식량의 80%를 생산한다. 그러나 전쟁이 경작을 방해하면 여성의 식량 생산 노동은 힘들어진다. 엘살바도르의 경우 내전 때문에 경작지의 80%가 파괴되고 토지의 77%가 황폐화되었다. 미군이 베트남에서 했던 것처럼 군대는 융단폭격을 자행했고, 이로 인해 농민 여성이 땔감을 모으고 농사짓는 일은 더욱 힘들어졌다. 식수원의 감염도 여성의 삶을 더욱 고달프게 만든다. 평시에도 여성들은 수 시간을 걸어서 식수를 구하는 일을 감당해야 하는데, 전쟁 시에는 식수를 확보하기 위해 더 많은 노력을 기울여야 한다. 이처럼 가족의 생계를 책임져야 하는 여성은 성별화된 방식으로 전쟁의 고통을 견뎌내야 한다.

전시 가정폭력의 증가도 여성의 안전을 위협하는 요소이다. 전시에는 평시보다 여성을 대상으로 한 가정폭력이 증가하는 경향이 있다. 예컨대 베오그라드에서 시행한 가정폭력에 대한 조사에 따르면 전시에 어머니에 대한 아들의 폭력이나 민족성이 다른 부부 사이에서 남편이 아내를 구타

하는 일이 증가했다. 전시에 가정폭력이 증대되는 데에는 여러 이유가 있다. 첫째, 전시에는 국가·민족 간 갈등의 해결수단으로 폭력이 용인되기 때문에 가정 안에서도 폭력이 행사될 가능성이 더욱 높아진다. 특히 민족 간의 갈등은 타민족이나 타인종집단에 대한 증오감을 증폭시켜 쉽게 폭력을 증가시킨다. 둘째, 전시에는 사회로 흘러들어오는 다량의 무기를 제대로 통제할 수 없기 때문에 폭력을 사용할 개연성이 높아진다. 셋째, 군인이나 재향군인은 전쟁터에서의 경험으로 인해 신경질적, 비관용적, 공격적으로 변하기 쉽기 때문에 이들이 여성에게 폭력을 행사할 가능성이 높아진다. 특히 위기 상황에서 전통적인 가장 역할을 수행하지 못할 때 남편들은 좌절하고 이를 가정폭력으로 표출하는 경향이 있다. 또한 전시 남성의 알코올 소비 증가도 가정폭력을 증가시키는 한 요인이다. 이처럼 전시에는 국가적·국제적 차원의 폭력이 가정 차원의 폭력으로 쉽게 이전된다.

이처럼 전쟁은 여성의 삶에 심각한 영향을 미치지만 여성이 전쟁의 피해자이기만 한 것은 아니다. '전쟁 만들기(making war)'에는 여성의 참여가 필수적이다. 비록 소수이지만 여성 역시 군인으로서 전쟁에 참여하거나 민족주의 항쟁에 참여하기도 한다. 대다수의 여성은 주로 방위산업이나 군수공장에서 일하며 전쟁을 간접적으로 지원한다. 일부 여성은 군기지 주변에서 군기지가 원활히 운영되는 데 필요한 다양한 서비스를 제공하기도 한다. 그러나 '전쟁 만들기'에 대한 여성의 기여는 대부분 인정받지 못하며, 여성은 군사 혹은 안보와 관련된 결정에 어떠한 발언권도 없는 것이 일반적이다.

여성의 군 복무 문제는 여성운동이나 여성학 내에서 많은 논쟁을 유발했다. 아마존의 여전사, 또는 제2차 세계대전에 참전한 소련 여군의 사례에서 볼 수 있듯이 '전사(warrior)'로서의 여성에 대한 역사적 유례가 없던 것은 아니다. 그러나 대부분의 국가에서 군대는 남성의 전유물로 간주되어왔다. 여성의 군 복무 자체가 원천적으로 봉쇄되거나, 여성은 군대 안의 하급 직종을 맡아 간호, 사무, 교육과 같은 '여성적 역할'만을 수행하도록 허용되었다. 따라서 여성의 군 입대 허용, 더 나아가서 전투참여 허용 문제에 대해서 많은 논란이 있었다.

여성의 군 입대 허용을 지지하는 입장에서는 여성과 남성의 평등성을 강조하면서 여성도 군 복무를 할 수 있는 신체적·정신적 능력이 있다고 주장한다. 이들은 또한 시민권 개념이 군 복무와 밀접한 연관이 있음을 지적하고 여성도 남성과 동등한 시민권을 향유하기 위해서는 군 복무를 할 필요가 있다고 주장한다. 더불어 군에서의 봉사는 여성이 고위직으로 진출하는 것을 가능하게 해줄 수 있다고 주장한다.

반면에 여성의 군 입대를 반대하는 자들은 여성의 군 복무가 곧 평등한 시민권 확보로 연결되지 않는다고 지적한다. 예컨대 서구, 특히 미국에서 여성의 군 입대가 증대된 시점은 병역의무가 더 이상 시민권의 지표가 되지 않게 된, 바로 그 시점이었다. 반대론자들은 군대가 본질적으로 성차별적인 사회제도에 기초하기 때문에 여성은 이에 참여할 것이 아니라 근본적으로 군사주의에 대항해야 한다고 주장한다.

여성의 군 복무와 시민권 개념을 연결한 주장에 대해 모두가 공감하는 것은 아니겠지만 부분적으로 타당하다고 인정할 만하다. 예컨대 한국에서 여성 총리서리 인준 문제가 논의되었을 때, 군대에 가본 경험이 없는 여성은 전쟁에 적절히 대처할 수 없기 때문에 총리가 될 수 없다는 반대논의가 개진된 바 있다. 이는 군인이 될 수 있는 남성만이 일등시민이 될 수 있다는 시민권 개념이 우리 사회에도 존재함을 보여준다.

여성의 군 복무에 대한 논란에도 불구하고 현실적으로 여성의 군 복무는 늘어나고 있는 추세이다. 이스라엘에서는 여성도 남성과 마찬가지로 군 복무의 의무를 지며 미국, 호주 등의 국가에서는 여군의 비중이 증가하는 추세이다. 미국의 경우 군인들에게 연금, 복지, 대학학비 지원 등 다양한 혜택이 주어지기 때문에 여성의 군 입대가 늘어나고 있다. 1989년 전체 군인의 11%를 차지했던 여군의 비중은 2003년 15%로 증가했다. 이라크전 개전 당시 미국 여군의 비중은 공군의 19%, 육군의 16%, 해군의 14%, 해병대의 6%에 해당했다.

여성의 군 입대를 허용하면서 여군의 비중이 증가하자 군대 내 성별 분업에도 변화가 발생하고 있다. 기존에는 군에 종사하는 여성 대부분이 민간 노동시장에서와 마찬가지로 성별 분업에 따라 비서직, 간호원, 교사 등의 직종에 주로 종사했다. 오직 소수의 여성만이 남성이 주로 담당하는 전투에 참여했다. 미국의 경우 여성은 지상전뿐 아니라 공중과 해상 전투에서 배제되었다. 일부 페미니스트들은 이러한 조치가 군대 내에서 남녀 간 성 격차를 강조하고 여성을 이등 군인으로 만드는 것이라고 비난했다. 이들은 남군과 마찬가지로 여군도 전투에 참여할 수 있도록 허용하라고 요구했다. 즉, 여성 역시 전투에 참여함으로써 군대 안에서 남성과 동등한 지위를 누려야 한다는 것이다. 현재 미국은 여성의 직접적인 전투 참여를 허용하지 않지만 이스라엘, 캐나다, 남아프리카공화국은 여성의 전투 참여를 허용하고 있다.

한편 민족주의는 타민족을 배제하고 공격하는 운동에 여성을 동원해 폭력적인 분쟁에 참여하게 만든다. 민족주의적인 일부 여성은 타민족 여성을 위협하는 운동에 참여하거나 이를 지지한다. 예컨대 인도의 우익 힌두운동을 지지하는 여성들 중 일부는 이슬람 여성과 아이들에 대한 폭력 행사에 가담했다. 또 많은 세르비아 여성이 '인종청소'의 일환으로 타민족 여성에게 체계적인 폭력을 행사한 세르비아 민족주의 사업을 지지했다. 그 외에도 여성은 최근의 여러 갈등 상황, 예를 들면 걸프전쟁, 르완다 대량학살 등에 관여했다.

더 나아가서 여성은 종교나 민족의 이름으로 전쟁이나 무장투쟁에 가담하기도 한다. 이라크전 당시 일부 이라크 여성은 총을 들고 침략자에 대항해 싸우겠다고 항전의 태세를 보였다. 심지어 임산부의 몸으로 성전(聖戰)을 위한 순교자가 되겠다며 자살테러에 가담한 여성도 있었다. 또한 이라크전을 계기로 자치권을 획득하고자 쿠르드족 여성들은 무장투쟁에 참전하기 위해 훈련을 받았다. 이처럼 여성은 외부 세력에 대항하는 민족주의운동에, 혹은 식민지 국가가 독립을 쟁취하기 위해 제국주의 세력과 벌이는 전쟁에 참여한다. 여성은 독립의 달성, 민족의 수호라는 보다 높은 가치를 위해 여성으로서의 정체성과 이해관계를 뒤로 하고 무력항쟁에 가담하는 것이다. 그러나 여성의 항쟁은 국가 독립이 달성되거나 민족주의운동이 성공했을 때, 그리하여 권력의 재분배가 일어날 때, 종종 잊히거나 그 중요성이 인정되지 않는다.

한편 여성은 군기지 주변에서 다양한 서비스를 제공함으로써 군기지가 원활히 돌아가도록 봉사한다. 군기지가 세워지는 곳에는 거대한 자본이 유입되고, 지역 정부는 성을 사고자 하는 군인의 욕구에 부응해 자신과 가족을 부양하는 데 필요한 다른 수단을 지니지 못한 가난한 여성을 끌어들인다. 예컨대 필리핀의 미군기지 주변에는 어린 농촌 소녀들이 가족의 생계를 유지하기 위해 매춘부로 유입되었다. 신시아 엔로(Cynthia Enloe)와 같은 페미니스트 학자들은 군기지 주변에 매춘사업을 형성하고 유지하는 전체 메커니즘에 주목한다. 매춘은 여성과 성 구매자 간의 개별적 거래 관계에 의해서만 이루어지는 것이 아니다. 술집 주인과 포주, 지역 보건담당 관리, 지역 경찰, 더 나아가서는 지역 군대, 국군, 외국군까지 매춘사업에 관련된다. 이들은 국가 안보를 위해 여성의 봉사를 관리하는 것이다. 캐서린 문(Katharine Moon)의 『동맹 속의 섹스(Sex among Allies)』가 보여주듯이 한국의 기지촌 여성들도 국가 안보와 미국의 환태평양 군사전략을 위해 봉사와 희생을 감수했다. 그러나 기지촌 여성에게는 사회적 멸시와 통제만이 남는다. 기지촌 여성은 매춘업에 종사한다는 이유로 사회로부터 지탄을 받고 어떠한 보호도 받지 못한다. 또한 국가는 성병 방지를 위한 정기검진을 통해 매춘 여성의 삶을 통제하지만, 성 구매자의 성병 유무는 문제 삼지 않는다. 여성은 전쟁과 국가 안보에 이용될 뿐, 그 역할을 인정 받지 못하는 것이다.

평화와 여성

여성과 평화를 연결시키는 것은 역사적으로 오랜 전통을 가지고 있다. 이는 남성은 호전적이고 여성은 평화 지향적이라는 일반적인 인식과도 관련이 있다. 흔히 여성은 생물학적으로 남성보다 덜 호전적이라고 간주된다. 남성호르몬인 테스토스테론이 공격적 행동을 유발한다는 주장이 생물학적 증거로서 제시되기도 했다. 전쟁에 대한 생물학적 원인론 외에도, 여전히 전쟁을 본질적으로 남성적이라고 간주할 수 있는 많은 이유가 있다. 인류학자들은 수렵채취 문화권의 경우 대체로 남성이 전쟁에 참가한다는 것을 입증했다. 또한 역사적으로 농업사회와 산업사회에서의 전쟁도 거의 전적으로 남성들의 몫이었다.

성 차이를 생물학적 차이가 아니라 문화적 차이로 보는 페미니스트들도 여성적인 것과 평화 사이에는 깊은 관련이 있고, 여성은 근본적으로 평화주의적이라고 본다. 이들은 여성이 돌봄이나 보살핌을 지향하는 본성을 지니기 때문에 평화 지향적이라고 주장한다. 즉, 모성의 경험이 여성에게 평화에 특별히 관심을 갖도록 만든다는 것이다. 여성은 임신과 육아에서 경험하는 어머니로서의 세심함으로 인해 남성에 비해 전쟁에 반대하고,

갈등 해결을 위해 폭력적 수단이 아닌 다른 수단을 찾을 개연성이 크다는 것이다. 따라서 이들은 어머니(혹은 잠재적 어머니)로서의 여성의 평화 유지 능력과 평화에 대한 기여를 강조한다.

이러한 견해는 1980년대와 1990년대를 거쳐서 도덕적 페미니스트들 (moral feminists)의 주장에 반영되었다. 이들은 여성을 정부 엘리트층에 진출시킴으로써 국가의 외교정책을 변화시킬 수 있을 것이라고 믿었다. 또 여성을 정치적으로 가장 핵심적인 위치에 진출시킴으로써 전쟁과 평화에 대한 공적 담화가 이루어지는 조건을 변화시키고 궁극적으로 평화로운 세계를 만들 수 있다고 보았다.

그러나 여성이 생물학적으로, 혹은 본질론적으로 평화주의자인지에 대해서는 적지 않은 반론이 제기된다. 실증적으로 여성과 평화성을 연결하는 주장을 증명하기는 쉽지 않다. 앞에서 설명했듯이 여성도 아마존의 여전사처럼 호전적·전투적일 수 있다. 또한 권력의 정점에 올랐던 소수의 여성 정치가들은 남성 못지않게 공격적이었다. 포클랜드전쟁을 이끌었던 영국의 대처 총리가 대표적인 예이다. 여성은 전쟁에 반대하거나 전쟁을 종식시키기 위한 중재역을 맡기도 하지만 다른 한편으로는 종종 남성 전사들이 필요로 하는 물품을 보급하거나 춤, 노래 등을 통해 전쟁을 고무하기도 한다.

여성의 본성을 이유로 여성과 평화를 등치시키거나 여성의 평화적 우위성을 주장하는 시각에 대한 여성학 내부의 비판도 만만치 않다. 여성에게 돌봄을 강조하는 담론은 전쟁 발생 시 여성으로 하여금 전쟁에 협조하게 만드는 보수적인 논리에 이용당할 수 있다는 것이다. 더욱 심각한 문제는 모성과 돌봄을 여성의 본질로 간주할 때, 전통적으로 유지되어온 성별 분업에 문제를 제기하지 못하며 오히려 이를 강화시킬 수 있다는 것이다. 예컨대 크리스틴 실베스터(Christine Sylvester)와 같은 페미니스트 학자는

'여성성=평화성'이라는 일원론적 해석에 대해 다음과 같은 비판을 제기했다. 첫째, 이러한 해석은 기존의 가부장제 질서를 타파하려는 능동적인 여성, 또는 일상적인 어머니로서의 역할을 하지 않는 여성을 배제하고 있다. 둘째, 여성을 일원화되고 수동적인 타자로만 인식한다. 셋째, 어머니나 양육자가 아닌 여성의 다양한 정치적 입장을 고려하지 못한다.

여성을 평화주의자 혹은 전쟁 반대자로 정형화할 수 있는지에 대해서는 아직도 논란이 많으나, 여성이 평화운동에 더 적극적이고 평화 연구에 괄목할 만한 기여를 한 것은 부인할 수 없는 사실이다. 여성은 평화를 위한 단체를 조직하고 전쟁에 반대하는 글을 썼으며, 페미니스트 관점에서 평화 연구를 해왔다. 여기에서는 여성의 평화운동에 초점을 맞추어 여성의 활동을 살펴보겠다.

여성들은 비교적 일찍부터 평화를 위한 단체를 조직해왔다. 제1차 세계대전이 한창이던 1915년에는 제인 애덤스(Jane Addams)를 비롯한 여권론자들이 헤이그에서 국제여성평화대회를 소집했다. 이 대회에서 결성된 여성평화당은 제1차 세계대전 이후 '평화와 자유를 위한 국제여성연맹(Women's International League for Peace and Freedom: WILPF)'으로 발전해 현재에 이르기까지 여성평화운동의 주축을 이루고 있다.

제2차 세계대전 이후 구축된 냉전체제에서 미·소 강대국 간 군비경쟁이 첨예화되고 긴장이 고조되었을 때에도 여성들은 평화운동에 참여했다. 1957~1965년에 대규모 핵군축운동(Campaign for Nuclear Disarmament)이 일어났을 때, 여성들은 이 운동에 적극적으로 참여했다. 1960년대에는 베트남전 참전을 계기로 미국에서 광범위한 반전운동이 일어났다. 이때 미국에서 탄생한 여성평화운동 단체인 '평화를 위한 여성들의 투쟁(Women Strike for Peace)'과 '평화를 위한 또 하나의 어머니(Another Mother for Peace)'는 핵실험과 베트남전에 반대해 평화시위를 주도했다. 1970년대는 평화운동의 침체기였으나 '유엔 여성 10년'을 선포하고 여성과 평화라는 주제를 부각시키는 성과를 거두기도 했다.

1979년 소련의 아프가니스탄 침공 이후 다시 냉전이 심화되고 미국이 서유럽에 핵무기를 추가 배치하기로 결정하자 유럽에서는 여성 특유의 평화운동이 전개되었다. 1981년 영국의 그린햄커먼(Greenham Common) 공군기지에 미국의 순항미사일이 배치되는 것을 저지하기 위한 대규모 시위가 열렸다. 여기에서 여성들은 여성과 어린이만으로 인간 사슬을 만드는 등 여성만의 독자적인 시위를 벌였다. 1981년에 조직된 '그린햄커먼 여성 평화캠프(Greenham Common Women's Peace Camp)'는 이후 8년간이나 지속되었으며, 수많은 여성이 이를 방문하거나 캠프에 참여했다. 이 외에도 '핵무장 해제를 위한 여성행동(Women's Action for Nuclear Disarmament: WAND)'이라는 조직은 핵무기 증강을 반대하는 활동을 벌이기도 했다. 1980년대의 여성 반전운동은 국가의 군사기구, 특히 핵무기가 남성들의 공격성과 파괴성을 표현하는 것으로 간주하고 이에 반대했다.

1990년대 여성평화운동은 민족 간 갈등에 기인한 폭력 행사를 반대하는 형태로 나타났다. 이 운동은 지배적인 민족이나 국가에 속하는 여성이 타민족 여성을 지원하기 위해 조직되었다. 이스라엘에서는 '검은 옷을 입은 여성들(Women in Black)'이라는 단체가 팔레스타인에 대해 군사 활동을 편 이스라엘 정부에 항의하기 위해 철야 시위를 벌였다. 구 유고슬라비아 지역에서 민족갈등이 발생했을 때 베오그라드의 여성들은 세르비아인의 타민족에 대한 공격에 반대해 시위를 한 바 있다.

한편 여성들은 1995년 베이징 세계여성대회 이후 갈등 해결과 평화 협상 과정에 참여함으로써 평화 구축 과정에서 여성의 역할을 증대시키고자 했다. 예를 들어 영국에 사무국을 둔 '평화를 만드는 여성(Women Building for Peace)'이라는 조직은 유엔여성개발기금(United Nations Development

Fund for Women: UNIFEM)과 함께 "평화를 만드는 여성: 촌락 회의에서 협상 테이블로(Women Building Peace: From the Village Council to the Negotiation Table)"라는 국제적인 캠페인을 전개했는데, 이 캠페인은 평화 구축을 위한 여성의 역할을 강화하고 평화 구축의 모든 과정에서 여성의 완전한 참여를 보장하도록 촉구했다.

실제로 세계의 각 분쟁 지역에서 여성은 평화 협상 과정에 참여해 변화를 만들고 있다. 북아일랜드의 경우 1996년 개신교도와 천주교도가 협력해 여성이 주도한 최초의 정당인 '북아일랜드 여성연대(Northern Ireland Women's Coalition: NIWC)'를 결성했는데, 여성들은 이 조직을 통해 평화 협상 과정에 참여하는 데 성공했다. 폭력적이고 차별적인 인종정책으로 갈등을 겪었던 남아프리카공화국에서도 여성들은 사회적·인종적·정치적 경계를 넘어선 전국적 규모의 여성연대를 결성해 1994년 선거에서 민주적인 정부가 탄생할 수 있도록 영향을 미쳤다. 이스라엘 여성과 팔레스타인 여성 간에도 대화를 통한 연대가 이루어졌으며 그 결과 평화 협상 정책을 지지하는 '예루살렘 링크(Jerusalem Link)'가 조직되었다. 이스라엘과 팔레스타인의 고위급 여성에 의해 조직된 이 단체는 평화 협상 시 대안을 제시하는 등 민간 차원은 물론 국가 차원에서 평화 구축을 위해 적극 개입하고 있다.

한국에서 여성의 평화운동이 본격적으로 전개된 것은 1990년대에 들어서이다. 남성이 국가·안보 이슈를 독점했던 군사권위주의 시절에는 여성이 평화운동을 할 수 있는 여지가 거의 없었다. 1970년대 중반 원자폭탄 피해자 지원 활동을 시발점으로 1980년대 후반 반핵운동 여성평화한마당과 같은 공감대 형성을 위한 장을 마련하거나, 여성평화알뜰장과 같은 군비 축소와 여성복지 활동을 위한 기금조성 행사, 또는 전쟁문화 퇴치운동 등이 간헐적으로 이루어졌을 뿐이었다.

그러나 1990년대에 들어서 사회 전반에 걸쳐 민주화가 진행되고 여성들의 세력화와 여성운동의 다양화가 일어나면서 여성의 평화운동이 본격적으로 나타났다. 1991년 걸프전쟁이 발발하자 각계 여성단체들은 '걸프전쟁과 한국군 파병을 반대하는 어머니 모임'을 결성하고 토론회를 개최하는 등 다양한 활동을 전개한 바 있다. 또 1990년 초반의 방위비 삭감운동은 1994년 무기도입 반대운동을 거쳐 1997년 이후 평화군축운동으로 발전했다. 이 와중에 평화운동을 전담하는 여성단체인 '평화를 만드는 여성회'가 조직되었다. 남북 여성 교류를 통한 한반도 긴장완화 조성사업은 1990년대 여성평화운동의 중요한 활동 중 하나였다. 남한, 북한, 일본의 여성들은 1991년부터 여러 차례에 걸쳐 '아시아의 평화와 여성의 역할'이라는 토론회를 개최하고 일본군 위안부 문제를 공동으로 논의했다. 또한 1997년에는 식량난에 처한 북한 동포를 돕기 위해 평화의 쌀 나누기 운동을 전개했고, 1998년 이후에는 탈북 여성 난민을 돕는 활동을 전개했다.

2000년대에 들어와 여성평화운동의 내부 역량이 성숙해지자 더욱 다양한 운동이 활발히 전개되었다. 특히 9·11테러와 아프가니스탄전쟁 개시 이후, 여성은 남성보다 더 적극적으로 평화운동에 참여했다. '평화를 만드는 여성회', '한국여성단체연합', '전쟁반대여성평화행동', '평화어머니회', '전쟁반대여성연대' 등은 여성평화운동을 주도했다. 이들은 주로 테러와 전쟁에 반대하는 성명서 발표, 거리 시위 및 미국대사관 앞 1인 시위 주도, 인터넷 신문을 통한 평화 쪽지 날리기, 심포지엄 개최 등의 활동을 했다. 또한 이라크전쟁이 발발하자 이라크전쟁 반대운동과 국군의 이라크전쟁 파병 반대운동을 전개했다. '한국여성단체연합'을 포함해서 36개 여성단체가 참여한 '반전평화여성행동'은 반전시위를 주도하거나 성명서 발표와 기자회견을 통해 언론 홍보를 했다. '전쟁을 반대하는 여성연대(Women Against War: WAW)'는 인터넷을 활용하거나 소규모 시위 및 반전 퍼포먼스를 벌이기도 했다.

이처럼 한국 여성 역시 평화운동에 적극 참여하며 평화운동을 주도하고 있다. 이들은 남북 여성의 교류와 동아시아 여성연대를 통해 한반도의 긴장 완화를 도모하고, 국제적 차원의 평화운동조직과 연대해 반전운동을 활성화하고 있다. 그 어느 때보다도 한반도 내 평화공존체제의 정착이 절실한 상황에서 여성평화운동 단체의 활동은 더욱 중요해지고 있다.

안보와 여성

여성은 실천적으로 평화운동을 주도하고 갈등 해결 과정에 도움을 주었을 뿐 아니라 이론적으로도 평화와 안보 연구에 기여했다. 페미니스트 국제정치학자들은 기존 국제정치학의 남성편향성과 국가중심성을 비판하고 페미니스트 시각에서 평화 및 안보를 개념화했다.

기존의 국제정치학에서 평화와 안보는 핵심 연구 주제였다. 무정부상태로 특징지을 수 있는 국제정치에서 어떻게 하면 평화와 안보를 지켜낼 수 있을 것인가 하는 문제는 오랫동안 국제정치학자들의 주요 관심사였다. 구체적으로 전쟁의 원인은 무엇인지, 국제정치에서 전쟁은 회피될 수 있는 것인지, 어떻게 전쟁을 방지하고 안보를 확보할 수 있을지에 대한 연구가 진행되었고 다양한 해답이 제시되었다. 여기에서는 국제정치학의 양대 이론인 현실주의와 자유주의의 상반된 주장을 간략하게 살펴보도록 하겠다.

현실주의자들은 국가의 행위를 규제할 중심 권위가 존재하지 않는 국제정치의 세계에서, 자국의 이익(interest)과 권력(power)을 극대화하려는 국가 간에는 언제든 전쟁이 발발할 수 있다고 본다. 따라서 항구적 평화는 달성될 수 없고 전쟁의 발발을 최소화하는 것이 가장 현실적인 대안이라고 본다. 권력을 위한 투쟁인 국가 간 관계에서 국가의 생존은 보장되지 않기 때문에 각 국가는 자조(self-help)에 입각해서 스스로 자국의 안보를 달성해야 한다. 자국을 방어하고 국력을 확대하기 위해서 개별 국가는 공세적 군사력을 보유하려고 하지만 이것이 타국의 안보를 위협함으로써 안보 딜레마(security dilemma)에 빠지게 된다. 현실주의자들은 국제적 차원의 평화는 힘에 의한 힘의 견제, 즉 세력균형(balance of power)을 통해서 달성될 수 있다고 보았다. 힘의 사용·조정·통제로 평화를 지킬 수 있다고 보는 현실주의자들에 따르면 전쟁은 현존 질서를 파괴하려는 세력을 저지하는 데 실패했을 때 발생한다.

반면에 자유주의자들은 국가 간 분쟁을 해결하는 수단으로서의 전쟁을 부인하고, 노력에 따라서는 영구적인 평화도 성립할 수 있다고 본다. 자유주의자들은 평화를 적극적으로 확보해야 하는 가치로 보기 때문에 평화 달성과 유지에 능동적이다. 이들은 세력균형체제의 문제점을 지적하고 대신 집단안보체제를 통해 국가 차원의 안보를 달성할 수 있다고 주장했다. 집단안보는 체제 내의 각국이 침략에 집단적으로 대응함으로써 공동의 안보를 수호하려는 것이다. 이는 평화와 질서를 수호하려는 측에 월등한 힘을 부여함으로써 그 어떤 나라도 현존 질서를 교란시키지 못하게 하는 것이다. 집단안보체제에서는 평화적인 변화, 중재, 집행을 촉진시키기 위해서 국제기구를 형성할 필요가 있었고, 이것이 제1차 세계대전 이후 국제연맹, 제2차 세계대전 이후 유엔을 조직한 배경이다.

이처럼 현실주의와 자유주의는 전쟁 및 평화, 안보에 대해 상이한 입장을 견지하지만, 양쪽 모두 국가를 중심으로 안보를 고려한다는 점에서는 비슷하다. 즉, 국제정치학의 국가중심주의를 반영하면서 전쟁을 '국가 간의 물리적 충돌'로 규정하고 '국가 간 전쟁이 없는 상태'를 평화로 간주한 것이다. 따라서 안보 논의도 개별 국가 수준에서의 안보 달성을 중심으로 이루어졌다. 특히 냉전 시대에는 안보에 관한 대부분의 연구가 군사적 관점에서 정의된 국가 안보에 초점을 맞추었다.

최근에 이러한 안보 개념의 편협성에 대한 비판이 제기되었다. 예컨대 베리 부잔(Barry Buzan)과 같은 학자들은 국가 안보 개념의 한계를 극복하고 다양한 고려 사항을 포함하는 더욱 확대된 안보 개념을 주창했다. 즉, 군사적 측면뿐 아니라 정치, 경제, 사회, 환경 등 제반 요소를 포함하고 국가 안보와 국제 안보를 포괄하는 안보 개념을 새로이 제시했다. 페미니스트 국제정치학자들도 여성 안보(women's security)를 확보하기 위해서는 국가 중심적 안보 개념에서 탈피하고 포괄적 안보(comprehensive security) 개념을 도입해야 한다고 주장한다.

먼저 페미니스트 국제정치학자들은 국제/국내의 구별, 공적 영역/사적 영역의 구별, 전쟁/평화의 양분법적 대비 등을 통한 전통 국제정치학의 이론 구성 방식을 비판함으로써 평화와 안보 개념을 페미니스트 관점에서 재정의하고자 한다. 이들에 따르면 국내적 질서/국제적 무질서라는 기존의 국제정치학 담론은 국제세계는 폭력이 만연한 '만인에 대한 만인의 투쟁'의 장으로 보는 반면 국내는 질서와 안전이 보장되는 곳으로 인식하게 만듦으로써 국가의 안보와 개인의 안보가 항상 일치하지 않을 수도 있다는 점을 간과하게 만든다는 것이다. 이들은 국가의 군사적 안보가 확보된다고 할지라도 개인(특히 여성)의 안보는 침해를 받을 수도 있다고 지적한다. 마찬가지로 전쟁을 단순히 국가 간의 물리적 충돌로 규정할 때 국내 사회는 평화롭다는 신화가 만들어지고 현실 세계에서 자행되는 일상적이고 구조적인 남성들의 폭력을 간과하게 만든다고 비판한다.

이에 페미니스트 학자들은 '전쟁의 부재'라는 의미에서의 소극적인 평화 개념을 넘어서서 '국내와 국제 수준의 전쟁, 폭력과 교전 상태가 없음을 뜻할 뿐 아니라 경제와 사회적 정의를 향유하는 것'으로서의 적극적 평화 개념을 채택해야 한다고 주장한다. 적극적 평화 개념을 옹호하는 자들은 직접적 폭력뿐 아니라 구조적 폭력(structural violence)을 제거해야만 평화를 달성할 수 있다고 본다. 1960년대 후반에 제기된 구조적 폭력에 대한 논의는 안보와 평화 연구에서 더욱 젠더 친화적이라고 할 수 있다. 구조적 폭력은 예컨대 빈곤, 기아, 억압 등을 일종의 폭력으로 보는 개념이다. 사회적 약자로서 많은 종류의 억압에 노출되어 있는 여성은 이러한 구조적 폭력의 피해자가 될 가능성이 높다. 이에 페미니스트들은 구조적 폭력을 제거해 진정한 평화를 달성하고자 한다.

구조적 폭력에 대한 문제제기나 전쟁과 평화 개념의 확대는 안보를 전통적인 견해와 매우 다른 방식으로 개념화한다. 무엇보다도 안보를 위협하는 주된 요소가 국가 간의 폭력 행사와 그 위협이라는 기존 견해에 도전한다. 페미니스트 학자들은 국제정치의 무정부적 상태에서 폭력이 발생하며 모든 국가는 항시적으로 적대적인 외국에 의해 안보를 위협받는다고 가정한 현실주의 견해에 동의하지 않는다. 일반 국민이 위협을 당했다고 느끼는 정도는 각 개인이 처한 정치적, 경제적, 사회적 또는 개인적 상황에 따라 다르게 나타나기 때문이다. 현대에 와서는 인류의 안보와 복지가 다양한 요소에 의해 영향을 받기 때문에 페미니스트 학자들은 안보 위협 요소를 '국가 간의 폭력 행사와 그 위협'보다 더 폭넓게 정의하고자 한다. 즉, 불안정한 세계경제, 빈곤과 영양실조, 지구온난화와 기후변화, 인종갈등, 정치적 억압, 인권침해, 종교·인종·성별에 기초한 박해 등이 모두 안보를 위협하는 요소일 수 있다는 것이다. 이에 질 스틴스(Jill Steans)는 "안보를 다시 생각한다는 것은 …… 군사주의와 가부장제, 왜곡과 환경파괴까지 포함한다. 그것은 빈곤과 부채, 인구 증가의 관계까지도 고려하는 것이다. 자원과 그것의 분배 또한 고려해야 한다"라고 논했다.

포괄적인 안보 개념을 주장하는 여성의 노력은 기존 국제정치학의 분석 수준에 대해서도 의문을 제기한다. 기존의 국제정치학에서는 국가 외부의 위험한 세계를 묘사하기 위해 질서 있는 국내와 무질서한 국제세계를 대비하지만, 실제 국가 내부의 폭력 수준을 감안한다면 이러한 구분은 포괄적 안보를 설명하는 데 제한적이다. 법의 통제가 작동하지 않는 사적 영역에서의 폭력, 예컨대 가정폭력과 같은 경우에는 개인의 안보를 심각하게 위협할 수 있으나 기존의 분석틀로는 이를 설명할 수 없다. 따라서 가정폭력은 더 넓은 권력관계(불평등한 젠더관계)에서 보아야 한다. 이에 페미니스트들은 지배(domination)의 중요 원천인 '젠더에 기반한 위계질서', '권력의 불평등성'이 진정한 안보를 달성하는 데 장애요인이 된다는 점에 주목한다. 따라서 안보에 대한 페미니즘적 시각은 국제분쟁뿐 아니라 불평등한 젠더관계에서 발생하는 모든 폭력을 분석해야 한다고 본다. 예컨대 안 티커너(J. Ann Tickner)는 국가(군사) 안보뿐 아니라 경제 안보, 생태 안보를 포괄하는 대안적 개념을 제시하면서 "진정한 안보는 전쟁 소멸과 불평등한 젠더관계를 포함하는 불공정한 사회관계의 제거를 함께 필요로 한다"라고 주장했다.

평화·안보 개념의 페미니즘적 재정의(reformulation)는 분단된 한반도의 안보 상황 속에서 살고 있는 한국 여성의 안보를 재조명하게 만들어준다. 한국 여성은 한국전쟁의 주된 피해자였으며 이후의 분단구조 속에서는 군인의 어머니, 군기지 주변의 매춘부, 분단 냉전 이데올로기의 희생자이기도 했다. 이러한 맥락에서 '수지김 살해 은폐조작 사건'이나 '윤금이 양 살해 사건,' '효선이·미선이 여중생 사망 사건' 등을 여성 안보의 차원에서 다시 해석해볼 수 있다.

'수지김 살해 은폐조작 사건'은 구 안기부의 연출과 외무부의 협조 아래 가정폭력에 의한 단순 살인 사건이 간첩 사건으로 조작된 경우이다.

1987년 홍콩에서 수지김을 살해한 남편은 수지김 씨가 북한 공작원이었으며 조총련계 공작원들에 의해 납북될 뻔하다가 탈출했다고 거짓 진술했다. 안기부는 그의 진술이 거짓임을 알고도 사건을 조작해 수지김을 간첩으로 몰았고, 이후 수지김의 가족은 간첩의 가족이라는 낙인하에 심리적으로 크게 고통받았다. 이 사건은 국가 안보를 이유로 반공 이데올로기를 강화하기 위해 여성의 인권이 유린된 사건으로서, 2001년에 와서야 전말이 드러났다.

'윤금이 씨 살해사건'은 동맹군 군사에 의한 한국 여성 살해 사건으로서 국가 안보와 여성 안보가 일치하지 않을 수 있다는 것을 보여준 대표적 사건이다. 동두천 업소에서 일하던 윤금이 씨는 1992년 미군 사병에 의해 잔인하게 살해되었다. 이 사건으로 한국인들은 기지촌 여성에게 행해지던 군대 범죄의 현실에 처음으로 직면하게 되었다. 그간 동맹군이 자행하는 인권침해와 폭력적 범죄는 국가 안보라는 명목으로 묵인되어왔기 때문이다. 공개적으로 처리된 이 사건과 달리, 1950~1980년대 미군의 폭력으로 사망한 기지촌 여성들의 사망 사건은 사회에 잘 알려지지 않았고 인식조차 되지 않았다. 국가 차원의 안보를 확보하기 위한 동맹에서 여성의 봉사는 필수적이었지만 정작 이들 여성은 각종 위협에 노출되었음에도 국가로부터 보호를 받지 못했다.

2002년 6월 미군 궤도차량에 의한 '효선이·미선이 여중생 사망 사건'도 동맹에 의한 국가 차원의 안보 확보가 개인 차원의 안보로 이어지지 않는다는 것을 보여준 사건이다. 이러한 사례에서 볼 수 있듯이 한반도에서 여성 안보를 확보하기 위해서는 페미니스트 학자들이 주창하는 포괄적·중층적 안보 개념을 도입할 필요가 있다.

한편 보스니아, 시에라리온 등의 국가 분쟁에서 광범위하게 자행된 전시성폭력 사태에 대한 국제적 여론 환기, 안보 개념에 대한 페미니스트적 도전, 그리고 국제여성평화운동의 지속적인 노력 등에 힘입어 유엔 안전보장이사회는 2000년 10월 '여성·평화·안보에 관한 1325호 결의안'을 채택했다. 이는 전쟁·안보·평화 문제에서 여성의 특수한 상황과 역할을 인정한 최초의 공식적인 유엔 안전보장이사회의 결의였다. 이 결의안의 채택과 이를 이행하기 위한 각 국가별 행동계획의 채택을 통해 국제사회는 전시성폭력 해결, 평화협상 및 구축 과정에서의 여성의 참여 보장 등을 위해 노력을 기울이고 있다. 한국 정부도 2014년 국가행동계획을 채택해 국제사회의 노력에 함께하고 있다.

결론

전쟁과 평화 연구에 여성의 경험을 첨가하고 안보 연구에 젠더 관점을 도입할 때, 인습적 견해와는 달리 여성은 전쟁과 평화에 복잡한 방식으로 관련을 맺는다는 것을 알 수 있다. 전쟁에서 여성은 주된 피해자일 뿐 아니라 남성과 다른 방식으로 차별적 영향을 받는다. 여성은 전쟁에서 전투원이 되기도 하며, 간접적으로 전쟁이나 군사주의를 지원하기도 한다. 그러나 여성의 기여는 부차적인 것으로 간주되며 주목받지 못한다. 한편 여성은 남성보다 평화 지향적 성향을 보이며 평화운동에 참여함으로써 변화를 추구한다. 한국의 경우도 여성평화운동의 발전과 함께 여성이 한반도에 평화를 정착시키는 데 의미 있는 기여를 할 것으로 기대된다.

페미니스트 국제정치학자들은 기존의 국제정치학, 특히 안보에 관한 개념과 이론이 남성적 시각에서 쓰였음을 비판하고 페미니스트 시각에서 안보 개념을 재구성한다. 국가 안보 중심에서 개인 안보, 국제 안보를 포함하는 중층적 안보 개념을 제시하며 군사 안보뿐 아니라 다양한 이슈를 포함한 포괄적 안보를 주창한다. 안보 연구에서 젠더문제가 좀 더 확실히 다루어질 때 안보 어젠다에 새로운 이슈와 시각을 도입할 수 있을 뿐 아니라 국제 안보에 근본적으로 다른 시각으로 접근할 수 있을 것이다.

생각해볼 문제

1   국제정치에 여성의 경험을 첨가하면 그렇지 않을 경우와 대비해 어떤 차이들이 생기는가?

2   여성은 본질적으로 더 평화적인가?

3   군사 안보가 보장된 상황은 누구에게나 안보가 보장되는 상황인가? 아니라면 누구에게, 그리고 왜 안보가 보장되지 않는가?

4   국제정치를 페미니스트적으로 재구성하는 것의 이점은?

더 읽을거리

1   **안 티커너(J. Ann Tickner). 2001. 『여성과 국제정치』. 황영주 외 옮김. 부산: 부산외국어대학교 출판부.**

이 책은 페미니스트 관점에서 국제관계를 이해한 고전이다. 티커너는 이제까지 남성 입장에서 국제관계가 이해되었고 남성, 국가, 전쟁의 개념은 서로 연결되어 있다고 설명했다. 그러나 젠더적인 시각으로 해석하면 국제관계가 다르게 구성됨을 보여준다.

2   **캐서린 문(Katharine Moon). 2002. 『동맹 속의 섹스』. 서울: 삼인.**

이 책은 한미 동맹 관계의 구체적인 접점을 기지촌에서 찾는다. 한국 매춘 여성들의 몸이 한미 양 정부의 안보 동의 아래서 어떻게 이용되었는지, 즉 매춘 여성들이 언제, 어디에서 어떻게 살았고 일했는지를 탐구한다. 매춘이 한미 동맹의 또 다른 측면이었음을 보여주면서 안보의 젠더 불평등적인 측면을 보여준다.

3   **신시아 엔로(Cynthia Enloe). 1990.** *Bananas, Beaches and Bases: Making Feminist Sense of International Politics.* **Berkeley: University of California Press.**

이 책은 국제관계가 발생하는 장이 외교관들의 회합, 정상회담 혹은 전쟁터가 아니라 바나나를 생산하는 곳, 열악하게 값싼 노동력을 제공하는 여성들이 있는 곳, 그것을 통해서 국제 무역관계가 형성되는 곳이라고 설명한다. 예컨대 해외 관광지의 해변은 단순히 여흥을 즐기는 곳이 아니라 선진국 남성과 후진국 여성 간에 성을 매개로 한 거래가 이루어지는 곳이다. 마지막으로 국제관계는 해외의 군 주둔지에서도 발생하며 성을 사고파는 사람들의 관계에도 반영되어 있다.

참고문헌

강윤희. 2004. 「여성주의 국제관계론」. 우철구·박건영 엮음. 『현대 국제관계이론과 한국』. 서울: 사회평론.

문, 캐서린(Katharine Moon). 2002. 『동맹 속의 섹스』. 이정주 옮김. 서울: 삼인.

베일리스(John Bayleys)·스미스(Steve Smith) 편저. 2003. 『세계정치론』. 하영선 외 옮김. 서울: 을유문화사.

실베스터, 크리스틴(Christine Sylvester). 2000. 「새로운 평화 질서 구축에 있어서 남성성과 여성성」. ≪유네스코 포럼≫, 14호 가을.

이신화. 2004. 「인간안보와 여성: 인도적 위기 상황 및 개발 문제를 중심으로」. ≪국가전략≫, 10권 2호.

전재성. 2002. 「한반도 안보에 대한 젠더화된 관점에서의 접근: 남성성의 국제정치학 이론의 비판적 고찰과 대안의 모색」. ≪아시아여성연구≫, 통권 41호.

티커너, 안(J. Ann Tickner). 2001. 『여성과 국제정치』. 황영주 외 옮김. 부산: 부산외국어대학교 출판부.

한국여성개발원. 2000. 『한국 여성평화운동에 대한 의식과 발전 방향』. 서울: 한국여성개발원.

황영주. 2003a. 「평화, 안보 그리고 여성: "지구는 내가 지킨다"의 페미니즘적 재정의(Reformulation)」. ≪국제정치논총≫, 43집 1호.

_____. 2003b. 「페미니즘 국제정치학이 보는 안보와 평화의 문제」. 한국국제정치학회 하계학술대회 발표논문.

Enloe, Cynthia. 1990. *Bananas, Beaches and Bases: Making Feminist Sense of International Politics.* Berkeley: University of California Press.

Pettman, Jan Jindy. 1996. *Worlding Women: A Feminist International Politics.* London: Routledge.

12

한국의 여성운동

박채복

한국 정치에서 한국 여성운동이 차지하는 위상은 어느 정도인가? 여성운동은 한국 정치의 변동 과정에 얼마나 영향을 미쳤는가? 그동안 여성은 한국 정치의 변동 과정과 무관하며, 정치와 여성은 관계가 없는 것으로 인식되어왔다. 즉, 정치를 남성의 영역에 속한 것으로 간주했던 것이다. 이에 여성의 문제를 다루는 여성운동은 남성의 영역 밖에서 일어나는 일로 치부되어 정치운동으로 여겨지지 않았다. 또한 여성을 정치학의 범주에서 배제시켜온 기존 정치학의 패러다임은 여성이 주체인 여성운동을 정치 변동 과정에서 분석 대상으로 삼지 않았다. 따라서 기존의 정치학 영역에 대한 연구뿐 아니라 여성운동을 조망해보면 그동안 남성을 중심으로 이루어졌던 정치학의 방향을 새로이 정립하고 한국 정치 과정을 바르게 이해할 수 있을 것이다.

　　남성에게 허용된 확장된 영역과 여성에게 제한된 영역 사이의 차이를 인식하고 이를 넘어서려는 활동을 여성운동이라고 규정한다면, 한국에서의 여성운동은 구한말 유교적이고 남성 중심적인 사회문화를 극복하려는 여성들의 인식, 여성교육, 계몽운동에서 그 단초를 찾을 수 있다. 서구에서 여성운동이 정치적 권리인 투표권을 얻기 위한 투쟁으로 출발한 것과는 사뭇 다르다. 여성운동은 각 나라의 정치구조와 전통문화, 가치를 반영하는 사회의 산물임을 알 수 있다.

　　한국의 여성운동은 1948년 독립정부가 수립된 후 여성이 남성과 함께 자동적으로 참정권을 획득하는 정치 과정을 경험하면서 서구와는 전혀 다른 주제들을 제기했다. 호주제 반대운동, 동성동본불혼제 폐지 등, 주로 가족 안에서 불합리한 여성의 문제나 민법상의 부당한 여성 지위 등이 초창기 여성운동의 주요 이슈였다. 여성운동의 이슈는 1970년대 이후 국가 주도의 산업화와 급속한 경제성장 속에서 여성 노동자의 문제로 확대되었으며, 1980년대에는 여성운동도 권위주의 정부에 대한 민주화운동과 그

궤를 같이했다. 특히 1980년대 들어 한국의 여성운동은, 1970년대의 진보적 여성들과 사회민주화운동을 비롯한 각 부문의 운동 경험자들이 여성의 특수 과제에 눈을 뜨면서 독자적인 여성운동단체의 조직이 급격히 증가했으며, 대중의 지지기반을 확대해나갔다.

1990년대는 이러한 여성운동의 구체적인 성과가 나타난 시기라고 할 수 있다. 이 시기 한국의 여성운동은 '여성 전반'의 정체성에 주목하게 되었으며, 여성의 성(gender)의식이 발전할수록 여성 고유의 이슈를 중심으로 전개되었다. 사회민주화의 진전과 함께 1980년대 말부터 여성 관련 법의 제·개정운동이 활발히 전개되면서 법·제도상 상당한 남녀평등을 이루었다. 그리고 여성의 정치세력화가 여성운동의 주요 과제로 떠오르면서 여성의 의회 및 공직 참여가 늘어났다. 이처럼 한국의 여성운동은 역사적 사회 변화 속에서 발전해왔으며 각 시기별로 다양한 이슈를 제기하고 해결하기 위해 노력하고 있다.

19세기 말부터 일제강점기의 여성운동: 한국 여성운동의 태동

일반적으로 한국의 여성운동은 19세기 말 근대화 또는 개화운동과 더불어 일제강점기의 국가 존망의 위기상황 속에서 대두된 것으로 본다. 시기적으로는 서구에 비해 많이 뒤졌다고 볼 수 없지만, 여성운동이 대두된 시기의 역사적 상황은 서구와 전혀 다른 정치사회적 맥락 속에 있었다.

조선 후기 봉건사회의 해체는 지배체제의 변동과 경직된 유교 이데올로기에 대한 비판을 초래했다. 여성에 대한 사회적 인식에도 점차 변화가 나타났고, 여권론(女權論)이 대두되면서 봉건적 여성관이 타파되기 시작했다. 특히 서구 문물과 함께 들어온 기독교의 영향으로 여성은 새로운 세계관을 접하게 되었고, 민주주의 사상의 유입과 더불어 여성의 자유와 평등의식이 고양되었다.

　일제는 효율적인 식민통치를 위해 조선인 여성을 통제, 동원, 동화시킬 필요가 있었다. 그래서 호주제를 도입해 조선인 가족(그 속의 여성)을 통제했고, 여성교육을 통해 가족과 국가에 충성하는 여성상을 만들어 여성이 국가에 대해 봉사·희생하도록 만들었다. 또한 농촌과 도시에서 여성 노동력을 통제하고 수탈해 식민지 자본주의의 경제적 이해를 충족시켰다. 그뿐만 아니라 일제 말기 전시체제에서는 근로보국대, 일본군 위안부 등의 이름으로 여성을 강제 동원해 일본 군국주의를 지탱하는 한 방편으로 삼았다.

　그러나 강압적 식민 통치에 대해 여성들이 수동적으로만 대처한 것은 아니었다. 이 시기 한국 여성운동은 처음부터 순수하게 여성해방의 차원에서 이루어진 것이 아니라 사회적 여건과 민족의 요청으로 구국운동의 차원에서 전개되었다. 또한 초창기 여성운동은 선구적인 남성 개화파 망명가들의 적극적인 지지와 후원하에 여성의 근대 교육의 필요성이 강조되었으며 여성의 사회적 자각에서 비롯되었다.

　당시 여성운동의 주류는 여성교육에 기초한 구국운동과 여성해방운동으로 나눌 수 있다. 이들은 이후 한국 여성운동의 전개에 일정한 틀을 제공하게 되었다. 교육에 의한 구국운동은 축첩반대연좌시위를 벌인 여우회(女友會)와 최초의 여성교육단체로 순성여학교를 설립한 찬양회에서 비롯되었다. 이 밖에도 대한부인회, 진명부인회, 대한여자흥학회, 여자교육회 등 많은 여성단체가 조직되어 여성교육운동에 주력했다. 특히 1907년에 전국에서 일어난 국채보상운동은 여성이 주체가 되어 일어난 국권회복운동으로, 구국운동에 여성의 평등한 참여를 주창한, 한국 여성들이 처음으로 전개한 사회참여운동이라고 할 수 있다.

한편 1919년 3·1운동은 대중 여성운동의 확산과 반제·반봉건 여성운동으로서의 기본적인 발전을 의미했고, 한국 여성운동의 질적·양적 변화와 발전에 커다란 계기가 되었다. 여성운동과 민족운동이 연계해 단순한 여성교육과 구국운동의 차원을 넘어 여성의 문제를 더욱 깊이 인식하고 여성을 해방하려는 운동을 본격화했기 때문이다.

3·1운동을 계기로 전국 각지에 여성 비밀단체가 결성되었다. 대표적인 것으로 대한민국애국부인회, 상하이 한인애국부인회를 들 수 있다. 이 단체들은 처음에는 투옥된 애국지사의 옥바라지와 구속자 가족에 대한 원호 활동을 하다가 점차 조직망을 넓혀갔다. 임시정부를 후원하기 위한 군자금 모집과 조직원 보호 활동을 하거나 임시정부 문서의 배포 및 선전활동도 했다. 대한민국애국부인회는 독립운동에 남녀가 평등하게 참여하는 것을 당위로 내세웠고, 여성은 '국민의 의무'로서 항일운동에 참여한다고 밝혔다. 이러한 노력은 임시정부헌장에 남녀평등 조항을 명문화하는 데 크게 기여했다.

1920년대 이후 해방될 때까지 여성운동의 동향은 민족독립운동, 교육계몽 및 교도계발운동(敎導啓發運動), 여권 신장 및 여성해방운동 등으로 전개되었다. 1920년대에는 ≪신여성≫과 같이 여성해방을 주장하는 잡지가 발간되었으며, 최초의 페미니스트라고 할 수 있는 근대 교육을 받은 이른바 '신여성'이 나타나 일제강점기 여성운동의 선봉장으로 나서기도 했다. 특히 1927년에는 최초로 여성만으로 이루어진 전국적인 대중운동 조직 근우회가 탄생해, 주목할 만한 정치활동을 했다. 민족주의계, 사회주의계 여성운동을 통합하기 위해 만들어진 근우회는 여성의 지위 향상과 민족의 독립 쟁취를 목표로 했다. 이후 근우회는 사회주의계의 영향을 받아 반봉건 여성해방운동론과 반제·반식민의 민족자주독립운동을 표방했다.

최초의 전국적 여성운동 조직인 근우회를 중심으로 여성운동이 활발히 전개됨으로써 근대적 의미의 여성운동이 시작되었다. 근우회는 여성의 단결과 지위 향상을 기치로 내걸고 의욕적인 활동을 펼쳤으나, 사회주의계와 민족주의계의 분열이 점차 심화되면서 해체 일로를 걷기 시작했다. 근우회가 자연해체된 이후부터는 일본의 식민통치가 한층 강화되고 민족주의운동에 대한 탄압이 심해져, 1930년대 후반부터는 여성단체의 활동이 약화되었다.

이처럼 여성은 3·1운동에서 항일무장투쟁에 이르기까지 다양한 방식으로 민족독립운동에 기여했다. 그러나 민족독립운동에 대한 여성의 기여는 상대적으로 중요성을 인정받지 못했고, 이는 해방 이후 국가 건설 과정에서 여성이 배제되는 주요 원인이 되었다.

해방 이후부터 1970년대의 여성운동: 한국 여성운동의 발전

1945년 8월 해방 전까지의 한국 여성운동은 여성의 인간화 문제를 선언적인 차원에서 혹은 명목론적으로 전개했던 반면, 해방 이후 전개된 여성운동은 근대국가 건설 과정에서 주도적이고 적극적으로 참여하고자 했다. 해방 직후 정치적 입장에 관계없이 각계각층의 여성 인사를 총망라해 건국부녀동맹을 조직한 것이나, 임영신, 이은해를 중심으로 조선여자국민당을 결성한 사실, 그리고 한국애국부인회와 독립촉성부인단을 결성한 것에서 볼 수 있듯이 여성들은 독자적인 조직을 만들어 건국 과정에서 여성해방과 국가 건설에 기여하고자 했다.

그러나 여성조직은 당시의 좌우 이념 대립을 반영하면서 사회주의계는 조선부녀총동맹으로, 우익계는 독립촉성애국부인회로 분열되어 세력이 약해졌다. 조선부녀총동맹은 우익계 인사들이 건국부녀동맹을 탈퇴한 이후, 항일운동과 근우회 등에 참여했던 사회주의 계열의 여성 인사가 주축이 되어 결성한 단체이다. 이들은 1920년대의 반제·반봉건적 여성해방 사상을 계승했다. 이 조직은 각 계층의 여성을 포괄한 광범한 여성대중조직으로 자리 잡을 수 있었으나 사회주의계에 대한 미군정의 탄압으로 1947년 남조선민주여성동맹으로, 다시 남로당 부녀부로 위축되어갔다.

반면에 한국애국부인회와 독립촉성부인단이 통합해 결성한 독립촉성애국부인회는 우익계 인사가 주축이 되었다. 국가의 자주독립을 촉성하며 여성의 지위 향상을 도모하고자 여성을 대상으로 계몽운동을 벌이고 정치운동에 참여했다. 독립촉성애국부인회를 중심으로 한 우익 진영은 1946년 말 전국여성단체총연맹을 결성함으로써 결집된 역량을 과시하기도 했다.

문제는 이 시기의 여성단체가 좌우를 막론하고 이념 대립으로 인해 여타 운동에 파묻혀 정치적 독자성을 획득하지 못했다는 점이다. 조선부녀총동맹은 조선공산당이나 남로당의 외곽 단체로, 독립촉성애국부인회는 이승만계의 지지 세력인 독립촉성중앙위원회의 산하 단체로서 이들의 정치노선을 추종했다. 전국여성단체총연맹은 주로 이승만과 한민당의 정치노선을 추종하며 그들이 주최하는 각종 집회에 여성을 동원했다.

1946년에 본격화된 찬탁·반탁 논쟁에서 조선부녀총동맹은 찬탁의 입장을, 독립촉성애국부인회는 반탁의 입장을 보였다. 또한 단독정부 수립과 관련해 남조선민주여성동맹은 1948년 5·10선거에서 적극 반대했지만 이미 조직적 역량이 약화된 이후여서 활동이 미약했다. 반면에 우익 진영 여성단체는 남한만의 단독정부 수립을 지지해 5·10선거에 여성들을 대거 참여시키는 운동을 대대적으로 전개했다.

이처럼 해방 이후 좌우익의 분열과 대립은 여성운동에도 그대로 반영되었으며, 국가 건설 과정에서의 여성 참여는 여성정치운동으로서의 독자성을 확보하지 못했다.

최초의 여성 참정권 행사는 1948년 5·10선거를 통해 이루어졌다. '국회의원선거법'이 제정되면서 여성이 선거에 처음으로 참여할 수 있게 된 것이다. 이처럼 여성이 유권자로서 처음 참정권을 행사하기 이전에 이미 여성의 정치참여운동은 시작되었다. 해방 이틀 후인 1945년 8월 17일에 임영신, 이은혜, 김선을 위시해 각 도마다 대표 1인씩 참여하여 조선여자국민당 창당발기인 대회를 개최했다. 조선여자국민당의 창당 목적은 정치적 여성운동을 통해 여권을 획득하려는 데에 있었으며, 남성만으로는 이룰 수 없는 진정한 민주사회 건설을 기하는 것을 강령으로 내세웠다. 1948년에 대한민국정부가 수립되고 국호가 대한민국이 됨에 따라 조선여자국민당은 대한여자국민당으로 이름을 바꾸었다. 그러나 이 시기의 한국 여성운동은 사회의 다양한 분야에서 여성의 더 나은 삶을 보장하기 위한 현안 문제를 풀어나가는 실질적인 운동으로까지 발전하지는 못했다.

1950년대와 1960년대 들어 한국 여성운동은 한국의 정치 상황과 구조에 많은 영향을 받았다. 분단된 국가 건설과 관련된 담론이 한국 사회에서 중심적인 운동의 과제로 이어지면서 이 시기 여성운동은 위축될 수밖에 없었다. 이에 가부장적 성차별 문제 등을 중심으로 여성의 사회적 지위를 향상하고 국민의 일원으로서 여성의 역할을 강조하기 위한 운동을 제한적으로 전개해나갔다. 그럼에도 이 시기에 다양한 형태의 여성단체가 형성되었다. 이것은 한국의 여성운동을 고찰하는 과정에서 매우 중요한 점이라고 할 수 있다.

1959년에 한국여성단체협의회(이하 여협)가 발족하면서 여성운동을 주도했다. 이 밖에도 대한YWCA, 대한부인회, 대한여성교육동지회, 한국부인상조회, 새여성회, 한국여성경제인협회, 재향군인회부녀부 등 여러 여성단체가 여협과 함께 활동했다. 적극적인 여성운동이 매우 어려웠음에도 가정법률상담소, 여성유권자연맹, 여협 등 일부 단체가 제한적이나마 여성의 지위 향상을 위해 실질적으로 노력했다는 점은 주목할 만하다.

그러나 당시 활동했던 많은 여성단체가 직간접적으로 정부의 지원 아래 운영되거나, 탈정치화되어 정부의 정책에 호응하는 활동을 펼쳤다는 것은 한계로 지적할 수 있다. 이 시기의 여성단체는 가부장적 가족법 개정과 소비자로서 여성의 역할 인식, 국가정책에의 여성의 참여, 일부 엘리트 여성의 사회진출과 같은 문제에 관심이 있었다. 그러나 그 목적은 회원 간의 친선 도모와 자질 향상 혹은 사회봉사 차원 등으로, 현모양처를 강조하는 전통적인 여성상에서 벗어나지 못했다. 또 여성의 지위 향상과 불평등 문제를 직접적으로 다루기보다는 여성의 사교 활동에 치중함으로써 여성운동을 담아내는 데에는 거리가 있었다. 따라서 이 시기 한국의 여성운동은 여성단체의 수적 확대에 비해 질적 발전을 꾀하기 어려웠다고 할 수 있다.

1970년대의 여성운동은 가족법개정운동으로 대표된다. 이 시기 여성운동은 가부장적 차별과 한국 자본주의 발전 과정에서 나타난 여성 노동자 등 기층 여성의 불평등으로 집약되는 여성문제를 중심으로 전개되었다. 1973년 여협은 '범여성가족법개정촉진회'의 결성을 주도하고 가족법개정운동을 펼침으로써 1970년대 여성운동의 한 부분을 주도했다. 이에 1977년 12월에 '신민법' 일부가 개정되었고, '혼인에 관한 특례법'이 제정되었다. 그리고 1979년 1월에는 개정 가족법 시행이라는 성과를 거두었다.

가족법개정운동은 정부 수립 이래 여성의 권익을 증대하고 가부장적 권력을 약화시켜 사적 영역에서 남녀평등을 실현시킨 중요한 정치적 실천 운동으로 평가할 수 있다. 비록 여성단체의 요구가 모두 관철되지는 않았으나 국가권력조차 외면하는 법적 평등을 여성 스스로 이루어냈다는 데 의의가 있다. 또한 당시 가족법개정운동에 참여하는 여성의 수가 늘었고 운동이 전국적으로 조직화되었을 뿐 아니라 이념과 상관없이 모든 여성단체가 전근대적이고 가부장적인 가족법에 도전해 많은 내용을 변경시켰다는 점에서 여성운동의 발전에 중요한 기여를 했다.

1970년대 한국 자본주의는 수출 위주의 파행적 산업화로 외형이 발전하면서 사회의 모순이 심화·확대되었다. 그 과정에서 열악한 여성 노동자의 문제가 부각되기 시작했다. 그러나 산업화라는 새로운 사회 상황에서 대두된 여성 노동자의 자발적 투쟁은 '여성' 노동자들의 문제를 해결하는 운동으로까지 발전하지는 못했다. 당시 대한YWCA, 한국교회여성연합회 등 기독교 여성운동단체가 중심이 되어 여성 노동자의 투쟁을 지지하는 활동을 했다. 하지만 여성해방의 관점이 미약한 상태에서 여성운동이 여성 노동자의 생존권 투쟁을 흡수하기에는 역부족이었다. 이러한 한계에도 1970년에는 광범위한 여성 노동자층이 형성되었고 여성 노동자 운동을 통해 여성 노동자들의 사회의식이 성장했다. 그리하여 사회변혁과 여성해방을 결합하려는 진보적 여성운동이 출현할 수 있는 토대를 마련해주었다.

한편 국제적으로는 1975년 '유엔 세계여성의 해'를 계기로, 한국의 여성운동은 서구 여성운동과 이에 대한 이론을 접하게 되었다. 특히 제3세계 여성운동에 대한 소개는 한국의 여성운동에 큰 영향을 미쳤다. 국내적으로는 1977년에 대학의 교과 과정에 여성학이 도입되면서 여성 차별과 불평등 문제에 대한 다양한 이론이 연구되기 시작했다.

1970년대 말에 접어들면서 여성운동이 민주화운동과 분단이라는 시대의 맥락 속에서 설정되어야 한다는 주장이 제기되기 시작했다. 여성운동은 여성문제를 전체 사회구조의 모순과 연결해 총체적으로 해결하려는 운동으로 발전하면서 기존 여성운동을 반성·비판하고 여성운동의 새로운 방향성과 실천을 모색하게 되었다.

이른바 진보적 여성운동의 등장과 성장에는 자본주의의 모순에 저항하면서 성장한 1970년대 여성 노동자 운동의 경험과 교육받은 중산층 지식인 여성의 성장이 중요한 내적 배경이 되었다. 이처럼 한국의 진보적 여

성운동은 사회변혁 운동 속에서 등장하고 발전해왔다는 점에서 자유주의
나 급진주의를 기반으로 여성문제의 독자적 이해를 추구한 서구 여성운동
과 차이를 보인다.

1980년대 여성운동: 민주화운동으로서의 여성운동

1980년대는 한국 여성운동이 민족·민주·통일운동과 접목되어 여성문제
의 해결을 사회의 민주화와 사회변혁에서 찾았던 시기이다. 또한 여성운
동이 사회변혁 운동의 한 영역으로 대중적·조직적 기반을 확대해가기 시
작한 시기이기도 하다. 진보적 사회운동단체와 연대한 여성운동이 생기면
서 여성운동을 주도하는 단체는 대중조직으로 성장했다. 이 시기에 여성
문제를 본격적으로 다루기 시작한 여성운동단체는 정부에 순응적이고 보
수적이었던 과거의 여성단체와 달리, 민족민주운동에 동참하는 여성운동
으로 자신의 정체성을 규정했다.

1980년대 초 지식인 중심의 여성단체들이 잇달아 창립되었다. 여신
학자협의회(1980년), 여성평우회(1980년), 또 하나의 문화(1984년), 기독교
여민회(1986년) 등이 그것이다. 또한 여성의전화(1983년)는 아내 구타 및
성폭력 피해자에 대한 상담사업을 전개했으며, 1987년에는 독자적인 여성
노동단체로서 여성노동자회가 결성되었다.

1980년대 여성운동의 가장 큰 특징은 이전과 달리 주도적으로 여성정
책 의제를 제기하고 요구하기 시작했다는 것이다. 민주화운동 과정에서
각 계층별·지역별로 확산되고 성장한 진보적인 여성운동은 1987년 한국
여성단체연합(이하 여연)의 결성으로 그 정점을 이루게 되었다. 이들은 분
단과 자본주의체제 내의 모순에서 발생하는 문제를 주요한 여성 억압의

근원으로 보고 제반 사회적 기회의 불평등 문제를 한 축으로, 가부장적 차별에 따른 문제를 다른 한 축으로 보았다. 그리고 사회민주화운동에 참여하면서 얻은 경험을 통해 다양한 여성의 요구를 조직화할 수 있는 전국적인 차원의 연대를 이루어야 한다는 필요성이 점차 부각되기 시작했다.

한편 1987년에 여성평우회는 여성민우회로 조직을 개편하고 사회변혁 운동의 하부 운동이 아니라 독자적 여성운동을 전개할 수 있는 계기를 마련했으며 여성운동의 대중화에 크게 기여했다. 이와 함께 여성운동의 주체와 이슈를 확대했다. 또한 진보적 여성, 여성 노동자뿐 아니라 사무직 여성, 주부 등 더욱 광범위한 계층의 여성들을 포괄하는 운동 방법을 모색하기 시작했다. 이에 성폭력, 종교, 환경, 육아 등 이전에 드러나지 않았던 다양한 이슈가 등장했다.

1980년대에는 가족법 개정과 여성에 대한 폭력근절운동도 활발하게 진행되었다. 1984년 7월에는 여협을 중심으로 41개 여성단체가 발기해 '가족법 개정을 위한 여성단체연합'을 결성하고 가족법 개정을 제13대 국회에서 통과시키기도 했다. 이렇듯 1980년대 민주화 과정에서 한국 여성운동은 한편으로 여연을 중심으로 진보적 여성운동

한국여성단체연합(여연)

전국에 6개 지부, 27개 회원 단체(2010년 4월 기준)를 두고 성평등 사회, 남녀공동참여 사회를 만들어가는 대한민국의 대표적 여성운동단체이다. 성평등, 여성 복지, 민주·통일사회 실현, 여성운동단체 간의 협력과 조직적 교류를 도모하기 위해 1987년 2월 18일 창립했다. 한국여성단체연합의 주요 의사결정은 이사회와 임원회의를 통해 이루어지며 이사회는 전국 6개 지부, 27개 단체의 대표자로 구성되고 임원회의는 여성연합의 임원으로 구성된다.

한국여성단체협의회(여협)

1956년 12월 여성단체의 발전과 여성의 지위 향상 촉진, 여성의 의견 수렴을 목적으로 설립된 연합체로, 주요 활동은 ① 여성의 지위 향상을 위한 사업, ② 소비자보호사업, ③ 사회복지사업, ④ 사회정화사업 등이며, 여성단체들의 의견, 나아가 여성 전체의 통일된 의견을 정부와 사회 각계에 건의하는 것 등이다.

이 결집해 정부에 압력을 가하는 활동을 펼쳤고, 다른 한편으로 여협을 중심으로 정부에 대한 비판 기능을 강화하며, 여성 이슈를 중심으로 새로운 영역을 추구하게 되었다.

또한 여성에 대한 폭력근절운동을 전개하면서 여성운동은 성희롱과 성폭력 문제를 사회문제로 공론화하는 데 주력했다. 그동안 여성에 대한 강간이라든가 폭력에 관한 이슈는 여성단체의 관심을 별로 끌지 못했다. 그러나 1980년대에 성성(sexuality)에 대한 최초의 공개토론이 이루어졌으며, 전문 여성단체(여성의전화, 한국성폭력상담소)가 발족되면서 인간 중심적인 성문화 정착을 위한 노력이 시작되었다.

아울러 1980년대 말부터 여성운동 내부에서는 합법적인 법 개정이나 정책을 요구하는 운동에 대한 관심이 점차 높아졌다. 대표적인 것이 '남녀평등고용법'의 제정이다. 1980년대에는 여성정책을 담당하는 정부기구에도 상당한 변화가 일어났다. 1970년대까지 여성 관련 정부 부서는 보건사회부 산하 부녀국(가정복지국)이 유일했으나, 1980년대 중반부터 여성정책에 남녀평등이나 차별 철폐와 같은 새로운 정책의제가 도입되면서 한국여성개발원(1983년)이 설치되었다. 또한 여성정책심의위원회(1983년), 정무장관 제2실(1988년) 등이 설립되어 여성정책을 담당하는 정부기구의 위상이 높아졌다. 이 밖에도 그동안은 한국여성유권자연맹이 유일했으나, 한국여성정치문화연구소, 한국여성정치연구소, 한국여성정치연맹, 한국여성정치개발연구소 등 다양한 여성정치운동단체가 발족되어 여성의 정치의식화 및 정치세력화에 대한 관심을 확산시키는 데 기여했다.

1990년대 여성운동: 새로운 여성운동과 여성의 정치세력화

1990년대 들어 사회주의권의 붕괴와 국내 정치경제의 변화는 사회운동과 여성운동에 커다란 영향을 미쳤다. '여성'이 '여성 전반'으로 확대되면서 여성의 정치세력화를 위해 성격이 다른 여러 여성단체 간에 '여성연대'가 가능하게 되었다. 성폭력과 가정폭력 문제 등이 여성운동의 주요 이슈로 부각되면서 한국성폭력상담소가 결성되고 한국여성의전화연합도 크게 확대되었다. 이와 함께 여성교육, 평화, 성매매 문제, 종교 내 여성인권 문제 등 다양한 부문의 이슈들이 등장했다.

여성운동은 추상적 이념운동이 아니라 구체적인 생활과 결합한 운동으로, 소수 활동가 중심에서 여성 대중의 조직화 모색으로, 이슈 중심의 과제별 운동에서 지역운동을 통한 여성의 정치세력화로, 선전 중심의 활동에서 정책에 대한 대안을 만들고 정부에 요구하는 제도적 투쟁으로, 새로운 이념과 운동 방식을 추구하게 되었다. 이는 1987년 이래로 민주화 문제에 대한 강조가 약해졌고, 환경, 교육, 인권, 성폭력 등의 문제가 더욱 절실한 쟁점으로 부각되었으며, 여성이 이러한 문제에 어떻게 대처해야 하는가가 운동 전략 수립에 주된 영향을 끼치게 되었기 때문이다.

또한 1993년 문민정부의 수립과 의회민주주의의 확산, 국제질서의 변화, 지방자치 시대의 개막 등 변화된 상황은 여성운동이 더욱 다양한 계층과 이슈를 포괄하는 방향으로 변화하게 했다. 따라서 이 시기의 여성운동은 생활에서 나타나는 여성문제를 어떻게 구체적인 운동 속에서 수용할 수 있는가를 모색하는 과정이었다고 말할 수 있다.

1990년대 이후의 여성운동은 여성 관련 제반 법제도의 개선 문제, 여성의 정치세력화 문제와 성(gender) 문제를 중점적으로 다루었다. 우선 여성 관련 제반 법제도의 개선운동은 1980년대 후반에는 '남녀고용평등법'

의 개정운동으로 시작되었으며 1990년대에 본격적으로 진행되었다. 1990년대에는 여성과 관련된 각종 법률이 대량으로 제·개정되었고, 여성문제를 담당하는 전담기구가 체계화됐다. 1995년에 대통령 정책자문기구인 '세계화추진위원회' 안에 여성정책소위원회가 구성되었고, 1998년에 대통령 직

> **여성부**
>
> 2001년 1월 29일에 발족했다. 2005년 6월 23일에 여성가족부로 개편되었다가 2008년 2월 29일 '정부조직법' 개정에 따라 여성부로 개편되었다. 주요 업무는 여성정책 기획·종합, 여성의 사회 참여 확대, 정책의 성별 영향 분석·평가, 가족폭력·성폭력 예방 및 피해자 보호, 여성 인력의 개발·활용, 성매매 방지 및 피해자 보호, 여성단체 및 국제기구와의 협력 등이다.

속 여성특별위원회가 설치되었으며, 2001년에 여성부가 중앙부처로 신설되었다.

더불어 1995년 베이징에서 개최된 세계여성대회의 핵심 의제인 '성주류화' 전략을 수용해 남녀평등의 패러다임을 한국에 도입하는 계기를 마련했다. 또한 이 시기에 진행된 법·제도 개혁운동은 미국, 유럽 등의 여성운동이 수십 년 걸려 성취한 것을 단 몇 년 만에 성공하는 성과를 거두었다. 그러나 여성운동의 발전과 법·제도 개혁에도 실제 여성의 삶의 질이 그만큼 향상되지 못한 것은 여전한 숙제로 남았다.

1990년대에 시작된 여성의 정치세력화 운동은 주로 지방의회에서 여성 참여를 확대하고 여성공천·비례할당과 같은 제도를 개혁하는 것이 중심이 되었다. 여성단체는 지역생활정치의 공간 속에서 여성, 특히 주부의 중요성에 주목했고 이들이 주체적 운동 세력이 될 수 있도록 여성운동의 대중화·지역화를 본격적으로 전개했다. 운동의 영역도 환경운동, 생협운동, 교육운동 등 현실적이면서 구체적인 쟁점을 중심으로 확대했다. 이와 함께 여성의 대표성을 확대하기 위한 방안으로 여성할당제 도입을 제도화하고자 했다. 1995년 한국여성단체협의회, 한국여성단체연합, 한국여성유

여성 관련 법 제정

1987년 '남녀고용평등법'
1991년 '영유아보육법'
1994년 '성폭력범죄의 처벌 및 피해자 보호 등에 관한 법률'
1995년 '여성발전기본법'
1997년 '가정폭력 방지 및 피해자 보호 등에 관한 법률', '가정폭력범죄의 처벌 등에 관한 특례법'
2001년 '여성농어업인 육성법'
2002년 '여성과학기술인 육성 및 지원에 관한 법률'
2004년 '성매매 방지 및 피해자 보호 등에 관한 법률'
2007년 '가족관계의 등록 등에 관한 법률'

권자연맹 등 34개 단체는 '할당제 도입을 위한 여성연대'를 구성했고, 이런 노력의 결과 1995년 지방의회 선거부터 광역의회 비례대표제가 도입되었다.

성희롱, 성폭력, 일본군 위안부, 성 상품화 문제 등의 제기 역시 일정한 성과를 거두었다. 성폭력 근절운동은 이전과 달리 민주화운동의 일환으로서가 아니라 가부장적 사회에 반대하는 일상적 여성 억압의 문제로 인식되기 시작했다. 이러한 변화는 우리 사회가 여성의 성을 젠더적 시각에서 해석하게 되면서 가능해진 것이다. 더 나아가 성폭력 근절운동은 여성운동의 변화를 유도했다는 점에서 한국의 여성운동에서 중요한 의미를 지닌다.

지금까지 살펴본 바와 같이 1990년대 여성운동은 전문화되면서 운동의 주체 및 이슈 영역이 다양해졌고 대중성이 강화되었다. 한국의 여성운동에서 주체와 이슈 영역의 다양화, 여성문제를 보는 시각과 관점은 1990년대 이후에서야 서구 여성운동에 근접하게 되었다. 여성 이슈를 중심으로 한 여성의 세계적·국제적 연대의 가능성 역시 높아졌다. 또한 법·제도 개선운동을 성공적으로 전개해 제도적 기반을 마련하는 등 1990년대의 여성운동은 그 어느 시기보다 질적으로나 양적으로 성장했다고 볼 수 있다.

2000년대 여성운동: 여성운동 내 차이와 연대 문제

2000년대 여성운동의 특징은 여성운동의 제도화, 여성운동 내 차이와 연대 문제가 주요 쟁점이 된 것이다. 먼저 여성운동의 제도화에 대해서 살펴보자.

2001년 여성정책의 수립과 집행을 총괄하는 여성부가 신설되면서 여성에 대한 직장과 가정에서의 양립 지원정책과 성 주류화 전략이 국가의 정책으로 자리 잡게 되었다. 또한 세계화와 이에 따른 국제적 규범을 준수하는 과정에서 여성의 지위를 향상하고 불평등을 해소하는 다양한 조치와 프로그램이 수용되었다. 이 과정에서 국가는 여성의 경제적 참여와 권익을 향상하는 데 주도적인 역할을 수행했다. 여성 총리의 등장과 공무원 여성할당제 도입 등으로 고위직에 여성의 진출이 확대되었고, 각종 고시에서 여성 합격자의 비율이 증가했다. 그동안 국가정책 전반에 고려되거나 다루어지지 못했던 여성의 가치와 욕구가 적극적으로 반영되었고, 여성에게 불평등한 조건을 개선하는 다양한 조치가 취해졌다.

이는 그동안 여성계가 요구해왔던 것으로, 여성운동의 결과라고 할 수 있다. 여성계에서 중점적으로 추진한 호주제 폐지는 강력한 반발이 있었음에도 성공을 거둘 수 있었으며, 모성보호 관련 법 개정운동과 성매매특별법 제정도 성과를 이루었다. 또한 '저출산·고령화 문제 해결'과 '직장과 가정의 양립 지원정책'은 지속 가능한 경제성장을 위해 여성 인력을 적극적으로 활용하고 지원하기 위한 목표로 추진되었다.

그러나 국가를 압박함으로써 여성정책을 제도화하고 여성을 주류화하려는 주류 여성운동은 국가의 여성운동에 대한 태도와 정책 수립 능력에 좌우되기 때문에 점차 대중운동과 유리된 채 국가권력에 의존하게 되었다. 결국 여성운동의 자율성이 점차 소실되는 문제점이 발생했다. 또한 신자유주의적 구조조정 과정에서 대량실업이 발생하고 가족이 해체되어 노동의 여성화, 빈곤의 여성화, 여성의 이중 부담이 증가했다. 그래서 정부가 남녀평등을 목표로 한 여성정책을 수립·집행하도록 압력을 가하는 것이 여성이 직면한 문제를 해결하는 데 미흡하다는 평가가 지배적이 되었다. 2000년대 여성운동은 여성단체의 세력화와 여성운동의 제도화로 운동의 자율성과 비판력이 위축되면서 위기에 직면했다는 진단이 대세이다.

다음으로, 여성운동 내 차이와 연대 문제는 한국 여성운동을 특징짓는 주요한 쟁점이자 한국 여성운동을 이야기할 때 누구도 피해갈 수 없는 문제이다. 물론 여성운동 내에서의 차이 문제는 계속 제기되어온 담론이다. 1980년대 여연을 중심으로 진보 진영이 제기한 문제의식도 계급과 이념 등의 차이에 바탕을 둔 것이었다. 또한 여성운동을 전개하는 세력이 다양해질수록 각 주체의 입장 사이에 차이가 발생하는 것은 당연했다.

그러나 2000년대 여성운동에서 차이의 문제는 과거와 달리 매우 복잡하며, 앞서 언급한 여성운동의 제도화에 따른 여성운동의 위기와도 밀접하게 연관된다. 여연을 비롯해 여성운동의 제도화를 주도한 진보적 여성운동을 주류 여성운동으로 비판하며 여성운동의 차이 문제를 가시화하는 새로운 여성운동 주체가 등장한 것이다.

특히 2004년 성매매특별법 제정을 둘러싸고 벌어진 논쟁은 한국 여성운동의 차이 문제에 불을 지폈다. 성매매특별법은 여성단체가 성 판매 여성을 성노동자로 규정하고 이들을 위해 제정한 것인데, 역설적이게도 당사자인 성노동자 여성들의 저항을 불러일으켰다. 여성운동은 법 제정의 정당성을 옹호하는 부류와 성노동자의 저항을 지지하는 부류로 양분되었다. 성매매특별법 제정 과정에서 여성 사이의 차이뿐 아니라 여성운동 내 차이 문제가 더 이상 회피할 수 없는 문제로 부각된 것이다.

2000년대의 새로운 여성운동 주체들은 하나의 특정한 계기를 통해 단일한 집단으로 형성된 것은 아니지만 기존 여성운동과 다른 담론, 다른 사상적 조류, 다른 문화적 맥락을 강조한다. 기존 여성운동과 달리 페미니즘을 직접적이고 즉각적인 지향으로 드러내고 기존 사회운동에 대한 비판을 전면화했다.

이들은 또한 여성이 아닌 여성주의의 관점에서 반여성주의적 관점을 드러내는 사회운동을 직접적으로 비판하고 페미니스트 정치학을 본격적으로 제기했다. 다양한 사회운동에서 제기되는 인권, 민주주의, 평화, 통일 등의 가치를 페미니즘이라는 관점에서 재사유하고, 각 사회운동 영역에서 페미니즘 시각을 담보할 것을 요구했다.

이와 같은 새로운 여성주의 운동은 '소수자와의 연대'를 중요한 활동의 원칙으로 소수자 담론을 통해 여성 사이의 차이와 권력의 문제를 제기했으며, 운동의 주체로서 소수자 여성의 입장에서 성적 소수자, 장애 여성, 이주 여성, 비정규직 여성 등 다양한 위치에 있는 소수 여성의 문제와 연계하려 했다는 점에서 중요한 의미를 갖는다. 더 나아가 새로운 여성주의 운동은 '소수자 여성'의 정치를 구현해 사회 변화를 모색하면서 제도화된 여성운동과 다른 정치를 지향했다는 점에서 2000년대 여성운동의 중요한 특징으로 지적 할 수 있다.

2010년대 여성운동: 여성들의 사소한 경험은 사소한 것이 아니다

2000년대 제기된 여성운동의 제도화와 여성운동 내 차이와 연대 문제는 2010년대도 계속되고 있다. '변한 것과 변하지 않은 것'에 대한 여성운동 내의 서로 다른 입장과 대응 방식의 차이는 여성운동의 주체 역량의 확산과 이슈 영역의 확대 과정에서 여성운동을 둘러싸고, 혹은 사회적 이해관계의 갈등 속에서 여성 내부에 존재하는 차이를 드러내기도 하고, 강화시키기도 했다.

2010년대 여성운동에서 '여성들의 사소한 경험은 사소한 것이 아니다'는 중요한 화두이다. 이에 2010년대 여성운동의 특징을 첫째, 여성운동 주체역량의 확산과 분화에 관해 여성운동 내부의 차이가 발생하게 되는 상황변화를 중심으로 알아보고자 한다. 둘째, 여성운동에 참여하지 않았던 여성들이 페미니즘에 대해 알아보려는 움직임을 자발적으로 추동해낸 사건의 출현, 즉 '강남역 사건'과 '미투(#MeToo)운동'을 중심으로 살펴보고자 한다.

먼저 2010년대 여성운동의 특징을, 여성운동 주체역량의 확산과 분화에 관해 여성운동 내부의 차이가 발생하게 되는 상황 변화를 통해 좀 더 구체적으로 살펴보도록 하자.

일상의 문제를 사회적이고 정치적으로 해석하고 변화를 추구하는 과정에서 2010년대 여성운동은 다양한 주체들 간의 차이와 논쟁, 그리고 이를 수렴하고 통합하려는 소통의 노력이 함께 진행되었다는 특징을 갖는다. 여성운동의 성과로 인한 다양한 제도적 변화에 대한 관점 차이에도 불구하고 여성운동 주체역량의 확산과 분화는 다양한 여성들의 입장과 이해관계에 반영되어 계속되었다는 점은 우선적으로 강조되어야 한다.

무엇보다 여성운동 내 주체역량의 확산과 분화는 2000년대 이후 여성운동 내부의 차이가 나타나게 된 객관적인 상황과 배경을 반영하고 있다. 여성들의 서로 다른 입장의 차이가 발생하는 요인으로 여성운동 주체의 다양화에 좀 더 집중하기 시작했다. 또한 같은 시대를 살고 있는 여성들의 서로 다른 요구와 이해관계에 민감하게 반응해야 한다는 점을 더욱 분명하게 인식하게 되었다는 점은 이전과의 차이점으로 지적할 수 있다. 그리고 여성 개개인의 경험을 소중하게 살피고 공감할 필요성이 증대하고 더욱 중요해졌다는 점은 강조되어야 한다.

여성운동의 주체의 다양화 과정에서 여성 이슈에 대한 인식과 관점의 차이는 더욱 커졌으며, 이와 같은 여성운동 내부의 차이를 여성운동의 양적·질적 확산에서 찾을 수 있다는 점에서 2010년대 여성운동의 특징은 주체의 다양화 및 이슈의 분화로 이해될 수 있다. 여성운동은 그동안 소외되어 가시화되지 않았던 여성들의 삶과 경험을 여성운동과 연계하는 일 외에 다양한 여성들이 지속적으로 제기해온 여성 이슈와 쟁점에 대한 비판적 성찰을 요구받았다.

여성운동의 주요 목표와 과제에 대한 인식과 관점의 차이는 '개인적인 것이 곧 정치적인 것'이라는 페미니즘의 슬로건을 중심으로 관심 영역의 다름과 문제 해결 방식의 차이를 더욱 분명하게 했다. 여성의 일·가족 양립문제, 실업문제, 이주문제, 복지문제 등을 비롯해 다양한 이슈 영역에서 여성 주체 사이에 관점의 차이가 두드러졌으며, 반(反)성폭력운동과 섹슈얼리티 문제에 대한 입장과 관점의 차이는 더욱 극명해졌다.

여성운동 주체 중 새로운 젊은 세대는 여성운동의 주요 목표와 과제에 대해 선배 세대들과는 다른 인식과 관점을 가졌다. 정치적·문화적으로 패쇄적이며 집단성과 사회성을 강조하는 주류운동의 분위기와는 달리, 온라인과 오프라인 공간뿐만 아니라 사이버공간에서 소그룹 중심 문화운동과 사이버 운동의 양상을 벌이는 여성들이 증가했다. 이들은 다양한 이슈 영역에서 '여성공동체'를 만들었으며, 공간과 시간, 비용의 제약을 받지 않는 사이버 공간의 특성을 십분 활용해 다양한 방식의 소통을 시도했다. 뚜렷한 체계를 갖추지는 않았지만, 추구하는 목표의 공유와 다양한 주체의 연대를 기반으로 자신들이 주체가 되는 여성운동을 통해 자신의 삶과 정체성에 대해 집요하게 고민하는 특징을 보인다.

여성운동의 양적·질적 확산 과정에서 여성운동 내부의 차이가 표면화되면서 여성운동 주체와 영역의 확대와 함께 주목할 점은, 여성들의 사소하고 개인적인 문제를 정치적인 것으로 만든 많은 운동들 속에서 다양한 여성들에 의해 추구되는 여성운동의 과제 및 내용의 변화이다.

그동안 여성운동에서 중요하게 부각되었던 정치적·경제적 문제 외에 성폭력이나 섹슈얼리티, 노동, 복지, 가족, 인권, 환경, 평화 등 다양한 문화적 쟁점이 여성운동에서 중요한 쟁점 및 이슈로 확대되었다. 상대적으로 소외되어 있던 여성 장애인, 성적소수자 여성, 이주 여성들의 문제를 다루는 이슈들에 대한 관심이 증대했으며, 문제 해결에 대한 입장과 관점 차이가 커졌다.

이와 같이 여성운동의 과제 및 내용의 변화는 여성들 내부에도 다양한 계층이 존재하지만, 그동안 각자 자신만의 목소리를 만들어내지 못했다는 반성을 반영한 것이다. 각자의 영역에서 각자의 관심사에 따라 새로운 여성단체들을 형성했고, 이 과정에서 기존의 여성운동과는 달리 다양한 여성들이 다양한 이슈 영역에서 자신들의 목소리를 내기 시작하면서 여성문제를 다루는 의제 설정에서 과제 및 내용의 변화가 나타나기 시작하게 된 것이다.

2010년대 여성운동에서 지방 차원에서의 여성운동 주체역량의 확산 및 분화는 여성운동의 과제 및 내용의 변화에 기여했다. 물론 지방 차원에서의 여성운동의 성과는 2000년대 이후 추진되어온 정부 차원의 성인지적 관점과 성 주류화 정책의 결과라 할 수 있다. 그러나 '여성, 지역을 세상의 중심으로 바꾸다'라는 슬로건 아래 지역에 거주하는 풀뿌리 지역여성운동을 전개해온 지역여성운동의 확산은 여성의 삶에 실질적인 영향을 미치는 지방정치의 변화를 수반했다는 점에서 그 의미를 찾을 수 있다. 더 나아가 성 관련 법과 제도의 제도화에 따른 더 성평등적인 절차와 과정에 대한 사회적 인식의 변화가 함께 이루어졌다는 점에서 여성운동의 성과로 제시될 수 있다.

다음으로, 2010년대 여성운동의 특징은 여성운동 내부의 차이와 연대 문제와는 달리 한국 사회에서 이제껏 경험하지 못했던, 그리고 '페미니즘'과 '여성운동'이라는 이슈를 비로소 진지하게 대하려는 노력을 가능하게 한 2016년 5월 17일 강남역에서 일어난 여성 살인사건과 미투운동을 통해 설명해볼 수 있다.

『강남역 10번 출구, 1004개의 포스트잇』에서 잘 알 수 있듯이 수많은 시민들이 인근의 강남역 10번 출구에서 자발적인 '포스트잇 추모'를 벌이기 시작했다. 서울 한복판의 강남역 10번 출구는 그렇게 피해자를 추모하면서 한국 사회의 여성혐오에 대한 문제의식을 표출하는 상징적인 공간이 되었다. 애도의 표현과 함께 '운이 좋아 살아남았다', '그 시간, 그 자리에 없어서 살아남았다', '당신이 죽었고 내가 살아남았다'라는 자조와 피해자에 대한 부채의식 그리고 집단적 죄책감에 대한 표현에서 잘 알 수 있듯이, 강남역은 평소 오가는 많은 여성들에게 '공포'와 '죽음의 장소'가 된 것이다.

강남역 사건 이전과 이후로 한국의 여성운동을 나눌 정도로, 2016년 한국 사회는 왜 여성혐오가 존재하는지, 여성이 구조적으로 차별받는지 원초적인 질문까지 답해야 하는 상황에 직면한 것이다. 강남역 사건을 '묻지마' 살인 사건이 아닌 명백한 '여성혐오 살인 사건'으로 보는 여성들은, 여성이라는 이유로 그리고 여성이 약자로 자리매김될 수밖에 없는 사회적 현실에 공감했다.

강남역 살인사건 이후 한국 사회에 성차별·성폭력 철폐를 촉구하는 움직임은 '미투운동'을 통해 여성들의 자발적인 참여를 위한 지지와 연대가 필요하다는 인식을 공유할 수 있었다.

2018년 1월 29일 현직 검사 서지현이 〈JTBC 뉴스룸〉에 출연해 검찰 내 성추행 실상을 고발하면서 시작된 미투운동은 이후 다양한 성추행 및 성폭력 피해에 대한 고발이 SNS를 통해 널리 퍼지고 문화·예술계, 더 나아가 정치계로까지 번지면서 큰 파문을 일으켰다. 특히 미투운동은 성폭력 피해자들의 아픔에 공감하며 그들을 지지하고 함께한다는 의미로 SNS에 '위드유(#WithYou, 당신과 함께하겠다)' 해시태그(#)를 다는 '위드유운동'으로도 확산됐다.

'여성의 사소한 경험은 결코 사소한 것이 아니다'와 '우리가 함께 하겠다'는 하나가 되었다. 언제든 '여자라는 이유만으로' 또 하나의 강남역 사건의 될 수 있다는 잠재적 피해자로서 느끼는 두려움과 공포가 여성들을 하나로 연대하게 했다. 불편했던 단순한 감정을 넘어 피해자에 대한 감정이입을 통해 평소 자신이 겪었던 차별과 불평등에 대한 여성들의 입장 표명이 시작되었다. 이들의 두려움을 이해하는 일부 남성들 역시 함께했다.

페미니스트에 대한 사회의 부정적인 인식과 시선으로, 자신을 페미니스트로 정의하기를 꺼려했던 여성들과 이를 바라보는 남성들이, 그동안 부정적인 의미의 개념이었던 페미니스트에 대해 정확하게 알기를 원했다. '페미니즘'은 2016년을 관통하는 키워드 중 하나가 되었으며, 차별과 폭력에 대한 경험을 고발하기 시작한 여성들의 관심은 페미니즘과 여성운동으로 이어졌다.

이렇게 한국 사회에 '여성혐오' 논란을 걷잡을 수 없이 불러일으켰던 두 사건은 '나는 페미니스트는 아닌 것 같다'는 많은 여성과 남성에게 '우리 모두는 페미니스트가 되어야 한다'는 인식을 갖게 했다. 젠더에 기반한 폭력사건이 발생하면서, 여성운동에 참여하지 않았거나 여성운동에 전혀 관심을 가지지 않았던 여성들 사이에 '강남역 사건'과 '미투운동'을 계기로 페미니즘에 대해 알아보려는 움직임이 자발적으로 일어났다는 점은 2010년대 여성운동의 중요한 특징으로 지적될 수 있다.

한국 여성운동의 성과와 과제

지금까지 한국 여성운동의 역사와 현실을 직시하고 진정한 여성운동의 방향을 모색해보고자 한국의 여성운동의 역사적 전개 과정을 간단히 살펴보았다. 이를 통해 한국 여성운동의 올바른 위상과 여성운동의 몇 가지 특징을 도출해낼 수 있다.

한국 여성운동은 개화기부터 현재까지 가부장제와 자본주의라는 거대 담론을 중심으로 전개되었다. 따라서 전체 사회의 변혁과 여성문제를 결합하려는 성격이 강했다. 한국 사회는 외세와 분단, 군부독재에 의한 민주주의 억압, 후발 자본주의 국가의 압축 성장을 경험했다. 이런 취약성으로 여성의 삶은 성차(性差)에 의한 차별만이 아니라 사회 전체의 모순구조와 중첩적으로 연결되었다. 따라서 여성운동은 봉건적 가부장제에 의한 차별과 산업화, 자본주의 경제구조의 모순으로 발생된 사회의 구조적 문제를 해결하는 과정에서 한국 사회운동의 일부로 포함되어왔다. 이로 인해 1980년대 중반까지 한국 여성운동은 민중운동의 일부로서 급진적인 성격으로 형성되었다가, 1980년대 후반 및 1990년대 초반부터 독자적인 운동으로서의 정체성을 강조하는 방향으로 변화했다.

이 과정에서 한국의 여성운동은 가부장제적 사회구조를 변화시키기 위해 여성의 세력화를 지속적으로 요청받아왔다. 한국 여성운동은 때로 침체되기도 했지만, 여성운동의 궁극적인 목적이며 이슈라고 할 수 있는 반가부장적 사회 형성, 여성해방 및 인간해방과 밀접하게 연결됨으로써 다른 사회운동과 달리 독자적인 영역을 구축하며 계속 발전해왔다.

1980년대 이후 등장한 다양한 진보적 여성운동은 서구 페미니즘이 한국 여성운동의 담론에 큰 영향을 미쳤음을 보여준다. 이러한 페미니즘적 논의는 1980년대 이후 활발하게 이루어졌으며, 여성 관련 법의 제·개정,

여성의 정치세력화와 더불어 페미니즘의 대중화 현상을 불러왔다.

1980년대는 한국 여성운동의 질적 발전을 가져온 분수령이었다. 이후 1990년대 여성운동은 여성운동의 대중화, 여성 세력의 저변 확대와 함께 법적 제도화의 과제를 비교적 성공적으로 수행했다. 여성운동단체가 전문화·다양화되면서 한국 여성운동은 여성에게 종속적인 삶을 강요하는 사회체제에 대해 적극적으로 문제를 제기하고 이를 해결해나가는 본격적인 여성운동의 성격을 띠기 시작했다. 그뿐만 아니라 여성운동은 사회운동의 부분 운동이 아닌 독자적인 영역을 확보했다. 또, 젠더적 입장에서 성폭력 문제와 사회의 성문화를 비판하며 여성주의를 확산시키는 데 기여했다.

2000년대 이후에는 여성운동의 제도화와 여성운동 안에서는 '차이와 연대'에 대한 담론이 확산되기 시작했으며, 특정 쟁점에 대한 견해차와 서로 다른 목소리를 내는 경향이 두드러졌다. 사회적으로 뚜렷하게 드러난 이러한 견해 차이는 사회적으로 크게 부각된 사례만 보더라도 단지 수적으로 많다고 해서 여성이 원하는 것을 관철할 힘을 갖지는 못한다는 점을 분명히 했다. 여성이 처해 있는 상황에 따라 이해관계가 다르게 나타나므로 여성운동은 다원화된 환경에 적극적으로 대응하고 이해관계의 상충을 합리적으로 조정하는 역할을 담당해야 하며, 여성 간의 세대·계층·집단의 차이가 점차 증대되고 있기 때문에 이러한 차이가 여성운동의 분열이나 약화로 이어지지 않도록 차이에 기반을 둔 연대를 모색해야 한다. 아울러 여성 관련 법·제도의 변화도 중요하지만, 사회 전반의 의식 변화와 함께 사회적인 합의와 동의를 이끌어내야 하는 어려운 과제를 안고 있다.

생각해볼 문제

1 한국 여성운동의 역사적 발전 과정에서 시기별로 여성 이슈 및 여성문제의 강조점이 다른 이유를 설명해보자.

2 가족에서, 학교에서, 또는 일상생활에서 여성문제와 관련해 변화가 필요한 부분은 무엇이며, 이를 위해 여성운동은 무엇을 해야 할지 토론해보자.

3 한국의 여성운동은 한국 정치의 변동 과정에 얼마나 영향을 미쳤는가? 그동안 여성은 한국 정치 과정과 무관하며 정치와 여성은 관계가 없는 것으로 인식된 이유가 무엇인지 생각해보자.

4 한국 정치에서 한국 여성운동이 차지하는 위상은 어느 정도인지 생각해보고, 여성주의적 관점에서 정치학을 조망해보는 것이 왜 중요한지 토론해보자.

더 읽을거리

1 김경희. 2007. 『여성운동 20년의 성과와 과제: 연합체 운동을 중심으로』. 서울: 한국여성정책연구원.

이 책은 1987년 21개의 진보적 여성운동단체가 전국적인 연합체인 한국여성단체연합을 결성한 지 20주년을 맞이해, 지난 20년간 여성운동을 본격화해오면서 얻은 성과와 한계에 대해 체계적으로 논하고 있다.

2 장미경. 2006. 『한국의 여성운동과 젠더정치』. 광주: 전남대학교 출판부.

이 책은 한국 여성운동의 전개 과정을 역사적으로 조명하면서 여성운동에서 논의되어온 쟁점을 중심으로 여성운동과 정책을 살펴본다. '차이', '정치세력화', '시민권의 정치'라는 세 가지 키워드를 중심으로 한국 여성운동과 젠더정치의 상관성을 살펴보았으며, '한국 여성정책'의 다양한 측면도 함께 다룬다.

3 조현옥 외. 2005. 『한국의 여성 정치세력화 운동』. 서울: 사회와연대.

이 책은 여성의 정치세력화 운동의 역사를 비롯해 제17대 총선에서의 시민운동, 여성후보추천운동, 기금모금운동, 여성 유권자의 투표 성향과 시민단체의 영향 등 구체적인 여성 세력화의 사례를 설명했다. 이를 통해 당시 여성계의 대처, 정당의 반응, 유권자의 선거 행태를 살펴보았으며 여성정치세력화 운동을 비판하고 선출직 또는 비례대표의원의 정치 행로 이야기를 담았다.

4 전경옥 외. 2004. 『한국여성 정치사회사』. 서울: 숙명여자대학교 출판국.

이 책은 여성 개인의 삶 자체가 당시의 권력관계를 반영한다는 전제하에 한국의 역사 및 정치사회사에서 배제되었던 여성을 역사의 주체로 놓고, 여성의 삶을 통해 전체 사회구조를 설명했다. 특히 일제강점기 민족독립운동 및 계몽운동과 관련해, 상층 여성을 중심으로 기술되는 보충사와 참여사에서 탈피하고 당시 인구의 다수를 차지한 농촌 여성의 삶을 조명했다.

5 **김명혜. 2004. 『여성과 민주화운동』. 서울: 경인문화사.**

이 책은 상이한 정치적·역사적 상황에서 발생한 다양한 '여성문제'를 다루고 있는데, 아시아의 여성운동과 민주화운동, 여성과 국가, 여성과 성, 여성과 노동, 여성과 역사라는 주제를 심층적으로 논의한다. 책에 실린 각 논문은 여성이 가부장제적 사회 풍토에서 살아오면서도 전혀 문제 삼지 않았던 일상적인 생활양식에 대해 문제를 제기한다. 또 생활양식에 대한 문제가 점차 정치화되는 현실을 보여준다.

6 **박용옥. 2001. 『한국 여성 근대화의 역사적 맥락』. 서울: 지식산업사.**

이 책은 한국 여성 근대화의 역사적 맥락을 담은 논문을 엮었다. 페미니즘 시각으로 본 전통적 여성관에 초점을 맞추고 유교 경전에서 여성을 어떻게 보고 무엇을 요구하는지, 유교적 여성관 정립을 위해 그것이 어떻게 작용했는지를 살핀 '유교적 여성관의 재조명'을 비롯해 유교 시대에서부터 현대에 이르기까지 여성관의 변화에 대해 쓴 글을 수록했다.

7 **이효재. 1989. 『한국의 여성운동: 어제와 오늘』. 서울: 정우사.**

근대 여성 민족운동, 일제강점기 한국 여성의 노동 상황과 노동운동, 기독교 여성운동, 교회 여성 100년사라는 주제를 통해 근대에서 식민지 시대, 그리고 1970, 1980년대까지 한국 여성운동의 역사를 체계적으로 논했다. 또 여성운동의 현실과 여성운동이 나아가야 할 방향을 제시한다.

참고문헌

경향신문 사회부 사건팀. 2016. 『강남역 10번 출구, 1004개의 포스트잇』. 서울: 나무연필.

여성한국사회연구소 엮음. 2002. 『새로 쓰는 여성과 한국사회』. 서울: 사회문화연구소 출판부.

이승희. 1994. 『한국 현대여성사』. 서울: 백산서당.

이효재. 1989. 『한국의 여성운동 : 어제와 오늘』. 서울: 정우사.

장미경. 1999. 『페미니즘의 이론과 정치』. 서울: 문화과학사.

정진성·안진 외. 2004. 『한국현대여성사』. 파주: 한울.

조주현. 2000. 『여성 정체성의 정치학』. 서울: 또하나의문화.

한국여성연구소. 1999. 『새 여성학 강의』. 서울: 동녘.

13

·
·
·
·
·
·
·
·

세계의 여성운동

전복희

전통적 정치학에서 참여의 개념은 제도적 영역에서의 정치참여만을 다루었다. 그러나 1970년대 이후 신사회운동이 활발하게 전개되면서 새로운 형태의 정치참여에 대한 연구가 시작되었고 이는 정치참여에 대한 개념 규정을 확대했다. 오늘날에는 선거, 정당과 같은 제도적 영역에서의 정치참여뿐 아니라 시민운동, 시위, 서명운동 등과 같은 행위도 모두 정치참여에 포함된다.

여성의 정치참여와 관련해서 여성운동은 중요한 위치에 있다. 여성운동은 정치 결정 과정에 참여하게 되고 새로운 사회적 가치가 요구되자, 부분적이지만 사회 변화를 달성해왔다. 또 여성이 정치적 담론에 영향을 미치는 새로운 정치 행위자로 인정받는 데 기여했다.

여성운동에 대한 개념 정의는 관점에 따라 다르고, 여성운동이라는 용어가 사회문화적 맥락 속에서 다양하게 사용되기 때문에 무엇이 여성운동인가를 정의하기는 쉽지 않다. 여성운동의 개념을 좀 더 구체화하기 위해서는 우선 여성운동을 페미니즘운동이나 다른 형태의 정치·사회 운동에서 활동했던 여성의 운동과 구분해야 한다.

페미니즘이란 상이하고 다양한 세계관과 흐름의 집합 개념이기 때문에 모든 이를 만족시킬 수 있는 하나의 개념 틀로 정의하기가 매우 어렵다. 다만 페미니즘의 기능과 역할이 기존의 가부장제적인 지배와 사회구조, 문화, 규범에 저항함으로써 억압받고 차별당하는 여성을 해방시키고 새로운 정치적·사회적·경제적·문화적 질서를 지향하는 것이라고 파악한다면, 페미니즘운동이란 여성해방뿐 아니라 정치적·사회적·경제적·문화적 제반 질서의 변화까지를 추구하는 운동이라고 정의할 수 있을 것이다. 반면에 여성운동은 매우 포괄적인 의미로서 여성이라는 성적 정체성을 기반으로 사회 내의 전반적 영역에서 여성 차별을 줄이고, 여권 신장을 위해 전개하는 제반 활동이나 조직의 운동을 포함한다. 따라서 여성운동은 페미니즘적인 운동일 수 있으나, 반드시 페미니즘의 성격을 띤다고는 할 수 없다.

여성운동은 19세기 후반 이후에 세계적으로 전개되었다. 여성운동의 역사를 이야기할 때 각기 다른 시기에 강력한 여성운동이 출현한 것을 일컬어 '물결'로 지칭해왔다. '제1의 물결'은 제도적·법적 의미에서 여성의 평등권, 특히 참정권을 얻는 데 관심을 가졌던 19세기 후반과 20세기 초의 여성운동을 의미하며, '제1기 여성운동'이라고도 부른다. '제2의 물결', 또는 '제2기 여성운동'은 1960년대 후반과 1970년대부터 행해진 여성운동의 부활을 일컫는다. '제2기 여성운동'은 직장과 가정, 학문, 예술 등의 개별 영역에서 여성 차별의 개선만을 주장한 것이 아니라, 그러한 차별이 가져온 제도 자체를 비판했다. '제2기 여성운동'은 여성의 형식적인 불평등에 대한 반대를 넘어서서 모든 생활 영역에서 실질적인 평등을 실현하기 위한 여성해방운동으로, 자결적 성, 임신, 모성, 이성관계와 가족제도에 대한 새로운 대안을 사회적으로 수용하고 가정과 직업에서 성 특화된 노동분화를 폐지하기 위해 다양한 전략과 프로그램으로 운동을 전개했다.

제1기 여성운동

여성의 권리를 위해 최초로 구체화된 정치적 요구는 프랑스대혁명 기간에 일어났으나, 그 이전에도 여성은 여성에 대한 사회적 불평등과 부정의를 변화시키기 위해 글을 쓰고 캠페인을 벌였다. 대표적인 예로 울스턴크래프트는 1792년의 『여권의 옹호』에서 여성도 남성과 동등한 이성을 가진 존재이며, 남성과 동등한 권리를 가져야 한다고 주장하면서 표면적으로 나타나는 여성의 열등성은 교육 기회의 부재에서 온다고 믿었다.

실질적인 조직적 여성운동은 미국에서 처음 등장했는데, 1848년 세니커폴스 회의의 결과로 채택된 '센티먼츠 선언'과 더불어 시작되었다. 여성의 독립선언이라고도 불리는 이 선언은 여성의 참정권을 포함한 12개의 결의안으로 구성된다. 한편 영국에서는 1840년대에 이르러 중류 계급 여성을 중심으로 페미니스트적 인식이 확산되고 있었다. 조직화된 여성운동은 미국보다 10년 후인 1850년대 중반에 등장했다. 19세기 후반에 들어 여성운동은 미국과 영국뿐 아니라 많은 유럽 국가에서 전개되었다.

여성에 대한 차별은 오래전부터 계속되었는데 왜 여성은 19세기 중반 이후에서야 불평등과 차별에 저항하며 여성운동을 전개하게 되었을까?

19세기 초까지 대부분 유럽 국가의 여성은 선거권과 피선거권이 없었을 뿐 아니라 공직에도 참여할 수 없었다. 더욱이 중부나 동부의 유럽 국가에서는 정치단체에 가입하거나 집회에 참여할 수도 없었다. 여성은 재산을 소유할 수 없었고 상속받은 재산은 남편에게 양도되었다. 여성은 직업을 갖거나 상업에 종사하는 것도 허용되지 않았고 법적인 인격체로 인정받지 못했다. 여성에게 중등교육은 개방되지 않았고 초등교육의 수준은 매우 낮아서 여성의 문맹률이 남성에 비해 매우 높았다.

그러나 19세기에 자유주의와 자본주의의 발전으로 변화된 사회적·경제적 조건은 페미니즘의 등장에 커다란 영향을 미쳤다. 자유주의는 자연권을 기반으로, 모든 인간은 동등한 능력과 권리를 가지고 있다는 평등사상을 확대하는 데 기여했다. 비록 당대 대부분의 정치사상가가 인간평등 원칙에서 여성을 전적으로 배제했지만, 밀은 그의 저작『여성의 예속』에서 여성도 남성과 동등하게 이성적인 존재인데 다만 여성의 예속에 익숙한 남성들이 남성의 지배가 절대적 진리인 양 왜곡했다고 비판했다. 그는 여성도 남성과 똑같이 공적인 사회생활과 정치활동에 참여해야 하고 여성의 정치참여를 위한 전제조건으로 참정권을 획득해야 한다고 주장했다.

이와 같은 밀의 여성관은 당시의 교육받은 여성들에게 큰 영향을 주었다.

한편 19세기에 자본주의의 발전은 상업, 산업, 행정 등 각 분야에서 전문화를 촉진시켰다. 사회 각 분야의 전문화는 그동안 전문 교육을 받을 기회가 허락되지 않았던 중산층 여성의 지위를 급속히 하락시켰다. 당시 중간 계층 여성들이 취업할 수 있는 기회는 매우 제한적이었는데, 그나마 중산층 여성이 일할 수 있었던 가정교사와 고용인 등의 지위가 저하되면서 많은 중산층 여성이 경제적·사회적 하층 계층으로 하락하는 사회적 문제가 야기되었다. 이러한 사회적·경제적 변화는 여성운동이 시작되는 배경이 되었다.

유럽에서 초기 자유주의 여성운동의 일차 목표는 경제적 독립이었다. 재산 소유가 허용되지 않았던 기혼 여성은 자기 소유재산에 대한 통제권을 요구했고, 고등교육이 허용되지 않았던 미혼 여성은 고등교육을 받아서 전문직으로 진출할 수 있기를 요구했다. 여성들은 투쟁을 통해 여성이 전문직으로 진입하고 중간 계급의 지위를 유지하는 데 필수적인 여성교육 기관의 설립을 추진했다. 이러한 목표가 받아들여지고 점차 여성의 역할이 자선활동 등을 통해 사회로 확장되자 이와 함께 공창제 폐지, 음주 퇴치 등을 포함한 도덕적 이슈들을 제기하기 시작했다. 그러나 도덕적 이슈를 제기하고 해결하는 과정에서 나타난 남성의 가부장적인 태도 때문에 여성운동은 한계에 직면했고, 여성 정치세력화의 필요성을 실감하게 되었다. 여성의 참정권이 이러한 도덕적 이슈나 노동법과 같은 특정 정책을 실현할 수 있는 도구로 활용될 수 있다는 인식에서 여성운동의 목표는 점차 여성의 참정권 운동으로 발전하게 되었다. 그래서 여성참정권은 호주나 뉴질랜드, 미국의 중서부와 같이 도덕성을 특별히 중시하던 지역들에서 먼저 실현되었다.

그러나 그 외의 다른 지역에서는 도덕적 기능보다 남녀 동등한 정치참여권을 기본적으로 더 중시했던 급진주의 진영에서 여성참정권을 요구하기 시작했고, 그 후 점차 온건적 여성운동권의 조직들도 여성참정권을 운동의 목표로 받아들였다. 그래서 여성참정권은 다양한 성향을 가진 여성운동권의 최고의 공동 목표가 되었다. 전국적 규모에서의 여성의 투표권은 1893년 뉴질랜드에서 처음 행사되었고, 1902년 호주, 1906년 핀란드, 1913년 노르웨이, 1918년 독일과 영국, 1920년 미국에서 허용되었다. 세계적으로는 1914년부터 1939년까지 28개국에서 여성이 투표권을 획득하게 되었다.

여성은 참정권 운동을 통해서 많은 것을 얻었다. 영국에서는 참정권의 영향력으로 여성의 교육 기회가 확대되었으며, 기혼 여성과 미혼모의 권리가 향상되었다. 또한 영국과 미국에서는 여성과 어린이를 대상으로 한 복지가 확대되었다. 무엇보다 중요한 것은 여성이 참정권을 획득함으로써 남녀평등권 주장에 정당성을 부여할 수 있게 된 것이다. 여성의 투표권 획득은 당시 사회주의혁명의 위협을 받던 나라들에서 부르주아 입헌주의를 공고히 하는 데에도 기여했다.

여성운동은 유럽, 아메리카, 오세아니아 대륙 각 국가의 정치적·사회적 배경에 따라 다르게 전개되었는데 그 유형을 크게 세 가지로 나눌 수 있다. 첫째, 의회민주주의가 순조롭게 발전한 국가에서 자유주의 페미니즘이 활발하게 전개되면서 이것이 참정권 획득으로까지 발전한 유형이다. 미국, 영국, 뉴질랜드, 오스트레일리아 등이 이에 속한다. 둘째 유형은 보수·봉건 세력의 힘이 강해 정치적 자유가 제한되고 남성도 제한적인 선거권을 가졌던 국가에서 나타났다. 이런 국가에서는 자유주의적 페미니즘운동이 미약했고 여성의 고등교육권이나 직업교육의 기회를 요구하는 수준이었다. 또 자유주의적 페미니즘운동보다는 사회주의적 여성운동이 더 세력을 떨쳤다. 오스트리아, 헝가리, 체코, 독일 등이 이 유형에 해당한다.

셋째, 최소한의 개혁도 허용하지 않는 상황에서 여성이 반동 세력의 권력 편에 서느냐, 아니면 혁명의 대열에 서느냐를 고민하다 결국 후자를 선택한 경우이다. 제정러시아의 경우가 그 예이다.

여성운동권의 공동 목표였던 여성참정권이 입법화되자 여성운동권은 다시 분열되기 시작했다. 스칸디나비아 국가들을 제외하고 독일이나 이탈리아뿐 아니라 미국 등의 여러 국가에서 여성운동권이 보수 진영과 사회주의 진영으로 양극화되었다. 제1차 세계대전과 제2차 세계대전 사이에 여성운동은 점차 침체되었다. 1950년대와 1960년대에 페미니스트 운동은 국제적으로 소강상태에 있었다. 서구의 여성운동가들은 냉전 시대 반핵 이슈에 관심을 기울였으며 제3세계 여성운동가들은 민족해방운동과 탈식민화 이슈에 몰두했다.

제2기 여성운동

침체되었던 여성운동은 1960년대 후반과 1970년대에 다시 활력을 되찾아 활발하게 전개되었다. 이 시기에 여성운동이 다시 부활하게 된 배경은 다음과 같다. 첫째, 1950년대와 1960년대에 자본주의가 급격하게 팽창하면서 많은 여성 노동력이 필요하게 되었다. 그 결과 여성은 가사와 함께 사회활동을 하면서 가정이나 일터에서 첨예한 모순을 경험했다. 둘째, 피임법의 획기적 발전과 보급, 출산율의 저하, 이혼율의 증가 등으로 인해 가족제도가 변화했고, 여성의 교육 수준이 향상되면서 여성이 성적 억압을 받아왔음을 절감하게 되었다. 셋째, 1960년대 미국사회 내 인종차별과 체제적 불평등을 비판하며 급부상한 신좌파 운동과 시민권 운동의 영향을 들 수 있다. 이러한 운동은 여성이 독자적인 단체를 조직해 여성문제를 사회적으로 이슈화하는 계기가 되었다.

제2기 여성운동은 제2의 물결 여성운동이라고 부른다. 제2기 여성운동은 제1기 여성운동과 몇 가지 점에서 구별된다. 제1기 여성운동이 형식적 평등권, 즉 남성과 동등한 시민으로서의 권리를 인정받기 위해 정치적·법적 권리를 소유하는 것에 관심을 집중했다면, 제2기 여성운동은 여성이 법과 제도적 장치를 통해 형식적 평등권을 획득했는데도 해결되지 않는 실질적인 평등권을 구현하기 위해 가부장적인 사회체제와 가치 등에 주목했다. 제1기 여성운동이 남녀의 동등성에 역점을 두었다면 제2기 여성운동은 여성과 남성의 차이를 강조한다. 그래서 여성 고유의 경험과 관심에서 비롯되는 가사노동, 성별 분업, 낙태, 성폭력, 여성성 등을 이슈로 제기하며 여성해방을 주장했다.

1970년대 이후 미국과 유럽의 여성운동은 많은 성과를 이루었다. 여성운동은 우선 사적인 문제가 곧 정치적인 문제라는 것을 여론화했고 성역할에 대한 전통적 태도의 변화를 요구했다. 사회적으로 터부였던 낙태, 동성애 등의 문제를 여론화하면서 정치담론의 세계를 변화시켰다. 미국에서는 1972년에 「교육법수정안(Education Amendments Act)」 제9조, 1973년에는 낙태를 자유화시킨 대법원 판결, 1974년에는 「평등기회법(Equal Credit Opportunity Act)」 등을 이끌어내는 데 기여했다. 영국에서도 1970년에는 「결혼절차와 재산법(Matrimonial Proceedings and Property Act)」, 1975년에는 「고용보호법(Employment Protection Act)」 제2항, 1976년에는 「가정폭력 및 결혼절차법(Domestic Violence and Matrimonial Procedures Act)」 등의 법안에 영향을 미쳤다.

제2기 여성운동은 다양한 흐름으로 분화되고, 이념적으로나 실천적으로 과거보다 더욱 정교하게 심화되었다. 특히 급진주의 여성운동은 제2기 여성운동에 커다란 영향을 미쳤다. 급진주의 여성운동은 여성 억압의 근원을 생물학적인 성적 차이에서 찾았다. 그리고 임신, 낙태, 육아, 성폭력 등 성적 차이로 인한 차별을 극복하기 위해서 대안을 강구했다. 또 문화적·심리적 차원에 몰두해 여성들 간의 문화를 고양하고 이를 실현하기 위한 대책을 세웠다.

제2기 여성운동에서 시민권과 신좌파 운동을 경험한 젊은 여성들은 적극적으로 활동했다. 이들은 남성 지배적인 전통적 위계질서와 조직에 대항해 여성만의 조직을 만들고 사적인 것이 정치적인 것이라는 슬로건을 내세워 사적 세계의 변혁을 추구했다. 젊은 여성들은 비교적 소규모의 분권적인 그룹을 통해 여성들의 개인적인 경험을 여성 모두가 공동적으로 경험하는 성 억압의 경험으로 일반화했다. 유대감과 자매애를 얻을 수 있도록 자의식을 형성하는 의식화 운동을 전개하기도 했다. 다양한 페미니스트 프로젝트를 거쳐 여성만의 출판사, 건강센터, 영화관, 서점, 여성쉼터 등을 만들어, 대안적 여성문화를 통해 여성이 자유로워질 수 있다는 문화적 페미니즘을 형성했다.

초국가적 여성운동

제2기 여성운동에서 주목할 한 점은 1970년대 중반 이후 유엔을 중심으로 초국가적 여성운동이 전개되면서 여성문제가 범세계적 문제로 이슈화되고 각국의 여성정책 수립에 큰 영향을 미쳤다는 것이다. 유엔은 1975년을 세계여성의 해로 지정하고 유엔 여성 10년(1975~1985년)을 선포했으며 1975년 멕시코시티, 1980년 코펜하겐, 1985년 나이로비, 1995년 베이징에서, 5년마다 세계여성회의를 개최하는 등 지구적 여성운동을 활성화할 수 있는 중요한 계기를 제공했다. 유엔의 회의에는 정부대표, 비정부 여성단체, 여성운동가가 참여해 초국가적으로 연대했다. 성인지적 국제 규범과 원칙을 설정했으며, 이러한 규범과 원칙이 개별 국가의 정치와 정책에 반영되는 데 기여했다. 특히 초국가적 여성운동에서 비정부 여성단체는 지방적·국가적·지역적·국제적 회의에 참여해 정부대표에 압력을 넣고, 여성 이슈에 대한 지구적 캠페인을 전개하는 등 괄목할 만한 역할을 했다.

1995년에 베이징에서 열린 제4차 세계여성회의는 초국가적 여성운동의 성과 가운데 좋은 예이다. 이 회의에는 이전보다 현격하게 많은 수의 국가와 여성운동가, 비정부 여성단체 등에서 약 3만여 명이 모였으며 '베이징행동강령'을 채택했다. 베이징행동강령에는 189개국이 서명했고, 189개국의 정부는 베이징행동강령의 이행에 대한 보고서를 유엔에 제출해야만 했다. 유엔은 개별 국가가 베이징행동강령을 정책에 효과적으로 이행하도록 5년마다 각국 정부의 이행 보고서를 검토하고 평가하면서 개선책을 모색했다. 베이징 세계여성대회 이후 지난 약 10년 동안 베이징행동강령은 많은 국가에서 성평등을 증진하는 데 크게 기여했다.

유엔 여성지위향상국(The Division for the Advancement of Women)이 유엔의 134개 회원 국가를 대상으로 하여 2004년 발표한 설문조사 결과에 따르면 베이징행동강령의 가장 커다란 성과는 대다수의 회원 국가가 여성지위 향상을 위한 국가기구(national machinery)를 설립하고, 그 기구의 기능과 위상을 강화한 것이다. 베이징행동강령은 성평등과 성 주류화를 증진했고 유엔이 행동강령의 이행을 모니터링할 수 있는 '촉매'로서의 역할을 했다. 또한 많은 국가에서 젠더 이슈가 법, 정책, 프로그램, 개발계획, 예산에 통합되었고 모니터링과 책무성이 진전되고 강화되었다. 성평등 이슈 작업을 위한 능력 양성, 성인지적 통계의 수집과 연구의 증진, 미디어와 시민의 자문을 통한 공공의식 강화, 비정부단체와 지역적·국제적 단체와의 협조 증가 등의 성과도 가져왔다.

한편 1985년 나이로비에서 열린 유엔 제3차 세계여성회의 이후부터 여성운동은 운동의 초점을 '여성 이슈들(women's issues)'에서 '젠더 이슈들(gender issues)'로 이동시켰다. '젠더 이슈들'로 초점을 옮기면서 젠더화된 사회관계가 어떻게 그리고 왜 여성을 주변화했는가와, 여성의 주변화가 초래한 결과(여성의 종속, 여성의 경험과 이해 등의 무시, 남성 중심적 사회적 구조와 문화, 권력관계 등)를 가시화했다. 특히 1990년대 초국가적 여성운동은 유엔의 개발, 환경, 인권 관련 세계회의에도 참여해 다른 지구적 어젠다에도 여성주의적 관점이 수용되도록 하는 성과를 거두었다. 특히 1993년 비엔나 세계인권회의에서 초국가적 여성운동은 여권을 인권의 측면에서 접근해 여성 이슈를 지구적 어젠다로 설정하고 여성주의적 관점에서 재정의한 인권의 원칙과 규범을 지구적 담론으로 발전시켰다. 지구적 기준과 윤리를 확립하면서 여성정치의 발전에 도약의 발단을 마련한 것이다.

한편 초국가적 여성운동이 전개되면서 제1세계 여성들과 제3세계 여성들 간의 이해와 관심에 편차가 드러났다. 제3세계 페미니스트들은 백인 페미니스트들이 백인의 경험과 염원에 기반을 둔 서구 중심적인 여성운동과 이론 모델을 범세계적인 것으로 보편화한다고 비판했다. 그들은 백인 페미니스트들이 사회에 인종주의를 간과하거나 대수롭지 않게 볼 뿐 아니라, 제3세계 국가 여성들의 다양한 문화적·지역적·역사적 특수한 조건을 고려하지 않고 서구 페미니즘 모델을 사실상 무차별적으로 적용해 식민주의와 세계자본주의가 어떻게 유럽과 북미 이외의 여성에게 다른 경험을 하게 했는지를 간과한다고 비판했다.

흑인 페미니스트 벨 훅스(Bell Hooks)는 저서 『페미니즘: 주변에서 중심으로(Feminist Theory: From Margin to Center)』에서 백인 페미니스트들이 여성운동에서 강조하는 자매애는 잘못된 것이라고 주장한다. 그 자매애는 모든 여성이 경험하는 공통의 억압을 기반으로 하지만 사실적으로는 백인 여성 중심의 자매애일 뿐이라고 비판하다. 그녀는 공통의 억압이라는 개념은 여성들이 처한 다양하고 복잡한 사회 현실의 본질을 위장하고 속이는 사악하고 잘못된 것이라고 지적한다. 그녀는 흑인 여성들이 경험하는 인종주의적 차별을 무시한 채 여성의 공통된 억압에 기반을 둔 자매애만을 주장하면 인종적 차이를 간과하는 것이 되고 흑인 여성의 자매애를 고양시킬 수 없을 것이라고 비판한다.

또한 찬드라 탈파드 모한티(Chandra Talpade Mohanty)는 「서구의 눈으로: 페미니즘 연구와 식민담론(Under Western Eyes: Feminist Scholarship and Colonial Discourses)」이라는 논문에서 이슬람교도 여성이 차도르를 쓰는 관습을 전체 이슬람교 국가의 여성 억압으로 보편화해 규정짓는 것은, 같은 이슬람교권 국가 간에도 여성이 차도르를 쓰는 관습에 내포된 의미가 서로 다르다는 것과 한 사회라 할지라도 역사적 맥락에 따라 여성 차도르의 의미가 달라진다는 것을 무시한 것이라고 비판했다.

또한 모한티는 서구 페미니스트들의 서구 중심적 관점과 제3세계 여성에 대한 통문화적 보편화는 제3세계 여성을 종교적이고(즉, 진보에 뒤떨어지고), 가족 지향적이고(즉, 전통적이고), 법률적 약자이고(즉, 아직 자신의 권리를 의식하지 못하고), 문맹이고(즉, 무지하고), 가정적이고(즉, 발달이 늦고), 때로는 혁명적이라고(즉, 국가가 전시 중이니 싸워야 한다고) 특징짓고 문화적으로 결여된 존재로 파악한다고 비판했다. 또한 서구 페미니스트들에게 제3세계 여성은 하나의 거대한 객체로만 존재했으며 이러한 객체는 자신의 대항역사를 만들 수 없는 것으로 간주되었다고 주장한다. 그는 무지, 가난, 전통, 가사, 희생이라는 특성으로 재현된 제3세계 여성은 결과적으로 서구 페미니즘의 이데올로기를 강화하는 역할을 하여 서구 여성의 교육, 교양, 현대, 자유, 독립이라는 자민족 중심의 자기 재현을 쉽게 하고 서구 여성을 특권화했다고 비판한다.

이러한 비판은 많은 백인 페미니스트들이 일견 공통된 것처럼 보이는 여성 억압 현상들을 보편화하는 그들의 이론을 재고하도록 했다. 제3세계 페미니스트들의 도전은 집단 여성들 사이의 차이를 인식하게 했고 인종, 계급, 민족, 연령, 성적 지향, 종교 등의 차이를 고려하도록 했다.

차이의 인정과 연대

여성들 간의 다양한 차이의 강조는 여성 내의 분리와 갈등을 초래해서 페미니즘을 분열시키고, 집단적 행동을 저해할 수도 있다. 예를 들어 한 사회 안에 존재하는 인종차별은 흑인 여성운동가들과 백인 여성운동가들이 서로 다른 경험을 하게 한다. 흑인 페미니스트들에게는 흔히 많은 페미니스트들이 주장하듯이 가족이 여성 억압의 장소로 가부장적 사회의 주요 구조이기만 한 것은 아니다. 그들에게 가족은 성차별적 억압의 장소이기는 하지만 다른 한편으로 인종주의적 억압에 대한 강인한 저항의 장소일 수도 있다. 이런 사회에서 인종차별에 대한 흑인의 저항적 동맹은 여성의 성을 기반으로 한 동맹보다 우선한다.

제3세계 여성운동가와 서구 여성운동가 간에도 경험적 차이가 크게 나타난다. 예를 들면, 프랑스에서는 이슬람 소녀의 차도르 착용이 교육과 종교를 분리하는 법률에 저촉된다는 근거로 학교에서 차도르를 착용하지 못하도록 했다. 이 문제 역시 페미니스트들을 분열시켰다. 프랑스 페미니스트들은 차도르 금지를 지지하면서 이슬람의 가부장적 측면과 여성 억압성만을 비판했다. 그런데 이슬람 여성은 차도르 금지 문제를 단순한 성차별의 문제가 아니라 민족주의적 대의 수호 문제와 상호 연관시켜 받아들인다. 역사적으로 많은 제국주의 권력이 이슬람 국가를 문명화한다는 구실로 여성에게 차도르를 벗도록 설득하거나 강요하는 캠페인을 전개했기 때문이다. 이슬람 여성이 차도르를 벗고, 서구화될수록 자신들의 서구동화정책이 성공한다고 생각한 것이다. 그래서 이슬람 여성이 차도르를 벗는 것은 식민지 권력을 추종하거나 동의하는 것처럼 보이게 하여, 이슬람 여성을 곤경에 처하게 했다. 즉, 프랑스 페미니스트들은 차도르 착용 금지가 식민지 권력이 피식민지의 여성에게 강요해온 성적 억압과 착취라는 특수한 형태의 젠더관계와 젠더화된 지배라는 것을 간과했다. 가부장제적인 이슬람 문화에 대한 프랑스 문화의 우월성을 주장하면서 탈식민주의 권력관계 속에 자리 잡고 있는 백인 여성으로서의 위치를 간과하는 덫에 빠지고 만 것이다.

여성 간의 차이를 존중하면서 여성 간의 분열을 막는 것은 중요하다. 그러면 어떻게 이 차이를 다룰 것이며, 앞의 예시에서 나타난 인종주의와 성차별주의의 상호교차성, 민족주의와 성차별주의의 상호교차성 등의 다양한 억압체계의 중층적 상호교차성을 어떻게 취급해야 하는가? 다양한 차이가 인정되면서 페미니즘의 실천을 위한 여성연대는 불가능한 것인가?

이러한 문제와 관련해서 포스트모던 페미니즘은 차이의 인정하면서 여성들 간의 연대를 구축할 수 있는 새로운 이론적 관점을 제공했다.

포스트모던 페미니즘은 여성이 본질적으로 주어진 정체성을 가지고 있다는 생각과 단일한 정체성을 가지고 있고 있다는 생각을 부정하고, 정체성은 구성되고 분열적이며, 특정 주체는 복수적 정체성을 가지고 있다고 본다. 포스트모던 페미니즘은 여성성과 남성성이란 고정되어 있거나 지각 가능한 것이 아니라고 본다. 포스트모던 페미니스트들은 특정한 성질을 여성적이거나 남성적인 것으로 정의하는 과정을 해체해야 한다고 주장한다. 또한 집단의 차이를 대립적으로 파악하는 이분법적 관점, 즉 이성/감성, 정신/육체, 문화/자연, 객체/주체 등의 이분법적 사고를 해체한다. 이러한 해체 과정에서 중심이 되는 것은 개인을 주체로 담론을 구성하는, 다양한 담론에 관한 분석이다. 한 여성 개인의 주체성은 이미 주어진 것이 아니라 특정의 권력관계나 사회적 관계 등에 의해서 구성되고 재구성되기 때문에 매우 다중적이고 가변적이다. 여성이 공동으로 경험하는 억압적 경험은 단순히 남성의 여성에 대한 권력관계에서 발생하는 것이라기보다 다양한 담론의 복합적인 결과이다. 따라서 여성 간의 다양하고 복잡한 경험과 정체성을 인식함으로써 다양한 형태의 여성억압체계를 이해하고 변형해야 한다.

한편 포스트모던 페미니즘은 여성의 정체성, 또는 주체성을 해체함으로써 여성운동의 통일성을 위협하고 페미니즘을 분열시킬 수 있다는 반박을 받기도 한다. 또한 포스트모던 페미니즘이 심리적·문화적 차원의 담론을 강조하고 경제적·사회적 맥락을 무시하기 때문에 실천적인 대안을 제시할 수 없다는 비판도 있다. 그러나 포스트모던 페미니즘은 페미니스트들이 여성들 간의 다양한 차이가 존중되면서 여성이 연대할 수 있는 전략을 제시하는 데 많은 영향을 미쳤다.

페미니스트 연대와 관련된 주장들 가운데에서 니라 유발 데이비스(Nira Yuval-Davis)의 '횡단의 정치'는 재고해볼 만한 유용한 전략이다. 그녀는 저서 『젠더와 민족(Gender and Nation)』에서 모든 페미니즘 정치는 여성들의 차이가 인정받는 연합정치의 한 형태이며, 우리가 '누구'인가가 아닌 우리가 성취하고자 하는 것이 '무엇'인가 하는 측면에 역점을 두고 서로 연합해야 한다고 주장한다. 그리고 연합을 위해서는 '횡단의 정치'가 필요하다고 강조한다. 그녀는 '횡단의 정치'의 핵심으로 '대화(dialogue)', '뿌리내리기(rooting)'와 '옮기기(shifting)'를 강조한다. '횡단의 정치'는 서로 대화를 하면서 자신의 소속감과 정체성 안에 뿌리내리지만, 동시에 자신을 다른 소속감과 정체성을 가진 여성들과 교류하는 상황에 놓기 위해 옮기기를 시도하는 행위이다. 대화를 통해서 각자가 자신과 자기 집단의 경험과 지식이 보편적인 것이 아니라 자신의 위치에서 경험한 부분적이고 상황적이며 미완의 지식이라는 것을 인식하고, 서로 경험과 지식을 공유하고자 하면서 연대하는 정치이다. 그녀는 '횡단의 정치'의 좋은 예로서 '근본주의에 반대하는 여성들(Women Against Fundamentalism)'을 든다. 그녀는 이 조직에서 다양한 종교와 민족의 여성들은 서로 다른 배경의 사람들을 동화시키려고 시도하지 않으며, 민족과 관점의 차이, 관점의 차이로 인한 안건의 차이도 인정하고 대화를 통해서 서로 경험과 지식을 공유하면서 근본주의에 반대하는 공통의 정치적 입장을 취하는 '횡단의 정치'를 한다고 주장한다.

대체로 많은 페미니스트는 차이가 존중되는 페미니스트 연대가 실천되기 위해서는 무엇보다도 다양한 차이를 인식하고 이해하기 위한 끊임없는 대화와 의사소통과 차별적 권력구조와 담론에 대한 문제제기와 그것을 공론화하는 것이 필요하다고 주장한다. 또한 유발 데이비스가 제안한 대로 우리가 어떻게 다른가가 아니라 우리가 성취하고자 하는 것이 무엇인가에 역점을 두고 협력하는 의지가 필요하다고 주장한다.

마지막으로 벨 훅스가 『페미니즘: 주변에서 중심으로』에서 쓴 다음과 같은 구절은 소개하면서 성공적인 페미니스트 연대를 기대한다.

여성이 연대감을 느끼려고 굳이 차이를 없앨 필요는 없다. 억압을 종식하려는 투쟁에 동등하게 임하기 위해 동일한 억압을 겪을 필요도 없다. 여성끼리 결속을 위해 반남성 정서를 가지기보다는 풍부한 경험, 문화, 생각을 공유하는 것이 중요하다. 우리는 관심과 신념을 나눔으로써 하나가 되고, 다양성을 인식함으로써 하나가 되고, 성차별적 억압을 종식하기 위한 투쟁에서 하나가 되고, 정치적 연대 안에서 하나가 되는 자매가 될 수 있다.

생각해볼 문제

1. 많은 국가의 여성이 시기적으로 1910년대 이후부터 1930년대에 투표권을 획득하게 된 이유는 무엇일까? 또한 참정권의 획득은 여성의 삶과 지위에 어떤 변화와 의미를 가져왔을까?
2. 왜 '사적인 것은 정치적인 것'인지 우리의 주변 환경에서 예를 들어 설명해보자.
3. 페미니즘 실천을 위해서 여성 내의 차이가 존중되면서 연대할 수 있는 방법을 모색해보자.

더 읽을거리

1. **제인 프리드먼(Jane Frieman). 2002.『페미니즘』. 이박혜경 옮김. 서울: 이후.**
   다양한 영역, 즉 정치, 고용과 세계경제, 섹슈얼리티와 권력, 민족성과 정체성 등에서 논쟁 중인 페미니즘의 주제들을 매우 간결하게 설명했다.
2. **리처드 에번스(Richard J. Evans). 1997.『페미니스트: 비교사적 시각에서 본 여성운동 1840~1920』. 정현백 외 옮김. 서울: 창작과 비평사.**
   유럽의 국가와 미국, 캐나다, 호주, 뉴질랜드 등에서 제1기 여성운동기의 여성운동사를 정치구조의 변화를 기반으로 비교분석했다.
3. **벨 훅스(Bell Hooks). 2010.『페미니즘: 주변에서 중심으로』. 윤은진 옮김. 서울: 모티브북.**

참고문헌

모한티, 찬드라 탈파드(Chandra Talpade Mohanty).「서구의 눈으로: 페미니즘 연구와 식민담론」. 유제분 엮음. 2001.『탈식민페미니즘과 탈식민페미니스트들』. 서울: 현대미학사. 75~114쪽.

에번스, 리처드(Richard J. Evans). 1997.『페미니스트: 비교사적 시각에서 본 여성운동 1840~1920』. 정현백 외 옮김. 서울: 창작과 비평사.

유발-데이비스, 니라, (Nira Yuval-Davis). 2012.『젠더와 민족』. 박혜란 옮김. 서울: 그린비.

장미경 엮음. 1996.『오늘의 페미니즘 세계 여성운동』. 서울: 문원.

전복희. 2006.「글로벌 거버넌스시대에 여성정치의 변화」. ≪21세기 정치학회≫, 16집 1호, 301~319쪽.

정현백. 2002.「서구 여성운동의 어제와 오늘」. 한국여성연구소 엮음.『새 여성학 강의』. 서울: 동녘, 277~301쪽.

프레스(Geneviéve Fraisse)·페로(Michelle Perrot) 엮음. 1998. 『여성의 역사(상·하)』. 권기돈 외
    옮김. 서울: 새물결.
프리드먼, 제인(Jane Friedman). 2002. 『페미니즘』. 이박혜경 옮김. 서울: 이후.
훅스, 벨(Bell Hooks). 2010. 『페미니즘. 주변에서 중심으로』. 윤은진 옮김. 서울: 모티브북.

지은이 소개

김민정 연세대학교 정치외교학과 졸업, 연세대학교 대학원 정치학과 석사, 프랑스 파리2대학교 정치학 박사

현 서울시립대학교 국제관계학과 교수

저서: 『프랑스 언론을 통해 본 한국』, 『다문화주의와 페미니즘』(공저) 등

논문: 「프랑스 정당체제의 재편」, 「유럽연합의 비공식 가버넌스: 성희롱정책을 중심으로」 등 다수

강경희 한국외국어대학교 스페인어과 졸업, 한국외국어대학교 중남미지역학과 정치학 석사, 한국외국어대학교 국제관계학과 정치학 박사, 멕시코국립자치대학교(UNAM) 중남미정치학 박사

현 제주대학교 정치외교학과 부교수

저서: 『신자유주의와 멕시코 다국적기업』, 『대통령제와 정치적 메커니즘』(공저) 등 다수

논문: 「라틴아메리카 제2기 여성운동의 특징」, 「신자유주의하에서 멕시코 농촌 여성의 삶」 등 다수

강윤희 서울대학교 외교학과 졸업, 서울대학교 대학원 외교학과 석사, 영국 글래스고대학교 정치학 박사

현 국민대학교 유라시아학과 교수

저서: 『러시아의 미래와 한반도』(공저), 『현대 러시아 문화연구』(공저) 등 다수

논문: 「소련 환경운동의 발전과정 및 특징」, 「글로벌 여성인권 가버넌스와 러시아」 등 다수

김경미 서강대학교 정치외교학과 졸업, 독일 마르부르크대학교 정치학 박사

현 서강대학교 국제지역문화원 연구교수

저서: 『세계가 주목하는 여성 정치인 리더십』(공저)

역서: 『가족, 사적 소유, 국가의 기원』, 『사회 개혁이냐 혁명이냐』(공역)

논문: 「체제전환 이후 동유럽국가 여성의 정치참여」, 「진보와 보수, 좌파와 우파에 대한 이론적 좌표설정 모색」 등 다수

김성진   연세대학교 정치외교학과 졸업, 연세대학교 대학원 정치학과 석사, 영국 글라스고대
학교 박사(러시아정치)

현 덕성여자대학교 정치외교학과 교수

저서: 『사회갈등과 정치적 소통』(공저), 『통일이후 국가정체성 형성방안: 이론과 사
례연구 중심』(공저) 등 다수

논문: 「베트남 국제이주의 현황과 시사점」, 「유럽의 이주갈등: 경제·사회정책의 영
향을 중심으로」 등 다수

박채복   숙명여자대학교 정치학 석사, 독일 마르부르크대학교 정치학 박사

현 숙명여자대학교 인문학연구소 연구교수

저서: 『여성 정치인의 리더십』, 『국제정치의 신 패러다임』, 『유럽연합정부론』(공저)

논문: 「독일의 여성이주자정책」, 「유럽연합의 여성정책」 등 다수

엄태석   연세대학교 정치외교학과 졸업, 한국학 중앙연구원 정치학 박사

현 서원대학교 정치행정학과 교수

저서: 『한국 지방민주주의의 위기』(공저), 『한국의 선거제도 1』(공저) 등 다수

논문: 「여성 지방의원의 지방자치 의식과 의회활동에 대한 평가」, 「지방선거와 여성
의 정치참여」 등 다수

유진숙   고려대학교 노어노문학과 졸업, 독일 브레멘대학교 지역학 석사, 독일 브레멘대학교
정치학 박사

현 배재대학교 정치외교학과 교수

저서: 『현대 비교정치이론과 한국적 수용』

논문: 「우크라이나의 여성 정치가 율리아 티모센코: 정치변동과 엘리트 교체」, 「러시
아의 선거제도 개혁: 권력관계, 확산, 제도 변화」 등 다수

전복희   이화여자대학교 정치외교학과 졸업, 이화여자대학교 정치학 석사, 독일 마부르크대학
교 정치학 박사

현 항공대학교 강사, 여성정치문화연구소 이사

저서: 『사회진화론과 국가사상』, 『獨逸의 代議制 民主主義와 政黨政治』(공저) 등 다수

논문: 「글로벌 거버넌스 시대의 여성정치의 변화」, 「독일 제2기 여성운동의 여성문제
들의 특성과 제도화」 등 다수

조현옥   이화여자대학교 정치외교학과 졸업, 이화여자대학교 정치외교학과 석사, 독일 하이델베르크대학교 정치학 박사

저서: 『한국의 여성정치세력화 운동』(공저), 『여성 정치인의 리더십』(공저) 등 다수

논문: 「해외의 한국 민주화운동」, 「한국의 여성정치할당제 제도화 과정 10년의 역사적 고찰」 등 다수

최정원   연세대학교 정치외교학과 졸업, 연세대학교 대학원 정치학과 석사, 연세대학교 정치학 박사

현 연세대학교 학부대학 선임연구원 겸 동서문제연구원 객원교수

저서: 『한국 국회와 정치과정』(공저), 『다문화주의와 페미니즘』(공저) 등 다수

논문: 「17대 국회 입법 활동으로 본 한국 여성정책 의제의 변화와 확대」, 「한국의 저출산과 성평등: 인구정책과 여성정책의 연계를 중심으로」(공저) 등 다수

한울아카데미 2101

제2개정판

젠더정치학

ⓒ 김민정·강경희·강윤희·김경미·김성진·박채복·엄태석·유진숙·전복희·조현옥·최정원, 2018

지은이 김민정, 강경희, 강윤희, 김경미, 김성진, 박채복, 엄태석, 유진숙, 전복희, 조현옥, 최정원
펴낸이 김종수 ∣ **펴낸곳** 한울엠플러스(주) ∣ **편집** 김다정, 임혜정

개정판 1쇄 발행 2011년 9월 20일
제2개정판 1쇄 발행 2018년 9월 7일

주소 10881 경기도 파주시 광인사길 153 한울시소빌딩 3층
전화 031-955-0655 ∣ **팩스** 031-955-0656 ∣ **홈페이지** www.hanulmplus.kr
등록번호 제406-2015-000143호

ISBN 978-89-460-7101-8 93340(양장)
    978-89-460-6531-4 93340(학생판)

Printed in Korea.
※ 책값은 겉표지에 표시되어 있습니다.
※ 이 책은 강의를 위한 학생용 교재를 따로 준비했습니다.
    강의 교재로 사용하실 때는 본사로 연락해주시기 바랍니다.